Friesenegger

Praxishandbuch Immobilienmakler

Praxishandbuch Immobilienmakler

Inhalte und Aufgaben der Immobilienvermittlung – eine Einführung

Mag. Mag. (FH) Christian Friesenegger
Immobilientreuhänder in Wien

5. Auflage

Linde

Zitiervorschlag: *Friesenegger*, Praxishandbuch Immobilienmakler[5] (2023) Seite

Bibliografische Information der Deutschen Nationalbibliothek

Die Deutsche Nationalbibliothek verzeichnet diese Publikation in der Deutschen Nationalbibliografie; detaillierte bibliografische Daten sind im Internet über http://dnb.d-nb.de abrufbar.

Hinweis: Aus Gründen der leichteren Lesbarkeit wird auf eine geschlechtsspezifische Differenzierung verzichtet. Entsprechende Begriffe gelten im Sinne der Gleichbehandlung für alle Geschlechter.

ISBN 978-3-7073-4811-8

1210 Wien, Scheydgasse 24, Tel.: 01/24 630
www.lindeverlag.at

Druck: Hans Jentzsch & Co GmbH
1210 Wien, Scheydgasse 31
Dieses Buch wurde in Österreich hergestellt.

Gedruckt nach der Richtlinie des Österreichischen Umweltzeichens „Druckerzeugnisse", Druckerei Hans Jentzsch & Co GmbH, UW-Nr. 790

PRINTED IN AUSTRIA

Vorwort zur fünften Auflage

Alles ist neu – aber eigentlich alles beim Alten. Im Vorwort der 4. Auflage habe ich über die absehbare Einführung des „Bestellerprinzips" geschrieben und seit 1.Juli 2023 ist es Gesetz. Diese Vorschriften werden den Markt im Bereich der Miete deutlich verändern; aber nicht die Grundlagen einer guten Vermittlungstätigkeit. „Vermietungsprovisionen" werden künftig wohl großteils vom Vermieter getragen werden. Und die Leistungen für diesen müssen transparent gezeigt werden. Dies und noch einiges mehr finden Sie in einem eigenen Kapitel dieser Auflage.

Auch die Krisen der vergangenen Jahre haben den Markt verändert. Zum einen rückte das Thema der Digitalisierung der Branche stärker in den Fokus. Diese hat in viele Bereiche, so auch in die Besichtigung, Einzug gehalten. Viele diesbezügliche Themen sind angeführt und es gibt einführende Erklärungen zu diesen Bereichen.

Auch die Erhöhung der Zinsen hat massiven Einfluss auf den Immobilienmarkt. Die Vermarktungsdauer erhöht sich und die nicht jede Immobilien verkauft sich von selbst. Gutes und umfangreiches Marketing sowie die Qualität der Dienstleistung rücken stärker in den Fokus.

Bei allen Ergänzungen und Änderungen wurde stets darauf geachtet, die leichte und flüssige Lesbarkeit zu erhalten.

Wien, im Mai 2023 *Christian Friesenegger*

Geleitworte

Dieses Buch ist auf den ersten Blick ziemlich ungewöhnlich. Während viele andere Werke – und immer öfter auch solche aus dem immobilienwirtschaftlichen Bereich – eine zunehmende „wissenschaftliche Dichte" aufweisen, bekennt sich der Autor offen und ehrlich zur Praxis. Und das ist gut so. Die Praxis ist noch immer der beste Lehrmeister: Jede wissenschaftstheoretisch unterlegte Erkenntnis muss sich gerade vor immobilienwirtschaftlichen Gegebenheiten in der Praxis erst einmal bewähren, um von den Angehörigen der Immobilientreuhandberufe und deren Kunden akzeptiert zu werden. Gerade im Bereich des Immobilienmaklerberufes können sinnvoll hinterfragte berufspraktische Erfahrungen ein Katalysator für die dauernd notwendige Weiterentwicklung der Qualität der Dienstleistungen dieser Berufsgruppe sein.

Erfahrung zählt ja anscheinend nur mehr dann, wenn sie durch Fakten, Daten und Zahlen wissenschaftlich abgesichert ist. Letzteres wird sehr oft, sicherlich aber nicht immer der Fall sein können. Umso wertvoller ist daher die Weitergabe bereits gemachter Erfahrungen an jene, die darüber selbst noch nicht in ausreichendem Maße verfügen. Das Lernmodell „Versuch und Irrtum" oder, wie mir ein Berliner Makler vor kurzem erklärt hat, „Versuch macht kluch" ist zwar weitgehend bewährt, unbestrittenermaßen ist es aber durchaus vorteilhaft, nicht jeden Fehler selbst machen zu müssen – bewahrt dies doch vor oftmals unliebsamen Konsequenzen.

In diesem Sinne ist dem Autor zu danken, dass er bereit ist, seine Erfahrungen als Makler mit anderen Kolleg(inn)en zu teilen. Ich wünsche dem Autor mit diesem Buch alles Gute und viel Erfolg. Mögen möglichst viele seiner Botschaften bei den Leser(inne)n gut ankommen!

Wien, im September 2011

FH-Prof. Dr. *Otto Bammer* FRICS
Vorstand am Institut für Immobilienwirtschaft
FHWien-Studiengänge der Wirtschaftskammer Wien

Dieses Buch gibt einen soliden Überblick über die grundsätzlichen Aufgaben und Tätigkeiten eines Maklers. Viele praktische Tipps und Hinweise für eine erfolgreiche Maklertätigkeit erweitern den Horizont über das Maklergewerbe – sowohl für in diesem Beruf tätige Personen als auch für Kunden – und lüften endlich den Schleier des Geheimnisvollen. In einer Zeit, in der sich der Immobilienmarkt ständig mehr und mehr professionalisiert, ist diese Lektüre eine begrüßenswerte Grundlage.

Ich kenne den Autor Christian Friesenegger bereits seit der Schulzeit und arbeite nun seit über fünf Jahren auch beruflich mit ihm zusammen. Seit vielen Jahren verfolgt er den Weg der laufenden Weiterbildung, er steht für Seriosität und Qualität und ist ein Mensch, der die Bedeutung von Netzwerken erkannt hat und auch lebt. Es freut mich besonders, dass er dieses Wissen und Engagement auch im Rahmen der Aus- und Weiterbildung für den Berufsstand und in unser RE/MAX-Netzwerk einbringt.

Amstetten, im September 2011

Bernhard Reikersdorfer
Geschäftsführer RE/MAX Österreich

Inhaltsverzeichnis

Literaturverzeichnis

Literatur zum Thema Kundenakquise

Altmann Hans Christian, Mut zu neuen Kunden, 2006
Hartwig Tanja/Maser Elisabeth, Kundenakquise, 2007
Kettl-Römer Barbara, Wege zum Kunden[2], 2011

Literatur zum ersten Eindruck

Cerwinka Gabriele/Schranz Gabriele, Die Macht des ersten Eindrucks, 1998
Gehrer Michael, Erster Eindruck und Vertrauen im Kaufentscheidungsprozess – eine empirische Analyse, 2005

Literatur zur Corporate Identity

Beyrow Matthias/Daldrop Norbert/Kiedaisch Petra, Corporate Identity und Corporate Design, 2007 (viele praktische Beispiele)
Regenthal Gerhard, Ganzheitliche Corporate Identity, 2009

Literatur zu USP

Großklaus Rainer, Positionierung und USP[2], 2015

Literatur zu Zielgruppen

Duttenhöfer Stephan, Handbuch Zielgruppenmanagement, 2009

Literatur zur Verhandlungsführung

Dall Martin, Der Verhandlungsprofi, 2011

Literatur zum Empfehlungsmarketing

Fink Klaus-J., Empfehlungsmarketing[6], 2014
Magnus Stephan, Hinter jedem Menschen steckt ein Netzwerk, 2007
Schüller Anne M., Zukunftstrend Empfehlungsmarketing, 2008

Literatur zu Dienstleistungsmarketing

Meffert Heribert/Bruhn Manfred, Dienstleistungsmarketing, 2009
Scheuer Thomas, Marketing für Dienstleister[3], 2015

Literatur zur Liegenschaftsbewertung

Kranewitter Heimo, Liegenschaftsbewertung, 2002
ÖNORM B-1802 Liegenschaftsbewertung

Sonstige Literatur

Gartner Herbert, Bauträgervertragsgesetz[4], 2018
Geuder Heinrich, Einführung in das österreichische Planungs- und Baurecht, 2002

Hartmann Thomas, Ganzheitliche Marketingkommunikation im Internet – der Weg zur erfolgreichen Homepage, 2006

Hofbauer Günther/Dürr Karoline, Der Kunde das unbekannte Wesen, 2007

Kothbauer Christoph/Reithofer Markus, Liegenschaftsbewertungsgesetz Praxiskommentar, 2013

Marzi Theresia, Energieausweis-Vorlage-Gesetz 2012, 2013

Pepels Werner, Käuferverhalten, 2005

Riekhof Hans-Christian (Hrsg.), Customer Insights: Wissen wie der Kunde tickt, 2010

Schmitz Claudius A., Charismating – Einkauf als Erlebnis[3], 2009

Studera Sabine/Thunshirn Roman (Hrsg.), Handbuch Besteuerung von Grundstücks- und Liegenschaftstransaktionen, 2013

Teufelsdorfer Herwig (Hrsg.), Handbuch Immobilientransaktionen[2], 2015

Walch Patrick/Weichselbaum Klaus (Hrsg.), Handbuch Immobilienfinanzierung[2], 2018

1. Einleitung

„Der Kunde ist König“ – so lautet ein viel zitierter und viel besprochener Slogan. Aber diese Aussage geht in die falsche Richtung! Ein König gilt als allmächtig und allwissend, womöglich sogar noch von Gottes Gnaden. Wäre ein Kunde also König, wofür würde er einen Makler benötigen? Der Immobilien-Kunde ist vielmehr ein Partner, ein Anvertrauter. Dies lässt sich auch aus der gewerberechtlichen Bezeichnung des Immobilien-Treuhänders herauslesen. Der Makler hat die Verpflichtung, sich treuhändisch, mit bestem Wissen und Gewissen, um den Kunden zu kümmern.

Makler verkaufen nicht. Makler vermitteln. Dieses Bewusstsein muss im Kopf und im Herzen jeden Vermittlers verankert sein. Sie streben danach, die Interessen ihres Kunden bestmöglich zu wahren, schaffen als Doppelmakler einen fairen Ausgleich der Interessen. Sie haben einen Wissens-, Erfahrungs- und Informationsvorsprung, den sie zu Gunsten ihres Kunden einsetzen. Sie beraten, unterstützen und helfen, Unsicherheit in Bestimmtheit zu verwandeln. Makler, die mit dieser Grundeinstellung in ihren Job gehen, werden langfristig erfolgreich sein, das eigene und das Ansehen des Berufsstandes steigern.

Dieses Buch soll einen weitreichenden Überblick über den Bereich der Immobilienvermittlung geben. Neueinsteiger gewinnen Einblicke in die Tätigkeiten und Aufgaben, bereits aktive Makler finden Tipps und weiterführende Hinweise, die ihre Umsätze erhöhen. Ich habe versucht, die Texte derart zu gestalten, dass sie leicht und flüssig lesbar sind. Bewusst habe ich auf eine zu stark wissenschaftliche Ausdrucksweise verzichtet. Zahlreiche Beispiele sollen die teils komplizierten Sachverhalte veranschaulichen, Tipps den Inhalt praktisch bereichern. Viele Beispiele entstammen der Praxis, falls vorhanden, entschuldigen Sie bitte ein „Branding“. Fallweise führe ich weiterführende Informationen und Literatur an, um Menschen, die sich intensiver mit den einzelnen Bereichen beschäftigen wollen, Anregungen zu geben. Bei der Verwendung von Begriffen wie Immobilien, Liegenschaft, Wohnung, Haus etc. habe ich keine scharfe Trennlinie gezogen – sie werden häufig synonym verwendet. Immobilienvermittlung ist ein sehr weiblicher Job – der Anteil der Frauen ist überdurchschnittlich hoch und es wird auch häufig darauf hingewiesen, dass sie die besten Vermittler sind. Ich hoffe auf ihr Verständnis, dass ich zu Gunsten einer besseren Lesbarkeit auf eine geschlechtsspezifische Schreibweise verzichtet habe. Und auch in den Rechtsbereichen legte ich größeren Wert auf Verständlichkeit des Systems als auf Detailgenauigkeit; das Buch ist kein Nachschlagewerk für Rechtsfragen, sondern bietet einen Einblick in Gesetze, die zu beachten sind, sowie einen Überblick über die Inhalte und die Systematik. Dem aufmerksamen Leser wird auffallen, dass die Inhalte und Beschreibungen sich überwiegend auf den Kauf und nicht die Miete beziehen. Vieles ist bei der Miete sehr ähnlich, da aber der (Ver-)Kauf in den meisten Maklerunternehmen der wirtschaftlich größere Anteil ist, habe ich mir erlaubt, mich grundsätzlich auf diesen zu beziehen.

Ich hoffe, lieber Leser, dies ist in Ihrem Sinn, Sie haben Freude mit den folgenden Zeilen und erhalten einen Einblick in das Thema Immobilienvermittlung. Für Anregungen und Hinweise wäre ich Ihnen sehr dankbar, für Fragen stehe ich gerne zur Verfügung.

P.S. Ich habe viele Beispiele und Vorlagen dargestellt. Bitte beachten Sie, dass diese teilweise mit Copyright geschützt sind.

2. Makler

2.1. Allgemeines

Dienstag, 17.40 Uhr: Herr Kundig wartet mit seiner Frau Maria nun schon 15 Minuten vor dem Haus seines Interesses. Er blickt erneut auf die Uhr und überlegt: „Sind wir an der richtigen Adresse, haben wir den Termin für heute vereinbart?“ Seine Unsicherheit ist mit Ärger gemischt, da ihm das lange Warten bereits auf die Nerven geht. Da kommt ein Mann in zerrissenen Jeans und T-Shirt um die Ecke. Einem „Hallo! Herr Kundig?“ folgen ein „Da geht's rein“ und „Schauen Sie sich um“. Während Herr und Frau Kundig durch die Wohnung wandern, hören sie, wie der Mann, der, wie sich herausstellt, der Makler Klaus Wienicht ist, offenbar mit einem Freund den gestrigen geselligen Abend am Telefon bespricht. Nachdem er das Telefonat beendet und zweimal stressig auf die Uhr geblickt hat, kommt er und fragt: „Und, wollen Sie es?“ Herr und Frau Kundig verlassen enttäuscht den Ort, an dem ihre Wohnträume hätten wahr werden sollen.

Diese Geschichte ist wohl etwas überzeichnet, stellt aber sehr markant dar, wie es nicht sein sollte. Solche Fälle oder Teile der Geschichte kommen leider im Alltag vor und sind (mit-)verantwortlich für den verbesserungsfähigen Ruf der Immobilienmaklerbranche. Wie also soll ein guter oder hervorragender Makler auftreten und welche Eigenschaften und Fähigkeiten muss er mitbringen?!

Der Immobilienkauf (oder -verkauf) stellt für die meisten Menschen einen seltenen Vorgang dar. Er deckt das Grundbedürfnis des Menschen nach Wohnen und ist daher ein essentielles Element des Lebens. Die wirtschaftliche Komponente ist bedeutend (betriebswirtschaftlich gesprochen: ein Investitionsgut) und belastet das Einkommen der Menschen meistens für rund 15 bis 25 Jahre. Das Thema ist hochemotional, beeinflusst Lebensgefühl, Stimmung und Status in der Gesellschaft. Dies alles hat ein Makler zu bedenken, bevor er sich zur Arbeit begibt. Er muss sich seiner Stellung und Verantwortung bewusst sein.

Arten von Kaufentscheidungen

Um Klienten gut betreuen zu können, ist es wichtig, auf sie einzugehen. Ein Schritt in diese Richtung ist, zu überlegen, welche Prozesse im Kopf des Kunden ablaufen. Wie emotional und/oder wie rational werden Entscheidungen getroffen?
Man unterscheidet extensive, limitierte, habitualisierte und impulsive Kaufentscheidungen, wobei das Ausmaß an rationaler Steuerung bei extensiven Kaufentscheidungen sehr hoch und bei impulsiven sehr niedrig ist. Der Immobilienkauf ist eine extensive Kaufentscheidung, die Auswahl von Maklern eine limitierte Entscheidung. Bei extensiven Entscheidungen ist die Bestätigung, d.h.

die Phase nach dem Kauf, besonders wichtig. Zusätzliche Aktivitäten und Informationen, welche die Entscheidung unterstützen, sind sinnvoll. Für den Immobilienbereich sind daher die Themen „Nachhaken“ und „Nachbetreuung“ besonders wichtig.
Bei der limitierten Entscheidung besteht grundsätzlich Vertrautheit mit dem Prozess des Kaufs, es fehlt aber die Kenntnis des Produktes oder der Dienstleistung. Entscheidungsbeeinflussend sind hier insbesondere die Vertrautheit (z.B.: Habe ich von der Firma schon einmal gehört?), Markenbekanntheit und Expertenempfehlungen (vgl. *Hofbauer/Dürr*, Der Kunde – Das unbekannte Wesen, 2007, 35 ff.). Dieser Bereich betrifft insbesondere die Akquise von Vermittlungsaufträgen und daher ist er für Makler von essenzieller Bedeutung.
Bei der Entscheidung zum Kauf wird zwischen kompensatorischer und nicht kompensatorischer Heuristik unterschieden. Bei Ersterer können Nachteile durch Vorteile ausgeglichen werden, bei Letzterer nicht. Beim Immobilienkauf sind diese Ausschlusspunkte von besonderer Relevanz. Gewisse Bedingungen (z.B. Vorhandensein eines Balkons oder einer Terrasse) müssen unbedingt erfüllt sein, damit man zu einer positiven Entscheidung gelangt. Diese Kriterien müssen vom Makler vorab abgeklärt werden (vgl. *Pepels*, Käuferverhalten, 2005, 23 ff.).

Da bei den Käufern (oder Verkäufern) aufgrund der Bedeutung der Entscheidung große Unsicherheit herrscht, sind Seriosität und Vertrauen Grundvoraussetzungen für einen Makler. Alle Informationen, die er gibt, müssen umfassend und fundiert sein. Genaue Recherche und die Einholung der notwendigen Daten zur Immobilie sind selbstverständlich. Zusagen über weitere Informationen müssen ebenso exakt eingehalten werden wie Terminpläne und Zeitangaben. Pünktliches (um nicht zu sagen: überpünktliches) Erscheinen ist unbedingt notwendig. Dies alles, gepaart mit einem entsprechenden Aussehen – sowohl betreffend Körperpflege als auch hinsichtlich der Kleidung –, macht das Erscheinungsbild aus, das ein Makler dem Kunden gegenüber vorweist. Im Folgenden findet sich ein Überblick, welche Kriterien die Branchenvertretung (Wirtschaftskammer) zur Beurteilung der Qualität bei der Interessentenbetreuung heranzieht:

Beispiel Bewertungskriterien für Makler

(anhand eines ehemaligen Qualitätstests der Wirtschaftskammer Wien im Rahmen des Immy)

- **Kriterium 1: Erstkontakt per Telefon oder E-Mail**
  - Wie beurteilen Sie die Erreichbarkeit des Unternehmens?
  - Wie beurteilen Sie die Reaktionsgeschwindigkeit des Unternehmens?
  - Spricht der Makler den Kunden mit Namen an?
  - Ist der Makler freundlich am Telefon bzw. per E-Mail?
  - Geht der Makler auf Fragen ausreichend ein?
  - Verweist der Makler auf das Internet?
  - Ermittelt der Makler Ihren Bedarf genau?

- **Kriterium 2: Webauftritt**
  - Ist die Homepage übersichtlich?
  - Verfügt die Homepage über eine handliche Suchfunktion?
  - Hat die Beschreibung eine gute Aussagekraft?
  - Sind die Bilder aussagekräftig?
  - Sind die Angebote aktuell?
  - Sind die Angebote als pdf speicherbar?
  - Entsprechen AGB und Impressum den E-Commerce-Richtlinien?
  - Sind die Nebenkosten angegeben?
  - Besteht eine einfache Kontaktmöglichkeit von der Homepage zum Unternehmen?
- **Kriterium 3: Unterlagen und Information**
  - Umfang
    - Wurde Ihnen ein Exposé übergeben oder per E-Mail zugeschickt?
    - Ist darin der Kaufpreis bzw. die Gesamtmiete angegeben?
    - Ist die Kaution angegeben?
    - Ist die Maklerprovision angegeben?
    - Beinhaltet das Exposé Fotos des Objektes?
    - Sind die Fotos aussagekräftig?
    - Sind die Fotos ausreichend groß?
    - Sind Grundrisspläne vorhanden?
    - Sind die Größe und Lesbarkeit der Pläne ausreichend?
    - Gibt es eine Gebäude-/Ausstattungsbeschreibung?
    - Ist die Infrastruktur (Nahversorgung, Schulen ...) beschrieben?
    - Ist die Verkehrsanbindung angegeben?
    - Sind Rückfragehinweise und Kontakte explizit angegeben?
    - Ist ein Lageplan vorhanden?
  - Aussagekraft der Unterlagen
    - Wie hoch ist die Aussagekraft der Unterlagen?
  - Zeitliche Verfügbarkeit der Unterlagen
    - Wie ist die zeitliche Verfügbarkeit der Unterlagen?
  - Realitätsbezug
    - Stimmt das Objekt mit dem Inserat überein?
  - Transparenz
    - Ist in den Unterlagen die Nebenkostenübersicht enthalten?
    - Wurde die Provision richtig berechnet?
    - Ist die Nettomiete bzw. der Kaufpreis angegeben?
    - Sind die Betriebskosten angegeben?
    - Wurde (falls erforderlich) eine Investitionsablöse angegeben?
- **Kriterium 4: Besichtigungstermin**
  - Zeit
    - Wurde der Termin per E-Mail oder Telefon bestätigt?
    - War der Makler pünktlich?
    - Stand der Makler beim Termin unter Zeitdruck?
  - Auftritt, Verhalten
    - War das Erscheinungsbild des Maklers korrekt?
    - Wurden Sie mit Handschlag begrüßt?
    - Spricht Sie der Makler mit Ihrem Namen an?
    - Sucht und hält der Makler Blickkontakt?
    - Ist der Makler freundlich und höflich?
    - Kann der Makler Smalltalk führen?
    - Begleitet Sie der Makler diskret durch das Objekt?

- Kompetenz
  - Geht der Makler das Telefonat nochmals durch?
  - Wirkt der Makler auf den Termin vorbereitet?
  - Ist der Makler mit dem Objekt vertraut?
  - Kennt der Makler Infrastruktur und Umgebung des Objektes?
  - Findet der Termin exklusiv statt?
  - Verwendet der Makler nur wenige Fachausdrücke?
  - Geht der Makler ausreichend auf Fragen ein?
  - Verweist der Makler auf seine Homepage für weitere Informationen?
  - Macht der Makler beim Termin Druck auf eine Entscheidung?
  - Gibt der Makler einen Überblick über die nächsten Schritte?
  - Bietet der Makler alternative Objekte an?

Aber noch nicht genug: Neben diesem Verhalten im Kundenkontakt ist es für einen erfolgreichen Makler auch notwendig, im „Innenverhältnis" die passenden Eigenschaften mitzubringen. Insbesondere Selbstmotivation, ein offener Zugang auf Menschen und Disziplin sind hier zu nennen.

Da leider auch nicht alle Kunden das vom Makler erwartete Verhalten zeigen, sind Enttäuschungen häufig und ein Makler muss sie verkraften. Er darf sie nicht auf seine eigene Person beziehen. Kunden, die zum vereinbarten Termin nicht erscheinen, Zusagen, die nicht halten, unzählige Besichtigungen und Termine, die nicht zum Abschluss führen, oder Kunden, die versuchen, den Makler zu hintergehen, sind im Job immer wieder anzutreffen und müssen bewältigt werden. Einige der oben angeführten Ereignisse kann man deutlich reduzieren (wie in den nächsten Abschnitten des Buches gezeigt wird), gänzlich verschwinden werden sie aber nicht. Ein erfolgreicher Makler muss auf diese Stress-Situationen vorbereitet sein und damit klarkommen.

Und er muss sich auch immer wieder selbst zur Arbeit motivieren können. Die Tätigkeit und das Entlohnungssystem sind sehr auf Selbstverantwortung und Eigenständigkeit aufgebaut. Häufig gibt es keine geregelten Arbeitszeiten und es findet nur bedingt eine Kontrolle der Tätigkeit statt. Ein fixes Aufgabenschema ist selten und Selbstorganisation notwendig. Eigenständige Terminvereinbarung und die Organisation von verschiedenen Besichtigungsterminen gehören hier ebenso erwähnt wie Arbeit am Abend, an Feiertagen oder am Wochenende.

Das bereits angesprochene, meist flexible Entlohnungssystem erfordert auch eine vorausschauende Einteilung des Einkommens. Monaten mit hohen Umsätzen folgen solche mit geringen oder keinen. Die Berücksichtigung von Sozialversicherung und Einkommensteuer benötigt periodenübergreifende Planung.

Neben diesen grundsätzlichen Eigenschaften (die in der eigenen Persönlichkeit liegen) gibt es noch einen breiten Bereich an Fähigkeiten, über die ein Makler verfügen sollte. Sie betreffen den Umgang mit Kunden, Organisation und Planung, die Kenntnis der Rechtslage, Marketing und Geschäftsstrategie. Diese sind erlernbar und nach Studium dieses Buches ist eine gute Basis für die Vertiefung geschaffen.

Die „Jobs" des Maklers

- Der Marktforscher: Kenntnis des Marktes und der Entwicklung der Preise
- Der Gutachter: Die Bewertung von Immobilien
- Der Verkäufer: Die eigene Dienstleistung verkaufen
- Der Kreative: Texter, Grafiker und Designer
- Der Fotograf: Aufnahmen der Immobilien
- Der Marketingprofi: Zielgruppengerechte Vermarktung
- Der Psychologe: Kundenwünsche richtig analysieren
- Der Diplomat: Zwischen Verkäufer und Käufer vermitteln
- Der Jurist: Verträge verstehen und analysieren
- Daneben noch EDV-Techniker, Buchhalter, Handwerker etc.

Betrachtet man die Tätigkeit des Maklers im Verhältnis zu anderen Berufen, so zeigt sich, dass sich hier in den vergangenen Jahren eine deutliche Veränderung ergeben hat. Aus einem Anbieter (der über ein Portfolio an Objekten verfügt und „alleiniger" Wissensträger ist) wurde ein Berater, der dem Kunden zusätzliche Information, Sicherheit und Auswahl- und Abwicklungsunterstützung bietet. Dieser Trend wird sich weiter fortsetzen und diejenigen, die es verstehen, den Kunden von diesen Vorteilen zu überzeugen, werden erfolgreich sein.

Bei jeder Transaktion gibt es zwei Seiten, eine Abgeber- und eine Abnehmerseite (Verkäufer – Käufer, Vermieter – Mieter). Ebenso gibt es daher für den Makler zwei Bereiche, in denen er tätig ist (er kann für beide Seiten tätig sein, sowohl im Einzelfall als auch generell). Im ersten Fall, der Abgeberseite, kümmert er sich um die Akquise von Kunden (Listing von Objekten) und die Vermarktung, im zweiten Fall, der Abnehmerseite, betreut er Interessenten bei der Suche und Auswahl. Spezialisieren sich Makler auf eine Seite, nennt man sie häufig „Listing-Makler" und „Besichtigungsmakler". In Österreich gibt es seit längerer Zeit eine Marktsituation, in der die Gewinnung von Abgebern die kniffligere Aufgabe ist.

2.2. Wohnungsmakler und andere Spezialbereiche

Eine breite Basis und ein tiefes Spezialwissen zu haben: So lässt sich die Qualifikation eines guten Maklers am besten beschreiben. Die solide Basis betrifft die rechtlichen Rahmenbedingungen. Grundlagen von bürgerlichem Recht, Mietrecht, Wohnungseigentumsrecht, Grundbuchsrecht, Maklergesetz etc. müssen vorhanden sein – ebenso Wissen über Verkaufstechniken, Gesprächsführung sowie Präsentations- und Organisationstechniken. Kenntnisse über Teamführung und soziale Kompetenz sind von Vorteil.

Neben einem breiten Wissen ist eine Vertiefung in speziellen Bereichen zielführend. Diese können sich auf Regionen, Objekttypen und Kundengruppen beziehen. Regionale Marktkenntnis ist eine Voraussetzung für gute Arbeit. Dazu gehört es, zu wissen, welche Objekte derzeit am Markt sind und zu welchem Preis – oder die Transaktionen der letzten Monate und Jahre zu kennen. Regionale Entscheidungsträger, Meinungsbildner und Vereine sind einem Makler bekannt und werden regelmäßig kontaktiert. Natürlich kennt man auch den Mitbewerb und den eigenen Marktanteil.

Unterteilt wird weiters in Objekttypen. Für diese ist typisches Wissen für weiterführende Fragen (z.B. Bauordnung für Grundstücke) notwendig, um kompetente und umfassende Beratung gewährleisten zu können. Eine Spezialisierung steigert auch den Umsatz, da das passende Angebot und somit auch die Umschlagshäufigkeit erhöht werden. Positive Auswirkungen zeigen sich auch bei den Akquisitionstätigkeiten, da die Erfolge Abgeber motivieren, zum Spezialisten zu gehen. Hat ein Makler einige ähnliche Objekte im Angebot und mehrere Kunden für diese Art von Objekten, ermöglicht dies einen besseren Abgleich und mehr Abschlüsse.

Anmerkung

Von einer Reise nach Toronto, Kanada, kann ich berichten, dass die Spezialisierung auf Objekte dort teilweise so weit geht, dass ein Makler sich auf nur ein oder zwei Wohnhochhäuser spezialisiert. Dafür wickelt er dort aber nahezu alle Transaktionen ab.

Im Folgenden gebe ich eine Übersicht über die wesentlichen Objekttypen. Die Spezialisierung sollte jedenfalls aber auch noch innerhalb der Objektgruppe erfolgen.

2.2.1. Grundstücke

Grundstücke können eine Vielzahl von Variationen aufweisen, Wald und Wiese sind ebenso denkbar wie eine landwirtschaftliche Nutzung. Das für Makler bedeutendste Grundstück ist aber das Baugrundstück.

Die Umgebung ist wesentlich. Welche Gebäude stehen in der Umgebung bzw. dürfen gebaut werden und welche Ausrichtung hat das Grundstück? Wie sieht der Anschluss an die individuellen und öffentlichen Verkehrswege aus und welche Infrastruktureinrichtungen sind in der Nähe? Ein allein liegendes Grundstück mag seinen Reiz haben, die tägliche Fahrt von 30 Minuten zum Lebensmittelmarkt reduziert diesen aber wieder. Informationen zur Widmung und zur Bebaubarkeit sind essentiell. Je nach Gemeinde werden unterschiedliche Anschlusskosten vorgeschrieben (oder sind bereits bezahlt); diese beeinflussen den Wert des Grundstücks.

Aufgrund von großen räumlichen Distanzen und Anfahrtswegen ist die Planung und Organisation von Besichtigungen sehr wichtig. Zusatzinformationen über Baumeister oder Fertigteilhäuser sind von Vorteil.

Die Ausrüstung bei der Grundstücksvermarktung umfasst auch lange Maßbänder und diverses Werkzeug sowie entsprechende Kleidung (eventuell Gummistiefel,

Schutzhelm) und dergleichen mehr. Die Kooperation mit Professionisten erlaubt einerseits Empfehlungen und sorgt andererseits dafür, für Auskünfte die richtigen Ansprechpartner zu haben.

2.2.2. Einfamilienhäuser

In Österreich gibt es laut Statistik Austria etwa 1,7 Millionen Wohngebäude mit einer oder zwei Wohneinheiten, also Ein- oder Zweifamilienhäuser. Die mit Abstand größte Anzahl befindet sich in Niederösterreich mit ca. 530.000 Gebäuden. Es folgen Oberösterreich (ca. 310.000) und die Steiermark (ca. 280.000). Über hunderttausend Gebäude befinden sich in Kärnten (ca. 130.000), Tirol (ca. 123.000) und dem Burgenland (ca. 110.000). Die wenigsten liegen in Vorarlberg (ca. 75.000). In Wien sind es etwa 90.000 und in Salzburg etwa 92.000.

Für Einfamilienhäuser gelten jedenfalls die Kriterien des Grundstückes. Zusätzlich ist das Gebäude zu beurteilen.

Die Bauweise des Hauses und, aktuell besonders beachtet, die Wärmeisolierung sind entscheidend. Die Energieeffizienz kann ein bedeutendes Kriterium sein. Die Unterscheidung in Fertigteilhäuser und Ziegelhäuser ist für Kunden wichtig. Ein Keller sorgt für zusätzliche nutzbare Fläche. Die installierte Haustechnik wird immer wichtiger.

Es ist zu prüfen, ob Garagenplätze oder Parkflächen zur Verfügung stehen. Die Ausrichtung des Gartens kann entscheidend sein.

Der Grundriss und die Anzahl der Zimmer, die Gestaltung und Ausstattung des Hauses sind ebenso von Bedeutung.

Betreffend Haftungsfragen sind die aufrechte Genehmigung und die Ausführung laut Bewilligung des Gebäudes zu beachten. In manchen Regionen (insbesondere hochpreisigen Tourismusregionen) gibt es spezielle Regelungen, wer Eigentum erwerben darf.

Ebenso wie jedes andere Grundstück ist die Liegenschaft auf eine besondere Lage hinsichtlich äußerer Einflüsse wie Hochwasser oder Flugschneisen zu prüfen.

2.2.3. Eigentumswohnungen

In Österreich gibt es ca. zwei Millionen Wohnungen (Miete und Selbstnutzung, in Gebäuden mit mehr als je zwei Wohneinheiten). Davon befinden sich etwa 40 % (über 800.000) in Wien, die restlichen 60 % teilen sich wie folgt auf: Burgenland ca. 15.000, Kärnten ca. 100.000, Niederösterreich ca. 210.000, Oberösterreich ca. 250.000, Salzburg ca. 125.000, Steiermark ca. 240.000, Tirol ca. 150.000 und Vorarlberg ca. 65.000 (Daten Statistik Austria). Eigentumswohnungen (insbesondere in Ballungslagen) sind Liegenschaften mit geringer Vermittlungsdauer und guter Vergleichbarkeit.

Bei der Vermittlung von Eigentumswohnungen ist nicht nur auf die eigentliche Wohnung zu achten, sondern auch auf die anderen Miteigentümer und den Zustand des gesamten Hauses bzw. der allgemeinen Teile sowie die wirtschaftliche Situation der Eigentümergemeinschaft. Bei der Frage der Miteigentümergemeinschaft sind die Mehrheitsverhältnisse zu beachten. Gibt es einen Mehrheitseigentümer, können viele Beschlüsse allein von dieser Person gefasst werden. Auch kann die Struktur der Eigentümer auf die Entscheidungen Auswirkungen haben – ein Haus mit vielen Familien (oder Studenten, Senioren etc.) kann mehr oder weniger passend sein. Der Zustand und der Umfang der allgemeinen Teile sind häufig entscheidungsrelevant. Viele Interessenten suchen dezidiert repräsentative Eingangsbereiche oder wollen unbedingt einen großen Fahrradraum im Haus. Ein Aufzug, Kellerabteile, ein Innenhof oder Garagenplätze sind weitere wichtige Ausstattungsmerkmale. Der Zustand aller dieser Bereiche und die notwendigen Instandhaltungsarbeiten in der Zukunft müssen in Betracht gezogen werden. Dazu dienen die Betriebskostenabrechnung sowie die jährliche Vorschau mit den absehbaren, zukünftig notwendigen Ausgaben für diese Arbeiten. Diese Kosten sind einer der wichtigsten Punkte bei Kaufinteressenten. Die Höhe des Reparaturfonds zeigt die bereits angesparten Mittel der Eigentümergemeinschaft. Bei neu errichteten Wohnungen gilt es auch die Fertigstellungsanzeige und die Benützungsbewilligung zu prüfen; bei Bestandswohnungen die Übereinstimmung der Bewilligung mit der tatsächlichen Ausführung (Konsens).

2.2.4. Mietwohnungen

Von etwa 1,5 Millionen Mietwohnungen in Österreich (Statistik Austria) befindet sich fast die Hälfte (44,4 % oder ca. 650.000) in Wien. Es folgen Oberösterreich (13,6 %/ca. 200.000), Niederösterreich (10,6 %/ca. 160.000), die Steiermark (10,5 %/ ca. 150.000), Tirol (6,2 %/ca. 90.000), Kärnten (5,4 %/ca. 80.000), Salzburg (4,9 %/ ca. 75.000), Vorarlberg (3,1 %/ca. 50.000) und das Burgenland (1,2 %/ca. 20.000).

Vor allem in Ballungsräumen besteht bei der Vermittlung von Mietwohnungen eine besondere Marktsituation. Es gibt mehr Nachfrage als Angebot, wobei durch Mietzinsobergrenzen die Preisbildung des freien Marktes außer Kraft gesetzt ist. Die Anzahl der Makler ist hoch und diese bewerben sich um die begrenzten Aufträge. Die Deckungsbeiträge für Makler sind niedrig, da die zulässige Provisionshöhe beschränkt ist und aufgrund der Marktsituation Abgebern nicht immer Provision verrechnet wird. Diese Rahmenbedingungen führen dazu, dass die Mieterbetreuung verbesserungsfähig ist und der Eindruck entstehen kann, dass das Verhältnis zwischen Leistung für den Mieter und dessen Provisionshöhe nicht passend ist, besonders im Hinblick auf die fehlende Vermieterprovision. Meines Erachtens ist dies ein Hauptgrund für ein negatives Image der gesamten Branche. Eine Folge dieser Situation war in Deutschland im Jahr 2015 die Einführung des „Bestellerprinzips". Diese Regelung reduziert die Möglichkeit, Mietern eine Provision zu verrechnen.

Bei Mietwohnungen sind viele gesetzliche Bestimmungen zu beachten. Die tatsächlich verrechnete Mietzinshöhe weicht manchmal von der gesetzlich maximal zulässigen ab, auf die Aufklärungspflichten ist Acht zu geben. Auf das häufig vorhandene Naheverhältnis zum Abgeber ist unbedingt hinzuweisen (bei sonstigem Verlust des Provisionsanspruchs!). Grundkenntnisse des Bestandrechtes und des Mietrechtsgesetzes im Hinblick auf Anwendbarkeit, Mietzinshöhe, Befristungen, Wartung und Erhaltung, Kündigung oder Betriebskosten sind unerlässlich. Immer wieder zu finden ist auch eine falsche Berechnung der Provisionshöhe.

Aus wirtschaftlicher Sicht sind die Zeit- und Kostenaufwendungen genau zu kalkulieren, um angemessene und wirtschaftlich sinnvolle Deckungsbeiträge zu generieren. 40 Einzelbesichtigungen einer 400-Euro-Wohnung werden nicht wirtschaftlich sein. Mit einer klugen Strategie und einer ausreichenden Spezialisierung lassen sich aber auch in diesem Bereich gute Renditen erzielen.

2.2.5. Gewerbliche Objekte

Die Einteilung bei gewerblichen Objekten erfolgt in Retailflächen, Büroflächen, Hotels und Tourismus, Investment und Industrie. Die Vermittlung von Gewerbeimmobilien unterscheidet sich deutlich von derjenigen von Wohnimmobilien. Der emotionale Faktor ist hier niedriger (sehr wohl aber mitbestimmend), Fakten spielen eine vergleichsweise größere Rolle. Die Vermarktungszeiten sind länger und es wird ein deutliches Augenmerk auf Key Account Management gelegt. Wer als Erster von der Entscheidung eines Unternehmens für den Wechsel oder den Neuaufbau des Standortes erfährt, hat die besten Karten, den Vertrag zu erhalten.

Retailflächen sind Handelsflächen – von Mode und Bekleidung über Schmuck bis zu Lebensmitteln. Sie finden sich großteils in Erdgeschosslagen. Die Frequenz der Passanten spielt eine bedeutende Rolle. Geschäftsstraßen sind typische Agglomerationen von Retailflächen, wichtig sind aber auch Shopping-Center oder Fachmarktzentren.

Bei Bürogebäuden ist die Anbindung an den individuellen und öffentlichen Verkehr bedeutend. Die Ausstattung und die Versorgungsleitungen stellen ebenfalls Entscheidungskriterien dar. Die Flexibilität der Raumgestaltung oder die laufenden Kosten sind wichtig. Für gewisse Berufe (z.B. Anwälte) sind auch die repräsentative Lage oder die architektonische Gestaltung entscheidend.

Hotels und Tourismusimmobilien verlangen ein diesbezügliches Spezialwissen über den Markt und den Betrieb von diesen Räumlichkeiten und sind häufig auch ein Thema für Investitionen.

Besondere Bewertungskenntnisse sind für Industrieimmobilien vonnöten. Die Nachnutzung kann sich als schwierig erweisen und ist bereits bei der Konzeption zu berücksichtigen. Logistikflächen stellen den größten Bereich für den maklerrelevanten Teil der Industrieimmobilien dar.

Die Lage und die Rendite sowie die voraussichtliche Preisentwicklung der Liegenschaft sind bei Investmentprojekten wichtig. Käufer sind hauptsächlich institutionelle Anleger wie Fonds oder Versicherungen. Kontaktmanagement, Bewertungskenntnisse und ein guter Überblick über den Markt sind hier entscheidend.

2.2.6. Anlageobjekte

Im Bereich der Anlagemöglichkeiten gibt es viele Varianten, wie Immobilien genutzt werden können. Die aktuell bekanntesten sind „Zinshäuser" und „Vorsorgewohnungen". Zinshäuser sind Mietwohnhäuser, Vorsorge- oder Anlagewohnungen einzelne Objekte. Die Systematik ist die Gleiche: Über die Mieteinnahme wird eine Rendite auf das eingesetzte Kapital erzielt. Der Einsatz von Fremdkapital kann das Ergebnis steigern (vgl. Leverage-Effekt – diese Möglichkeit ist so lange sinnvoll, als die erzielte Mietrendite höher ist als der Fremdkapitalzinssatz). Zinshäuser und Anlagewohnungen gelten als sicher und stabil. Durch eine Inflationsbindung der Mieteinnahmen wird das Inflationsrisiko ausgeschaltet oder zumindest vermindert. Die gesetzlichen Regelungen zur Mietzinsbildung sind ebenso zu berücksichtigen wie die Erhaltungskosten. Die Verwaltung von Wohnungen kann selbst übernommen oder an spezialisierte Anbieter ausgelagert werden. Die Preissteigerung der Liegenschaft stellt eine weitere Möglichkeit dar, die Rendite zu erhöhen. Insbesondere bei Vorsorgewohnungen spielen steuerliche Aspekte eine Rolle. Makler, die sich mit dem Thema Anlageobjekte beschäftigen, müssen ein breites Wissen über den Markt und seine Entwicklung, Mietrecht, finanztechnische Fragen und steuerrechtliche Regelungen haben. Bautechnische Kenntnisse runden die Anforderungen ab.

Neben diesen Investitionsmöglichkeiten in Immobilien gibt es schon seit jeher die Spekulation mit Grundstücken, das Investment in Land- und Forstwirtschaft sowie den Immobilienhandel (z.B. Kauf und Sanierung von Wohnungen mit anschließendem Weiterverkauf). Bauträger als Käufer von Liegenschaft stellen eine weitere Kundengruppe dar.

Makler, die sich in diesem Bereich betätigen, sollten eine gute Kundenbetreuung und -bindung erreichen, da mehrfache Geschäfte möglich sind und eine gute Beziehung laufende Umsätze bescheren kann.

2.2.7. Luxusobjekte, Sonderobjekte

Die Spezialisierung auf Luxus- oder Sonderobjekte ist ein weiterer Bereich. Hierunter fallen Villen, Penthouse-Wohnungen, Ferienwohnungen, Burgen und Herrenhäuser. Da diese Kundenschicht häufig gut gebildet und anspruchsvoll ist, sind entsprechendes Auftreten und hochwertige Betreuung wichtig. Da es sich teilweise auch um internationale Käufer handelt, sind auch Fremdsprachenkenntnisse von Vorteil. Die Vermittlungsdauer in diesem Geschäftsbereich ist durchschnittlich länger, die Provisionssummen sind höher.

Im Marketing und Auftreten muss auf diese Besonderheit Rücksicht genommen werden und zusätzliche Aktivitäten sowie eine besondere Aufbereitung der Unterlagen sind nötig.

2.2.8. Kundengruppen

Es kann, abweichend von der Betrachtung der Objekttypen, noch eine Spezialisierung hinsichtlich Kundengruppen durchgeführt werden. Dies hat den Vorteil, dass der Makler sein Netzwerk gezielt und einfacher erweitern bzw. betreuen kann. Häufig ist dies auch eine Gruppe, die den eigenen Interessen nahe steht und bei der deshalb der Zugang einfacher und angenehmer ist. Zum Vorteil der einfacheren Kontaktmöglichkeit gesellt sich ein weiterer: jener der ähnlichen Ansprüche und Anforderungen. Gruppen zeichnen sich durch vergleichbare Suchprofile und spezielle Interessen aus. Aus diesen Gemeinsamkeiten können sich die positiven Spezialisierungseffekte wie Synergie und höhere Umschlagshäufigkeit ergeben. Dieses Thema wird in Kapitel 3.2. („Suchkunde“) ausführlicher behandelt.

3. Die Tätigkeiten eines Maklers

Montag, 7.30 Uhr: Der Wecker läutet. Herbert Tendler wacht auf. Er setzt sich auf die Bettkante und beginnt nachzudenken: „OK, ich bin Makler, was mache ich jetzt?" Vielleicht legt er sich gleich wieder nieder und schläft noch eine Stunde. Oder er entscheidet ein paar Tage später, in der kommenden Woche früher aufzustehen. Der Beruf des Maklers bringt üblicherweise eine gewisse Flexibilität mit sich. Nicht, dass man weniger arbeiten müsste, aber häufig besteht die Möglichkeit, sich seinen Arbeitsalltag selbst zu gestalten. Es gibt den Morgenmenschen, der bis 9.00 Uhr bereits seine E-Mails erledigt und sich seinen Tag schon organisiert hat, und die Nachteule, die bis Mitternacht gearbeitet hat, E-Mails in der Nacht beantwortet und sich erkundigt hat, was es am Markt alles Neues gibt.

Aber egal, wie man sich die Tätigkeiten auf- und einteilt, es gibt einige Kernelemente, die immer wiederkehren und die die wesentlichen Aufgaben und Tätigkeiten eines Maklers darstellen. Diese werden im Folgenden vorgestellt, beschrieben und mit Tipps und Beispielen ergänzt.

Übersicht: Aufgabengebiete eines Maklers

Spezielle Tätigkeiten

- Kontaktherstellung
- Objektakquise/Listing/Einkauf
- Objektaufbereitung/Unterlagensammlung
- Marketingmaßnahmen
- Besichtigungen
- Anbotsverhandlungen
- Kaufvertragsabwicklung
- Übergabe/Nachbetreuung

Allgemeine Tätigkeiten

- Weiterbildung
- Netzwerkbildung
- Marketing
- Verwaltung und Organisation
- Finanzen
- Personalmanagement

Vorab aber noch ein Tipp, der die Effektivität eines Maklers deutlich erhöht. Nicht nur die Spezialisierung auf einen Bereich, sondern auch die innerhalb eines Bereiches auf bestimmte regionale und inhaltliche Einschränkungen hilft die Abwicklung zu beschleunigen und die Umsätze zu steigern. Man ist zwar offen für alle Anfragen und Aufträge, widmet sich aber in der aktiven Akquise und Betreuung einer bestimmten Art von Immobilien (siehe oben). Dies hat mehrere positive Konsequenzen: Erstens wird man für diesen Bereich ein vorzüglicher Experte und hat gegenüber anderen einen Wettbewerbsvorteil. Zweitens hat man mehrere gleichartige Objekte in der Vermarktung, wodurch sich ein Kostenvorteil ergibt. Drittens kann der Makler Interessenten, die auf ein Inserat geantwortet haben, auch vergleichbare Objekte anbieten. Viertens erleichtert dieser Stamm an Suchkunden den Vermittlungsvertragsabschluss mit neuen Abgebern. Somit werden Kosten und Zeit gespart sowie die Anzahl der Aufträge üblicherweise gesteigert, womit in letzter Konsequenz natürlich ein höheres Einkommen einhergeht.

Beispiele für Spezialisierungen

Einfamilienhaus in der Region Liezen, +/–150 m^2, mehr als drei Zimmer, gute oder sehr gute Lage, Preis zwischen 250.000,– und 400.000,–

Eigentumswohnung in Linz, Stadtzentrum, +/–100 m^2, luxuriöse Ausstattung, sehr gute Lage, Preis von 300.000,– bis 600.000,–

Studentenwohnung in Salzburg, ein oder zwei Zimmer, Miete bis 600,–

Anlagewohnung in Wien, 50–80 m^2, zwei oder drei Zimmer, zumindest gute Lage, Neubau, Rendite von mind. 3 % möglich

Grundstück in Kärnten, 600–900 m^2, Einfamilienhaus möglich, gute Infrastruktur und Anbindung

3.1. Abgeber-Akquise

Veronika Mittler betritt mit einem Lächeln im Gesicht das Büro – in der einen Hand die Aktentasche, aus der sie mit der anderen im Nu ein Blatt Papier zieht und sich voller Genugtuung der Büroassistentin zuwendet: „Das Einfamilienhaus, wie angekündigt. Und das ist schon mein dritter Alleinvermittlungsauftrag diesen Monat!" „Gratuliere", antwortet die Assistentin, „das ist wirklich top!"

Die Kernkompetenz eines erfolgreichen Maklers ist es, Vermittlungsaufträge für Immobilien zu erhalten. So wichtig und bedeutend auch alle anderen Bereiche sind, ein Makler, der gut „listet" (= Vermittlungsaufträge abschließt), wird erfolgreich sein. Aber es ist auch ein Bereich, in dem viele Menschen Hemmungen zeigen. Aktiv auf andere zuzugehen und sie davon zu überzeugen, dass man die richtige Person für diese Aufgabe ist, mag für manche schwierig sein und ihnen Überwindung abverlangen. Ein Einkäufer braucht die emotionale Stabilität, viele Absagen verkraften zu können.

Wichtig ist es, die zum eigenen Typ passende Technik zu finden, bei der man sich auch wohlfühlt und authentisch bleiben kann. Die einzelnen speziellen Aktivitäten sollten jedenfalls von allgemeinen begleitet werden. Das Ziel ist es, bereits eine gute Basis für das persönliche Gespräch zu haben. Dieses Einkaufsmarketing umfasst die eigene Bekanntheit, die Beurteilung durch die potentiellen Kunden

(den Ruf), den regelmäßigen Kontakt mit wichtigen Personen, stetige Pressearbeit, Erfolgsgeschichten, die Zusammenarbeit mit Kollegen und Partnern und vieles mehr.

Durch Plakate, Folder und Flyer, Postwurfsendungen und Veranstaltungen kann ein Makler seine Bekanntheit steigern und setzt sich so in den Köpfen seiner (potentiellen) Kunden fest. Diese „Vertrautheit" hilft Gesprächstermine zu vereinbaren oder bei den Gesprächen eine bessere Basis zu finden. Die Gestaltung und Art dieser Aktivitäten und die damit verbundene Aussage ergeben, neben den erbrachten Leistungen, den Ruf eines Maklers. Schnell, umgänglich, höflich, genau, bestinformiert und mit viel Hintergrundwissen ausgestattet – das sind alles Attribute, mit denen man gerne assoziiert wird, die man sich aber auch hart erarbeiten muss. Ein regelmäßiger Kontakt hilft, immer auf dem Laufenden zu bleiben und im Falle einer Geschäftsmöglichkeit sofort vor Ort zu sein. Erfolgsgeschichten steigern das Vertrauen genauso wie Presseartikel. Ein konstruktiver und vertrauensvoller Umgang mit Kollegen ermöglicht auch die Zusammenarbeit bei Geschäften.

Strukturell ist es wichtig, sich klar zu machen, dass Akquise aus verschiedenen Teilbereichen besteht. Ein Teil ist die Vorbereitung auf die Akquise, die Generierungen von Kontaktchancen (häufig Leads genannt), das Aufbereiten und Üben von Gesprächsskripten, das Planen von Aktivitäten oder das Sammeln von Kontaktmöglichkeiten, z.B. Adressen oder Telefonnummern. Diese Aufgabe übernimmt man selbst oder man vergibt sie an Personen oder Unternehmen. Das Zukaufen von Leads kann hilfreich, aber auch sehr kostspielig sein und diesem Thema ist in Kapitel 3.7. („Spezialthemen") ein Abschnitt gewidmet.

Im nächsten Schritt werden diese Personen kontaktiert. Jedenfalls soll dieser Schritt über einen persönlichen Kontakt erfolgen – in vielen Fällen telefonisch, aber auch persönliche Gespräche von Angesicht zu Angesicht sind wünschenswert. Es wird abgeklärt, ob grundsätzlich Bedarf für die Dienstleistung vorhanden und ein Termin möglich ist.

Der Termin in das Ziel des Kontaktes/Leads. In diesem Termin und allfälligen Folgeterminen wird die eigene Dienstleistung angeboten und der Vermittlungsvertragsabschluss angestrebt.

Das Folgekapitel zeigt, wie die Suche nach Kontaktchancen vonstattengehen kann.

3.1.1. Abgebersuche

Strategien zum Auffinden von möglichen Liegenschaften und deren Abgebern gibt es sehr viele, der Fantasie und Kreativität sind hier keine Grenzen gesetzt. Jedenfalls sollte man sich bei der Auswahl der möglichen Objekte ein Kernelement überlegen (siehe auch Kapitel 2.2. „Wohnungsmakler und andere Spezialbereiche").

Eine häufig angewandte Strategie ist die Analyse von Zeitungsinseraten. In Tages-, Wochenzeitungen oder Spezialzeitschriften gibt es ständig Inserate von Selbstverkäufern (englisch: FSBO – For Sale By Owner). Ebenso finden sich im Internet auf Plattformen viele dieser möglichen Kunden. Allerdings muss man hier mit großer Konkurrenz rechnen, da, wie erwähnt, diese Methode allgemein sehr gebräuchlich ist.

Social-Media-Kontakte bieten zeitgemäße Recherche- und Akquisemöglichkeiten. Im Internet und auf Kommunikationskanälen finden sich zahlreiche Möglichkeiten.

Spazieren zu gehen ist eine weitere Möglichkeit, Objekte zu finden, ebenso wie mit offenen Augen durch die Gegend zu fahren und nach leerstehenden Objekten Ausschau zu halten oder Schilder von Selbstverkäufern zu entdecken. Ein Lieferwagen einer Umzugsfirma vor einer Haustüre, nicht gepflegte Gärten sowie Bauarbeiter oder andere Professionisten, die gerade am Werk sind, sind weitere Zeichen für eine Verkaufschance.

Wer gerne mit Menschen plaudert, hat einen Vorteil bei der Suche nach Aufträgen. In Gesprächen mit Freunden oder Bekannten nachzufragen, ist einer der besten Wege, um auf Geschäftsmöglichkeiten aufmerksam zu werden. Öffentliche Veranstaltungen bieten einen guten Rahmen, um neue Kontakte zu knüpfen und Informationen zu erhalten. Wohnen ist ein Thema, das jeden Menschen beschäftigt – mit ein bisschen Übung (und Vorbereitung) ist es ein Leichtes, hier ins Gespräch zu kommen.

Bestehende Kunden sind wahrscheinlich (je nach Ruf und vorangegangener Dienstleistung) eine der besten Möglichkeiten, um an neue Objekte zu gelangen. Jeden bisherigen Kunden um eine Weiterempfehlung zu bitten (falls er zufrieden war), bereitet wenig Aufwand und ist sehr effektiv.

Zum Thema Empfehlungen siehe auch Kapitel 3.5.4.

Suchhinweise auf allgemeinen Geschäftsunterlagen oder auf Geschäftsflächen sind eine weitere gute Möglichkeit, Kunden anzusprechen. Der Hinweis kann praktisch auf allen Unterlagen angebracht werden. Aufschriften in Schaukästen können ebenso wie Briefpapier, Visitenkarten, Aushänge, Plakate, Folder, Broschüren und vieles mehr mit dem Hinweis auf Objektsuche versehen werden. Dieser könnte wie folgt lauten: „Sie kennen jemanden, der eine Immobilie verkaufen/vermieten oder kaufen/mieten möchte? Ich freue mich auf Ihre Empfehlung."

Beispiel Visitenkarte Rückseite

Beispiel E-Mail-Signatur

Mit freundlichen Grüßen
Max Mustermann
Immobilien Makler GmbH
Vermittlungsweg 13, 9999 Immohausen
buero@immo.makler
www.immo.makler
Sie kennen jemanden, der eine Immobilie verkaufen oder kaufen möchte?
Ich freue mich auf Ihren Tipp!

Eine weitere – allerdings häufig vernachlässigte – Möglichkeit, an Abgeber zu gelangen, sind Suchinteressenten. Auch wenn man selbst keine passende Liegenschaft für die Suchenden hat – jeder, der etwas Neues sucht, wohnt bereits irgendwo. Und dieses Objekt wird frei. Ob der Suchinteressent selbst der Eigentümer ist oder jemand anderer, ist zweitrangig. Hier wird jedenfalls ein Objekt zur Vermittlung frei.

Kostspieliger und nur passiv (= man muss darauf warten, dass jemand sich meldet) ist das Schalten eines Suchinserats (in Zeitschriften oder im Internet).

Beispiel Suchinserat Zeitung

Dringender Suchauftrag!
Wir suchen für Anleger Zwei-Zimmer-Wohnungen
in den Bezirken 1–9. Alt- oder Neubau.
Melden Sie sich noch heute unter
0664/123 456 78 oder office@mustermakler.at

Besondere Aufmerksamkeit verdienen sogenannte Schlüsselpersonen oder Tippgeber. Typischerweise handelt es sich dabei um Personen, die beruflich oder privat mit vielen anderen Menschen in Kontakt kommen oder direkt/indirekt mit Immobilien zu tun haben. Diese Personen können über eine mögliche Tipp-Provision (z.B. 10 % der erzielten Provision) ermuntert werden, sich aktiv über in Frage kommende Objekte zu informieren, die Makler-Visitenkarte zu übergeben oder besser noch die Kontaktdaten des Abgebers aufzunehmen und an den Makler weiterzuleiten. Gastwirte oder Friseure sind typische Tippgeber, besonders geeignet sind natürlich auch Professionisten aus dem Immobilien- oder Baugewerbe und Hausmeister.

Private Personen als Tippgeber sind ebenfalls willkommen, die „Belohnung" kann auch in Form eines Provisionsanteils bestehen oder in einem persönlichen Geschenk.

Ohne entsprechende Verwaltung der Daten ist aber die Sammlung von möglichen Kontakten nur die Hälfte wert. Sie sollte im Rahmen einer ganzheitlichen Kontaktverwaltung durchgeführt werden. Jedenfalls sollten die vorhandenen Daten (Name, Telefon, E-Mail) sowie Angaben zum Objekt und zur Art, wie es gefunden wurde, festgehalten werden. Selbstverständlich muss auf die Einhaltung der gesetzlichen Datenschutzbestimmungen geachtet werden.

3.1.2. Kontaktaufnahme und Terminvereinbarung

Die Arten von Kontakten sind vielfältig, gleich bleibt das vorrangige Ziel jedes Kontaktes: der Termin. Bei allen Abwandlungen der Praxis sollte dieser Kern immer im Hinterkopf gespeichert bleiben und beachtet werden. Er hilft, die Arbeit zu strukturieren und viel Zeit zu sparen. Natürlich können etwa Gespräche genutzt werden, um weitere Informationen zu erhalten oder Image zu vermitteln. Viele Makler nutzen den Kontakt auch für eine erste Qualifizierung des möglichen Kunden, das Hauptthema für diesen Teil des Geschäfts bleibt aber der Termin.

Bei Kontakten gilt es auch, nicht über Vermittlungsverträge zu sprechen oder Preise auszuverhandeln – dies alles ist Thema des Termins (siehe weiter unten). Durch die konsequente Umsetzung dieser Vorgehensweise werden sowohl die Qualität der Arbeit als auch die Effektivität deutlich gesteigert. Insbesondere für „Jung"-Makler ist diese Praktik sehr wichtig, da sie über wenig Erfahrung verfügen und ein Kontaktgespräch vorab geplant und geübt werden kann. Man hat damit mehr Sicherheit und Überzeugungskraft.

Kontakte können auf verschiedenste Art und Weise gemacht werden. Sie können aktiv oder passiv zustande kommen. Bei aktiven Kontakten geht die Initiative vom Makler aus, bei passiven vom Kunden. Letztere sollte nur ergänzend zur aktiven gesehen werden, da Erstere eine genauere Planung und Beeinflussung zulässt.

Eine der geläufigsten Möglichkeiten des Erstkontakts ist der Kaltanruf (Kaltakquise, Initiativanruf, Cold Call). Gesetzliche Rahmenbedingungen erlauben diese Art der Kontaktaufnahme in Österreich nur in beschränktem Maß (Ähnliches gilt übrigens auch für E-Mails). Die im angloamerikanischen Raum beliebte Methode, einfach das Telefonbuch von A bis Z durchzutelefonieren, ist nicht zulässig.

Der Kaltanruf ist ein einfaches und häufig angewandtes Mittel, um Kontakt herzustellen. Üblicherweise erfolgen Cold Calls auf Zeitungs- und Internetinserate von Selbstverkäufern. Sie haben den Vorteil, dass der Ablauf gut planbar ist, sie wenig Zeit brauchen und nur geringe Kosten verursachen. Da die Konkurrenz groß ist und Verkäufer häufig aufgrund der zahlreichen Anrufe von Maklern (nicht aber von Interessenten für ihre Objekte) ablehnend oder verärgert reagieren, sind besondere Überzeugungskraft und geplante Vorgehensweise wichtig. Elemente, die auch bei der Tätigkeit als Makler übrigens immer berücksichtigt werden sollten, sind Überlegen und Formulieren im Kundennutzen und die Frage nach dem Ziel des Gespräches (Termin, Abschluss etc.). Eine zielführende Strategie ist es auch, mit dem Anruf zwei bis drei Wochen nach Schalten des Inserats zu warten bzw., wenn man sofort nach Erscheinen des Inserats Kontakt hatte, dann noch einmal anzurufen. Viele Privatverkäufer haben sich dann schon „die Hörner abgestoßen", d.h. Erfahrungen gemacht, die nicht ihren Vorstellungen entsprochen haben, wie unqualifizierte Kunden und unvorhergesehen hoher Zeitaufwand. Dies kann sie dazu veranlasst haben, die Inanspruchnahme der Dienstleistung des Immobilienmaklers ins Auge zu fassen.

Systematische Vorgehensweise für Kaltanrufe

Hier ein Beispiel, wie Kaltanrufe systematisch aufgebaut sein können: Ein Kaltanruf beginnt immer mit der Vorstellung und dem Verweis auf die Maklertätigkeit, gefolgt von einem Hinweis auf das Inserat und einer Einleitungsfrage. Diese sollte jedenfalls (wie bei allen Gesprächen) den Nutzen für den Kunden in den Vordergrund stellen und muss eine Entscheidungsfrage (Antwortmöglichkeit: Ja oder Nein) sein.

Beispiel

Makler: „Max Mustermann, Traumimmobilien GmbH, in der XY-Zeitung habe ich gelesen, Sie wollen Ihr Haus verkaufen. Darf ich Ihnen meine professionelle Unterstützung anbieten?"
Falls die Antwort „Ja" lautet, ist alles bestens und die nächste Frage ist diejenige nach einem Termin. Bei einem „Nein" wird die nächste Frage offen formuliert: „Was ist der Grund für die Ablehnung?"

Beispiel

Kunde: „Nein, möchte ich nicht."
Makler: „Das überrascht mich. Darf ich wissen, warum Sie es nicht wollen?"
Als Antwort wird eine Begründung folgen, warum der Abgeber nicht mit einem Makler zusammenarbeiten möchte. Bei diesen Einwänden muss häufig genauer nachgefragt werden, und sie haben meistens ähnliche Gründe. Man kennt sie bereits vorab und kann sich geeignete Antwortstrategien bereitlegen (eine Auflistung häufiger Einwände finden Sie unten). Wichtig ist auch, die Antwort immer mit einer Terminfrage zu verbinden.

Beispiel

Kunde: „Ich arbeite grundsätzlich nicht mit Maklern zusammen."
Makler: „Wieso denn das? Haben Sie schlechte Erfahrungen gemacht?"
Kunde: „Nein, aber ich will keine Provision zahlen."
Makler: „Ach so, natürlich verstehe ich, dass Sie nicht mehr Geld ausgeben wollen als notwendig, aber haben Sie sich schon einmal überlegt, wie viel Zeit und Geld und Risiko es kostet, wenn Sie dieses wichtige Geschäft ohne professionelle Unterstützung durchführen? Wenn Sie einmal für eine halbe Stunde Zeit haben, könnte ich Ihnen ganz unverbindlich ein paar Informationen geben. Wann wäre es Ihnen denn recht?"
Hier kann wieder mit „Ja" oder „Nein" geantwortet werden. Bei einem „Ja" geht man wieder zur Terminvereinbarung über, das „Nein" führt zur nächsten Runde. Wie lange man diesen Kreislauf fortführt, liegt im Ermessen des Maklers.
Eine weitere Möglichkeit ist es, am Beginn nach näheren Informationen zur Immobilie zu fragen, um so eine erste „Beziehung" aufzubauen und mehr über den Abgeber zu erfahren:
Makler: „Guten Tag, Max Mustermann, SuperMakler GmbH. Ich habe gesehen, dass Sie eine Drei-Zimmer-Wohnung inseriert haben."
Kunde: „Ja, das stimmt."
Makler: „Ich würde gerne vorbeikommen und sie mir einmal ansehen. Haben Sie morgen Zeit?"
Kunde: „Wissen Sie, ich möchte sie selbst verkaufen."
Makler: „Das heißt, auch wenn wir einen Käufer hätten, würden Sie sein Angebot nicht akzeptieren?"
...

Achtung

Hier ist es wichtig, seriös zu bleiben. Weisen Sie beispielsweise nicht auf Käufer hin, wenn Sie keine haben.

Beispiele für Einwände und Entkräftung

Einwand	Frage	Entkräftung
Ich will keine Provision zahlen	Das verstehe ich. Ist Ihnen bewusst, dass Sie dadurch mehr verlieren als gewinnen?	• weniger Interessenten • längere Dauer • weniger Verhandlungsmöglichkeiten • „Was ist Ihnen Ihre Zeit wert?" • gute Verhandler als Gegenüber • Gefahr der Preisspirale
Keine Zeit	Sehr gut – wenig Zeit ist einer der besten Gründe, mit einem Makler zusammenzuarbeiten!	• Hintergrund herausfinden • spart Zeit • übernimmt Koordination • disqualifiziert („falsche Interessenten")
Keine Makler	Das höre ich oft, darf ich fragen, warum Sie das nicht wollen?	• Hintergrund herausfinden • mehr Geld durch Makler • Marketingplan
Ich will nichts unterschreiben	In Ordnung, die Entscheidung liegt bei Ihnen. Wann haben Sie denn Zeit?	• rechtliche Sicherheit • Nachweis
Makler hat nichts getan	Kommt leider manchmal vor … Darf ich Sie unverbindlich über unsere Aktivitäten informieren?	• Marketingplan • Tätigkeitsverpflichtung bei Alleinvermittlungsvertrag (AV) • Aktivitätenplan
Möchte es erst einmal allein versuchen	Gerne können Sie das, vielleicht können wir trotzdem gleich einen Termin vereinbaren und es ist etwas Hilfreiches für Sie dabei!	• Verlust von Zeit = Verlust von Geld • ruiniert die Immobilie • Ladenhütersyndrom

Kontakte können aber auch direkt angebahnt werden, häufig ist hier die persönliche Vorstellung „an der Haustüre". Hier ist eine einfache Vorstellung und Übergabe der Visitenkarte ohne direkte Verkaufsabsicht zu empfehlen wie folgt:

- Vorstellung der eigenen Person
- Hinweis, dass man als Ansprechpartner für Immobilien zur Verfügung steht
- bei Interesse Vereinbarung eines konkreten Termins

Falls sich ein kurzes Gespräch ergibt, sind unbedingt die Inhalte zu notieren und in ein Kundendatenblatt einzutragen. Ein Bezug auf diese Infos beim nächsten Gespräch erzeugt Sympathie und erleichtert die Kommunikation.

Vorstellung an der Haustüre

Makler: „Guten Tag, ich bin Max Mustermann von der Firma Topimmobilien und betreue künftig Ihre Region. Falls Sie Fragen zu Immobilien haben, stehe ich Ihnen gerne als Ansprechpartner zur Verfügung. Hier haben Sie meine Visitenkarte mit allen Daten. Und falls Sie jemanden kennen, der eine Wohnung verkaufen oder vermieten, kaufen oder mieten möchte, würde ich mich über den Kontakt freuen.
Haben Sie vielleicht gleich jetzt Fragen oder darf ich Sie einmal zu uns ins Büro einladen?"

Menschen anzusprechen ist übrigens überall und jederzeit möglich – sogar auf der Straße, am Bahnhof, in Gasthäusern etc. Die Vorstellung sollte taktvoll und nicht aufdringlich erfolgen. Wenn die Personen Fragen haben oder tatsächlich Ihre Maklertätigkeit in Anspruch nehmen wollen, werden sie sich melden.

Bei der Kontaktherstellung sind persönliche Visitenkarten ein unbedingtes Muss, ein Makler sollte jederzeit Visitenkarten bei sich tragen. Und es ist auch erlaubt, zwei oder mehrere zu übergeben, für Freunde oder Bekannte der Person, mit der man soeben Kontakt aufgenommen hat – und die eventuell ja einen Immobilienmakler benötigen könnten.

Eigene Freunde und Bekannte sind gute Tippgeber und als erste Ansprechpersonen für Neueinsteiger besonders geeignet. Hier kann ein Neu-Makler seine Kontaktgespräche in einem gewohnten Umfeld üben und verbessern. Die Hemmschwelle des Ansprechens ist niedriger und der Zugang und die Unterstützung größer.

Tipp

Machen Sie sich eine Liste von allen Freunden und Bekannten, auch von den Menschen, die Sie regelmäßig treffen (vom Friseur bis zum Rauchfangkehrer, Bäcker und Zahnarzt ...), und teilen Sie sich ein, wann Sie wen ansprechen.

Ein Ansprechen ist natürlich auch telefonisch möglich. Hier spart man Zeit und kann die Informationen besser verwalten. Jedoch ist die persönliche Interaktion eingeschränkt, man sollte hier individuell überlegen, welche Variante besser ist.

Eine weitere aktive Methode, Kontakte herzustellen (die allerdings schon eine Re-Aktion des Kunden benötigt und somit einen geringeren Rücklauf hat), ist das Anschreiben. In einem Brief/E-Mail stellt sich der Makler vor, beschreibt seine Leistungen und bietet seine Dienste an – dank Serienbrieffunktion kann eine Vielzahl an Personen mit geringem Aufwand erreicht werden. Das Anschreiben wird auch häufig als Vorstufe für einen persönlichen Kontakt verwendet. Die Hemmschwelle sowohl für Makler als auch für den Kunden wird dadurch gesenkt. Das

Schreiben sollte höflich und aktiv formuliert sein, der Corporate Identity des Unternehmens angepasst sein und die Geschäftsdaten (insbesondere Telefonnummer und E-Mail) deutlich weisen. Eine freundliche Anrede und ein einwandfreier Text, stilistisch und vor allem in der Rechtschreibung, sind ein unbedingtes Muss. Vom Aufbau her sollte der Begrüßung eine Vorstellung der Person folgen, danach eine Beschreibung der Leistungen und Vorteile und anschließend die Handlungsaufforderung mit der Verabschiedung und eventuell der Ankündigung eines persönlichen Vorsprechens. Dem Anschreiben können auch Broschüren, Folder oder sonstiges Informationsmaterial beigelegt werden. Ein Gutschein oder eine besondere Gelegenheit („Aktion") kann helfen, den Rücklauf zu steigern.

Musteranschreiben

Logo

Viktor Makler
Makler GmbH
Beispielweg 6

9999 Obermaklerhofen

An

Bewohner 16
Musterstraße 99 Top 16

9999 Untermaklerhofen

Wien, 8. Juli 2023

Ihr Vorteil – unsere Leistungen

Sehr geehrter Herr Bewohner 16,

In einem rechtlich und wirtschaftlich immer unübersichtlicher werdenden Umfeld möchten wir Ihnen optimale Betreuung und Sicherheit gewährleisten. Ihr Erfolg und Ihre Vorteile sind das Ziel unserer Bemühungen, und erreichen wir dies, sind auch wir erfolgreich.

Unser Unternehmen verfügt über alle rechtlichen Voraussetzungen und ist für Seriosität und Qualität bekannt. Wir betreuen Ihre Region bereits seit mehr als 15 Jahren und kennen die Besonderheiten dieser Gegend. Gerne möchten wir dieses Spezialwissen auch für Sie gewinnbringend einsetzen!

Es würde uns freuen, Sie persönlich kennen zu lernen, und wir laden Sie recht herzlich ein, mit uns Kontakt aufzunehmen. Sie erreichen uns

telefonisch unter 0043 01 333 44 55 oder

per E-Mail unter ihrvorteil@maklergmbh.at

Gerne laden wir Sie auch zu uns ins Büro ein oder kommen persönlich zu Ihnen nach Hause.

Falls Sie Fragen zum Thema Immobilien haben, zögern Sie nicht und melden Sie sich bei uns!

Wir freuen uns auf eine gute gemeinsame Zusammenarbeit und verbleiben mit freundlichen Grüßen

[Max Mustermakler]

Damit sind wir bei den passiven Kontaktaufnahmen angelangt und beginnen mit den Anrufen von Kunden. Diese erfolgen üblicherweise auf vorhergehende Anschreiben oder Inserate. Hat der Makler schon einen guten Namen oder eine erfolgreiche Marke, werden sich Kunden auch aufgrund dessen selbständig bei ihm melden. Aber wie bereits erwähnt: Ein erfolgreicher Makler wird nicht vor dem Telefon sitzen und warten, bis es endlich läutet, er wird die Anrufe positiv registrieren und sie als Steigerung zu seinen zusätzlichen Aktivitäten betrachten.

Bei einem Anruf sollte die verständliche Vorstellung am Beginn stehen. Name, Firma und Begrüßung mit einer höflichen und freundlichen Frage nach dem Grund des Anrufs sind die obligatorische Einleitung. Und auch hier ist die Kontaktaufnahme grundsätzlich die Vorstufe zum Termin. Wichtig ist die Aufzeichnung des vollständigen Namens, der Telefonnummer und E-Mail-Adresse und möglicher Besonderheiten des Anrufers. Der Anruf sollte so rasch wie möglich entgegengenommen werden, aber nur, wenn auch die Zeit und die Umgebung ein eventuell auch längeres Telefonat zulassen. Es ist allemal besser, zurückzurufen als auf einem Bahnsteig neben einem einfahrenden Zug abzuheben oder gar im Gehen zu telefonieren. Telefoniert man unterwegs, sollte man sich möglichst zeitnah den Inhalt des Gesprächs notieren, um nichts Wichtiges zu vergessen.

E-Mail-Anfragen, ob als Antwort oder auf Anfragen oder als Erstkontakt von Interessenten, sind ebenso als Kontakt zu klassifizieren. Rasche Antworten sind auch hier von Vorteil, da sie dem Kunden Wertschätzung und Aktivität zeigen und als guter Service verstanden werden. Findet sich im E-Mail eine Telefonnummer, ist ein Anruf einem Antwort-E-Mail vorzuziehen. Der Kunde kann vorqualifiziert (siehe weiter unten) werden und ein Termin für ein vollständiges Suchprofil vereinbart werden. Ein vereinbarter Besichtigungstermin für das angefragte Objekt dient (neben dem Aktivitätsbeweis für den Abgeber) auch als

Termin für das Suchprofil, d.h. im Rahmen der Besichtigung wird der genaue Suchwunsch (siehe Kapitel 3.2.2.) festgestellt.

Antwortet man per E-Mail, hilft es, eine Textvorlage mit Anhang vorbereitet zu haben. Die Arbeit wird beschleunigt, Tipp- und Formulierungsfehler vermieden und Vollständigkeit gesichert. Es empfiehlt sich aus rechtlichen Gründen, bei jedem Antwortmail eine Nebenkostenübersicht anzuhängen. Die Unterstützung durch Customer-Relationship-Managementsysteme (CRM) hilft, Prozesse einfacher, schneller und zuverlässiger abzuwickeln. Die Auswahl der richtigen Software ist oft nicht einfach. Manche Tools haben einen riesigen Funktionsumfang, sind aber teuer und manche sind kompliziert. Einfache und günstige bieten oft nur mäßige Leistungen. Manche Datenbankanbieter haben auch CRM-Funktionen integriert und entwickeln diese ständig weiter. Die Entscheidung sollte wohldurchdacht sein, da ein späterer Wechsel oft mühsam ist.

Muster für Antwortmail mit Verzeichnis von Anhängen

Sehr geehrte Frau Hausinger,

danke für Ihre Anfrage! Gerne sende ich Ihnen Informationen über das Haus mit der Objektnummer 1650/233 zu. Im Anhang finden Sie: Exposé, Grundriss, Lageplan, Nebenkostenübersicht.

Es würde mich auch freuen, Sie bei uns im Büro begrüßen zu dürfen, um Ihnen weitere interessante Häuser anzubieten.

Für einen Besichtigungstermin oder weitere Fragen stehe ich Ihnen telefonisch unter 0664-123 45 67 gerne zur Verfügung.

Ich freue mich auf Ihren Anruf, wünsche noch einen schönen Tag und verbleibe mit freundlichen Grüßen

[Maria Mustermaklerin]

Anhang: Nebenkostenübersicht, Exposé, Grundriss, Lageplan

Einige Verhaltensregeln sollte man jedenfalls bei Kontakten einhalten

- Immer den Zusatz „Makler“ oder die Firma angeben
- Rechtschreibung und korrekte Anrede und Namensschreibweise
- Zeitnahe Rückmeldungen (Telefon oder E-Mail)
- Immer höflich bleiben, auch bei (ungerechtfertigter) Kritik
- Auch beim Telefonieren „lächeln“
- Den Gesprächspartner beim Namen ansprechen
- Bei persönlichen Kontakten:
  - Bei der Begrüßung in die Augen sehen
  - Hand schütteln/höfliche Begrüßung
  - Visitenkarte übergeben

Abschließend sei noch einmal darauf hingewiesen, dass Kontakte eine der Geschäftsgrundlagen des Maklers sind. Sie müssen dementsprechend gepflegt werden. Eine sorgfältige und umfassende Aufzeichnung der Daten ist daher unbedingt notwendig. Weiters dienen diese Daten dazu, die Geschäftsplanung zu verbessern. Ein Soll-Ist-Vergleich der Anzahl der Kontakte, die Aufzeichnungen, woher die Kontakte kommen, und die Analyse des Verhältnisses von Kontakten zu Terminen ermöglichen eine bessere Umsatzplanung und reduzieren damit Unsicherheit und Risiko.

3.1.3. Vermittlungsvertragsabschluss

Der Abschluss ist, neben der aktiven Kontaktaufnahme mit fremden Personen, ein Hauptkriterium für einen erfolgreichen Makler. Diesem Thema sollte viel Aufmerksamkeit und Übung gewidmet werden. Leider kommt es in der Praxis immer wieder vor, dass an sich qualifizierte, gut ausgebildete Makler es nicht schaffen, Kunden zur Unterschrift unter den Vermittlungsauftrag zu bringen (das Gleiche gilt auch für das Anbot). Signale werden nicht erkannt, die Frage nach dem Abschluss fehlt oder man verzettelt sich in Details, ohne auf den Punkt zu kommen. Neben Passivität kann auch eine zu forsche Vorgehensweise der falsche Weg sein, denn sie verschreckt den Kunden.

Beispiel zum Verkauf allgemein

Der „Flirt" mit dem Kunden

Anziehung	Vertrauensaufbau	Verführung
A1: Eröffnung	VA1: Beratung	VF1: Vorspiel
Sorgen Sie unbedingt für Frequenz! Über das Schaufenster, die Eingangssituation oder die Kleidung und das Auftreten aller Mitarbeiter demonstriert man seinen Mehrwert. Man macht sich interessant, sorgt für hohe Aufmerksamkeit. Beim ersten persönlichen Kontakt sollte man für eine kleine Überraschung sorgen, zum Beispiel ein Begrüßungsgeschenk.	Es beginnt ein neues „Kapitel" der Beziehung. Ein weniger frequentierter Bereich im Verkaufsraum wäre angesagt. Man muss signalisieren, dass man bedingungslos an der vollsten Kundenzufriedenheit interessiert ist. Ehrlichkeit und Fairness müssen glaubwürdig vermittelt werden. Man spielt seine Fachkompetenz aus.	Der Verkäufer sollte – um Ärger nach dem Kauf zu vermeiden (Nachkaufdissonanz) – noch einmal alle Vorteile und eventuellen Nachteile zusammenfassen. Das Verlangen des Kunden, das Produkt zu besitzen, muss gesteigert werden.
A2: Interesse des Kunden am Anbieter	VA2: Erste Schwingungen	VF2: Last-Minute-Widerstand
Man offenbart etwas von der Unternehmenspersönlichkeit. Nicht zu viel. Man erzählt zu ausgewählten Produkten oder Dienstleistungen kleine Geschichten, entweder persönlich oder durch Werbetafeln, Displays oder Info-Zettel. Der Kunde wird sich zu interessieren beginnen. Wer überwiegend Aktionsartikel anbietet, läuft Gefahr, uninteressant zu werden. Immer wenn das Gefühl entsteht, dass der Verkäufer etwas verkaufen will, verschwindet der „Glanz" des Höherwertigen.	In dieser Phase geht es um die Problemlösungskompetenzen beim Kunden. Der Kunde hat den Eindruck, verstanden zu werden. Empathie, gegenseitiges Verständnis, ähnliche Anschauungen, gleiche Vorlieben und Interessen sollten intensiv und ehrlich ausgespielt werden. Der Verdacht, nur gefallen zu wollen, ist gefährlich. Diese Phase kann sich über mehrere Kundenbesuche erstrecken. Besser wäre natürlich eine schnelle Entscheidung des Kunden. Wenn dies nicht möglich ist, wäre eine Zeitbrücke eine Alternative.	Der heikelste Moment für den Kunden, weil er die Entscheidung für oder gegen den Kauf später vor sich selbst rechtfertigen muss. Hier sollte man einen Moment innehalten und dem Kunden Ruhe gönnen, deutliche Unterschiede und Vorteile des Produktes gegenüber den Alternativen herausstellen. Hier werden nochmals alle emotionalen und sachlichen Gründe durchgespielt.
A3: Interesse des Anbieters für den Kunden	VA3: Es wird konkret	VF3: Kauf

Anziehung	Vertrauensaufbau	Verführung
Zum Beispiel Hinweise auf limitiertes Angebot. Körpersprachliche Vielfalt. Sich dem Kunden zuwenden, ihn aber nicht in die Enge treiben. Hier ist die Sozialkompetenz gefordert, das Interesse des Kunden für das Angebot aufrechtzuerhalten oder zu steigern.	Man begibt sich in den Raum/Bereich der Vertragsunterzeichnung. Der Vorgang der Vertragsunterzeichnung wird konkreter und man bereitet die notwendigen Unterlagen vor.	Dieser letzte Schritt läuft automatisch ab. Was bis jetzt an Emotionen nicht angekommen ist, kann nicht mehr nachgebessert werden. Eine Wiederholung dieses letzten Schrittes zu einem späteren Zeitpunkt kann im positiven Fall der Kundenbegeisterung zur Kundentreue führen.

(Vgl. – mit Adaptionen – *Schmitz*, Charismating – Einkauf als Erlebnis, 2009)

Es gibt zwei Arten von Vermittlungsverträgen: Alleinvermittlungsaufträge und schlichte Maklerverträge – zum Juristischen aber später. Ersterer hat (mit Konsumenten) von Gesetzes wegen jedenfalls schriftlich zu sein, Letzterer kann formfrei vereinbart werden. Es kommt allerdings in der Praxis leider immer wieder vor, dass schlichte Verträge nur mündlich geschlossen werden. Davon ist aber jedenfalls abzuraten, da es eine große Rechtsunsicherheit bedeutet. Laut den gesetzlichen Regelungen muss aber auch über mündliche Verträge dem Kunden eine schriftliche Zusammenfassung mit den wesentlichen Inhalten übermittelt werden.

Wie verläuft der Abschluss eines Vermittlungsvertrages? Üblicherweise wird ein Vermittlungsvertrag in einem oder zwei Terminen verhandelt. Die Hauptpunkte, die Verhandlungsgeschick erfordern, sind beinahe immer der Preis, die Art des Vermittlungsvertrages und die Provision.

Der erste Termin sollte direkt im Objekt abgehalten werden. Er dient dazu, dass sich der Makler ein Bild vom Objekt und vom Abgeber machen kann. Dies ist für den Makler wichtig, um einen persönlichen und direkten Eindruck von der Wohnung zu erhalten. Es muss die Immobilie vermarktungsfähig und der Abgeber ein vertrauenswürdiger Geschäftspartner sein. Diese Qualifizierung spart letztendlich viel Zeit (und damit Geld) und schont die Nerven des Maklers. Nichts ist so unangenehm wie die Arbeit an unvermittelbaren Objekten oder Streit mit unseriösen Geschäftspartnern.

Tipp

Der Vorbereitung auf den Gesprächspartner wird in der Praxis wenig bis gar keine Zeit gewidmet. Hier einige Minuten zu investieren, kann aber den entscheidenden Unterschied machen: Kurz über das Internet suchen, ob Daten (soft facts) vom Gegenüber zu finden sind – schon weiß man: Der Abgeber ist Pferdeliebhaber und in einem Oldtimerverein. Über Informationen dieser Art lässt sich eine gute emotionale Bindung erreichen!

Je nach Erfahrung des Maklers, der Vorbereitung und der Einschätzung des Gegenübers wird man sich für einen zweiten Termin entscheiden oder sofort das Verhandlungsgespräch führen. Kriterien sind auch der mögliche zeitliche Rahmen und die Umgebung. Vermieden werden sollten jedenfalls Zeitstress, sowohl beim Makler als auch beim Abgeber, und eine unangenehme Atmosphäre. Umgebungslärm, wie z.B. auf einer Baustelle, oder fehlendes Mobiliar (wenigstens Sessel und Tisch) erfordern einen neuen Termin. Hat man einen guten Eindruck vom Abgeber (oder kennt man diesen schon) und vom Objekt (gute Lage, praktischer Grundriss, hell, ruhig etc.), kann man auch sofort zum Verhandlungsgespräch übergehen.

Das Verhandlungsgespräch selbst ist gut planbar, sollte vorbereitet sein und hat denselben Aufbau wie ein Theaterstück. Es beginnt mit der Selbstvorstellung und der Vorstellung des Unternehmens, der Erklärung des Marketingplans und der Vorteile des Kunden, kann eine Preisabschätzung beinhalten – und am Höhepunkt steht die Abschlussfrage nach dem Alleinvermittlungsauftrag. Üblicherweise kommt es zur Einwandbehandlung und im Erfolgsfall zum Abschluss. Das Ganze dauert, je nach Termin, zwischen zehn Minuten und einer Stunde. Sämtliche Aussagen sollten durch Informationsmaterial belegt werden.

Die Begrüßung vermittelt einen ersten Eindruck: Durch entsprechendes Auftreten und die richtigen Worte werden Seriosität, Freundlichkeit und Qualität vermittelt. Gepflegtes Äußeres und angemessene Kleidung sind selbstverständlich.

Tipp

Warten Sie, bis Sie in die Wohnung gebeten werden.
Äußern Sie sich anerkennend über etwas.
Fragen Sie, ob Sie die Schuhe ausziehen sollen.
Bedanken Sie sich für den Termin.
Suchen Sie Gemeinsamkeiten.

Falls der Abgeber nicht von sich aus einen Wohnungsrundgang anbietet, bitten Sie darum, um sich einen Eindruck von der Immobilie verschaffen zu können. Der Rundgang ist unerlässlich, um einerseits das Gebäude kennenzulernen und andererseits über den Abgeber, seine Einstellungen und Erfahrungen Informationen zu erhalten. Dies hilft, die Situation zu beurteilen, die passenden Argumentationen geistig vorzubereiten und absehbare Einwände vorab zu entkräften. Wichtig ist es zu erfahren, wie lange das Objekt bereits am Markt ist und welche Erfahrungen der Verkäufer gemacht hat – ob bereits viele Interessenten besichtigt haben, warum sie nicht gekauft haben, wie viele andere Makler bereits anwesend waren und ob es schon Vermittlungsaufträge gibt, warum und bis wann die Immobilie verkauft werden soll/muss und ob der Verkäufer bereits ein neues

Objekt gefunden hat. Parallel dazu gewinnt man einen Eindruck von der Immobilie, eventuell fotografiert man bereits in der Wohnung.

Nach dem Rundgang begibt man sich auf einen passenden Platz für die Präsentation, wo es also ruhig ist und die mitgebrachten Unterlagen vorgelegt werden können. Die Präsentation beginnt mit einer Vorstellung des Unternehmens und der eigenen Person. Es werden die Vorteile des Unternehmens für den Kunden aufgezeigt und persönliche Atmosphäre aufgebaut. Es folgt die Präsentation der eigenen Dienstleistungen, alle Aktivitäten und die Vorteile der Zusammenarbeit werden dargestellt. Im Folgenden werden einige Punkte angeführt, die die Präsentation umfassen kann. Die Darstellung des Marketingplans umfasst die Aktivitäten zur Vermarktung der Immobilie, die wichtigsten Punkte sind in Kapitel 3.3. erklärt. Dazu gehören Inserate in Zeitungen oder Internetplattformen, verschiedene Formen von Direktmarketing oder Vormerkkunden. Die Dienstleistungsübersicht kann bei der Entscheidung zum Verkauf der Immobilien beginnen und reicht bis zur Übergabe und der Auszahlung des Kaufpreises.

Von der Entscheidung bis zur Auszahlung des Kaufpreises

1. Entscheidung zum Verkauf
2. Marktanalyse/Preisfindung
3. Vorbereitung der Immobilie
4. Sammlung Unterlagen
5. Aufbereitung Unterlagen
6. Marketingplan erstellen
7. Umsetzung Marketingmaßnahmen
8. Interessentengewinnung
9. Interessentenqualifikation
10. Besichtigungen
11. Abklärung offener Fragen
12. Zweit-/Drittbesichtigung
13. Angebotsverhandlung
14. Kaufvertragserstellung
15. Kaufvertragsprüfung
16. Kaufvertragsnachverhandlung
17. Kaufvertragsabwicklung
18. Übergabevoraussetzungen
19. Prüfung Auszahlung
20. Auszahlung Kaufpreis

Übersicht: Ablauf Wohnungsbegehung und Akquisegespräch

Vorgang	Aktivitäten	Unterlagen
Begrüßung	• Hand schütteln • Augenkontakt • Name • Firma • Grußformel	Visitenkarte übergeben
Wohnungs-besichtigung	• Wie viele Makler bereits beauftragt? • Seit wann am Markt? • Warum noch nicht verkauft? • Welche Erlebnisse bisher? • Zeithorizont für den Verkauf? • Bereits eine neue Wohnung in Aussicht?	eventuell Fotos
Präsentation	• Unternehmensvorstellung • Selbstvorstellung • Dienstleistungspräsentation	• Unternehmensfolder, Referenzen und dergleichen • Marketingplan, Beispiele Aktivitäten, Übersicht Dienstleistungen
Einwand-behandlung		• Preisbeispiele • Übersicht, welche Aktivitäten mit AV möglich
Abschluss		Alleinvermittlungsvertrag

Die Präsentation und die Einwandbehandlung werden mit Unterlagen unterstützt. Vorgelegte Dokumente und Berichte haben eine starke Überzeugungswirkung und verleihen mehr Sicherheit als das gesprochene Wort. Eine gut vorbereitete Listing-Mappe ist eine nützliche Hilfe, um Aufträge zu bekommen. Da die Einwände immer ähnlich sind, kann diese Mappe objektübergreifend erstellt und bei jedem Termin verwendet werden. Ergeben sich neue Themen oder Daten, ist es ratsam, die Mappe zu aktualisieren. Als Beispiel ist die Entwicklung der Grundstückspreise anzuführen.

Beispiele für argumentationsstützende Unterlagen

- Kaufpreisübersicht
- Zeitungsartikel
- Empfehlungsschreiben
- Auszeichnungen
- Marketingplan
- Erfolge – „Track Record"

Unterschreibt der Eigentümer danach den Alleinvermittlungsauftrag zu einem marktfähigen Preis und mit der Maximalprovision, ist das Ziel erreicht. In vielen Fällen aber wird zusätzlich verhandelt werden müssen.

Der Makler muss sich mit diesen Einwänden auseinandersetzen und den entscheidenden Nutzen für den Kunden finden und diesen darstellen. Bei einer guten Vorbereitung während des Rundgangs kennt er bereits die für den Abgeber wichtigen Punkte und kann gezielt auf diese eingehen.

Wie bereits erwähnt, werden die Hauptpunkte der Verhandlung der Preis der Immobilie, die Art des Vermittlungsvertrages und die Höhe der Provision sein. Alle Nebenpunkte können in die Verhandlung mit einbezogen werden.

Was kann Thema der Verhandlung sein?

Hauptpunkte

- Preis
- Art des Vermittlungsvertrages (schlicht oder Alleinvermittlung)
- Provisionshöhe

Nebenpunkte

- Laufzeit
- Ausnahme von Personen bei Alleinvermittlungsauftrag
- Nicht erwünschte Werbemaßnahmen
- Zusätzliche Kostenbeteiligung bei besonderen Werbemaßnahmen
- Welche Werbemaßnahmen getroffen werden
- Zubehör oder Einrichtung
- Verhandlungsspielraum
- Besichtigungszeiten
- Schlüsselübergabe an den Makler

Der „richtige" Preis ist wichtig, weil dadurch der Vermittlungserfolg wesentlich beeinflusst wird. Einen realistischen Preis zu argumentieren gehört zu den heikelsten Aufgaben des Maklers; er ist einer der Haupteinflussfaktoren für eine entsprechende Nachfrage. Viel Zeit und Aufwand, eine Menge Frust und Unzufriedenheit, sowohl beim Makler als auch beim Abgeber, können vermieden werden, wenn zu Beginn ein dem Markt angepasster Preis festgelegt wird. Akzeptiert der Makler einen zu hohen Preis, wird er keine oder wenige Interessenten finden und dies wird am Ende ihm selbst zur Last gelegt werden.

Die meisten Abgeber glauben – was wenig überrascht –, dass der Preis für ihre Immobilie höher liegen müsste oder man es zumindest zuerst eine Zeit lang mit einem höheren Preis versuchen sollte. Hier gilt es vorerst (bereits vor dem Termin) durch Vergleichswerte einen realistischen Preis vorzuschlagen. In einer

Tabelle stellt man vergleichbare Objekte und deren Preise gegenüber. Mit Hilfe von Zu- und Abschlägen findet man einen Marktpreis, der zum Verkaufserfolg führen wird. Die Unterstützung durch vergleichbare Objekte am Markt oder Transaktionen in der nahen Vergangenheit ist also unbedingt anzuraten.

Tipp

Es gibt verschiedene Unternehmen, mit denen die grundbücherlichen Abschlüsse bzw. die aktuell am Markt vorhandenen Objekte gut und einfach analysiert werden können. Manche bieten auch Vorlagen für Kurzgutachten oder datenbasierte Preiseinschätzungen an.

Dem Kunden darzulegen, welche Nachteile es mit sich bringt, wenn der Preis am Beginn zu hoch angesetzt wurde, ist eine der Hauptaufgaben. Das Objekt kann sich „totlaufen" und zum Ladenhüter werden. Potentielle Interessenten nehmen davon Abstand, da sie der Meinung sind, dass bei diesem Objekt etwas nicht stimmen kann, sonst wäre es nicht schon so lange am Markt. Dies kann eine „Abwärts-Treppe" nach sich ziehen, das heißt die Interessenten warten nur auf die nächste Preissenkung oder legen ein deutlich niedrigeres Anbot. Es werden „Verhandler " angelockt, die den Preis weiter drücken. Zinsverlust ist ein weiterer Nachteil. Durch eine verlängerte Vermarktungszeit entstehen außerdem zusätzliche Kosten (Betriebskosten, Strom etc.) und ein verlorener Zinsgewinn durch die spätere Veranlagungsmöglichkeit oder vorzeitige Rückzahlung eines Darlehens. Die Gefahr einer eventuellen späteren Verkaufsdrucksituation sollte ebenfalls nicht unterschätzt werden.

Darstellung der „Phänomene" und Argumentationsstrategien

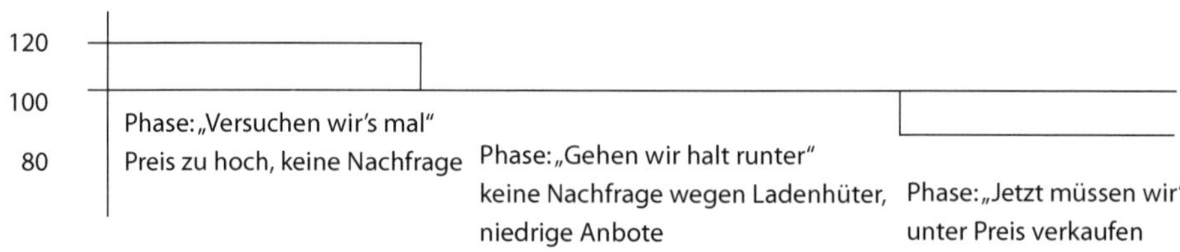

Beispiel: Zusatzkosten und Zinsverlust

Wohnung 80 m², Schätzpreis 200.000,–, Betriebskosten 160,– pro Monat, Strom/Gas bei Leerstand ca. 40,– pro Monat, Haushaltsversicherung udgl. 20,– pro Monat, vorzeitige Rückzahlung Darlehen (Zinssatz 4,5 %).

Zusätzliche Kosten pro Monat gesamt: 160,– + 40,– + 20,–, ergibt 220,–

Verlorener Zinsgewinn pro Monat: 200.000,– × 4,5 % /12 Monate, ergibt 750,–

Gesamt 970,– Euro Verlust pro zusätzlichem Monat (reine Kosten)

Beispiel: Verkaufsdruck/Verhandler als Abnehmer/geringe Interessentenanzahl

Kaufpreis: 200.000,–

Verlust bei Reduktion um

3 %	6.000,–
5 %	10.000,–
10 %	20.000,–

Bei Vermittlungsverträgen wird zwischen schlichten Vermittlungsverträgen und Alleinvermittlungsverträgen (AV) unterschieden. Hier ist jedenfalls und unbedingt dem Alleinvermittlungsvertrag der Vorrang einzuräumen. Erfolgreiche Makler bauen ihre Arbeit auf planbare Aktivitäten auf. Ein schlichter Vermittlungsauftrag birgt unbeeinflussbare Risken, erleichtert Missbrauch und schränkt die Vermarktungsmöglichkeiten ein. Ist man einer von fünf beauftragten Maklern, beträgt die Chance, selbst den Abnehmer zu finden, 1 : 5, also 20 %. Das bedeutet auch, dass man fünfmal so viele Vermittlungsverträge benötigt, um den gleichen Provisionsumsatz zu erreichen. Der Aufwand bei einem Alleinvermittlungsauftrag ist aber erfahrungsgemäß maximal doppelt so hoch – ganz abgesehen vom Frustrationspotential und dem Missbrauchsrisiko.

Beispielrechnung: Vergleich Alleinvermittlung – schlichter Vermittlungsvertrag[1]

	AV	schlicht	Hochrechnung von 1 : 5
Termine/Zeitaufwand für einen Abschluss	10	3	15
Unterlagenaufbereitung	4	4	20
Marketing Zeitaufwand	20	12	60
Interessentenqualifizierung	4	4	20
Besichtigungen	20	10	50
Abklärungen/Besprechungen	10	5	25
	68	38	190
Marketingkosten (inkl. Gemeinkosten)	500,00	400,00	2.000,00

1 Zeitangaben in Stunden.

Berechnung Wirtschaftlichkeit			
Preis Immobilie	150.000,00		150.000,00
Provisionssatz gesamt 6 %	9.000,00		9.000,00
abzgl. Marketingkosten	500,00		2.000,00
Deckungsbeitrag	8.500,00		7.000,00
Mögliche Anzahl an Transaktionen pro Monat			
40 Stunden/Woche 4 Wochen/Monat	160,00		160,00
Zeitaufwand pro Objekt	68,00		190,00
mögliche Transaktionen	2,35		0,84
maximaler Deckungsbeitrag/Monat	20.000,00		5.894,74

Anmerkung

Auch wenn die einzelnen Parameter verändert werden, zeigt sich deutlich der enorme Vorteil von Alleinvermittlungsverträgen. Warum darauf in der Praxis so wenig Augenmerk gelegt wird, ist verwunderlich.

Alleinvermittlung versus schlichter Vertrag – Definition und Übersicht über die gesetzlichen Bestimmungen

Die gesetzlichen Rahmenbedingungen für Makler sind im Maklergesetz festgehalten. § 1 definiert die Tätigkeit:

§ 1

Makler ist, wer auf Grund einer privatrechtlichen Vereinbarung (Maklervertrag) für einen Auftraggeber Geschäfte mit einem Dritten vermittelt, ohne ständig damit betraut zu sein.

Im § 4 wird ein Kernpunkt des schlichten Vertrages definiert; es besteht bei dieser Art des Vertrages keine Tätigkeitspflicht.

§ 4

(1) Mangels anderer Vereinbarung ist der Makler nicht verpflichtet, sich um die Vermittlung zu bemühen.

(2) Der Auftraggeber ist nicht verpflichtet, das angebahnte Geschäft zu schließen.

Schließlich findet sich die Definition des Alleinvermittlungsvertrages im § 14; die Kernpunkte sind die Exklusivität, die Tätigkeitspflicht und die Befristung.

§ 14

(1) Verpflichtet sich der Auftraggeber, für das zu vermittelnde Geschäft keinen anderen Makler in Anspruch zu nehmen, so liegt ein Alleinvermittlungsauftrag vor. Bei diesem muß sich der Makler nach Kräften um die Vermittlung bemühen.

(2) Der Alleinvermittlungsauftrag kann nur befristet auf angemessene Dauer abgeschlossen werden. Gleiches gilt für jede Verlängerung.

Die Hauptgründe, warum Abgeber keinen AV unterschreiben wollen, sind Bindungsängste und die Sorge, dass der Makler nicht aktiv wird: „Was, wenn der Makler nichts unternimmt und ich schon verkaufen will? Was, wenn jemand anderer oder ich einen Kunden hätte?“ Mit der Erklärung des Systems von Gemeinschaftsgeschäften oder der Darstellung eines Marketingplanes lassen sich diese Einwände meistens entkräften. Hilfreich ist auch der Hinweis auf die sofortige Kündigungsmöglichkeit, falls der Makler die zugesagten Aktivitäten nicht durchführt.

Beispiel: Der Marketingplan

Tätigkeit	erledigt bis	erledigt am
Zielgruppenanalyse und Überlegungen zur Erreichbarkeit		
Fotoaufnahme		
Erstellung Exposé		
Aufnahme Datenbank		
Veröffentlichung auf Internetplattform		
Veröffentlichung auf Social Media		
Zeitungsinserat		
Zeitschrifteninserat		
Datenbank Suchkunden		
Eigene Homepage		
Firmenzeitschrift		
Firmen-Newsletter		
Kooperation Kollegen		
„Zu-verkaufen“-Karten verteilen		
Abrisszettel verteilen		
Fensterschild anbringen		
Open House		
Verkaufsmappe einfach		

Natürlich ist es auch möglich, bestehende Interessenten oder Ausnahmen festzulegen. Jedenfalls sollte dies schriftlich festgehalten werden, um Provisionsstreitigkeiten zu vermeiden. Dieses Anbieten von Ausnahmen ist auch häufig eine Möglichkeit, um zur Unterschrift zu gelangen.

Ein weiterer Hauptpunkt für Verhandlungen bei Vermittlungsverträgen ist die Provision. Hier neigen – auch wenig überraschend – Abgeber dazu, keine oder weniger als die Maximalprovision zahlen zu wollen.

Die Regelungen über die Provisionshöhe finden sich in den „Rechtsvorschriften für Standes- und Ausübungsregeln für Immobilienmakler". Aktuell gelten folgende Höchstsätze laut §§ 15 f. (exkl. Umsatzsteuer):
Bei Kaufobjekten bis zu einem Wert von 36.336,42 Euro vier Prozent, bei einem Wert von mehr als 36.336,42 Euro drei Prozent. Der Wert ist mit der Summe der Gegenleistungen definiert (siehe dazu auch Kapitel 5.5.).
Die Höchstsätze für Mieten sind in den §§ 19 ff. festgehalten. Sie sind abhängig von der Objektart und der Dauer sowie vom Auftraggeber.

	Mieter Dauer			Vermieter
	bis 1 Jahr	2 bis 3 Jahre	mehr als 3 Jahre	
Wohnungen und Einfamilienhäuser	1	1	2	3
gewerbliche Objekte	1	2	3	3

Es sollte eine besondere Herausforderung für gute Makler sein, hier ein Höchstmaß (jedenfalls aber einen Grundbetrag) an Provisionssumme zu erreichen. In den Standesregeln wird ausdrücklich darauf hingewiesen, dass unentgeltliche Vermittlung oder Vermittlung zu wirtschaftlich nicht sinnvollen Bedingungen verboten ist. Die Abgeberprovision ist die Basisabsicherung jedes Maklers: Wer hier gut verhandelt, wird wirtschaftlich erfolgreich sein. Sie ist eine Grundlage für Gemeinschaftsgeschäfte und eine erfolgreiche Zusammenarbeit mit Kollegen und – nicht zuletzt – ein Zeichen dafür, wie hoch ein Makler den Wert seiner eigenen Arbeit und Leistung einschätzt.

Als Darstellung für den Abgeber eignet sich eine Übersicht über die geplanten Leistungen und den Zeit- und Kostenaufwand, den der Abgeber im Falle einer Selbstvermarktung tragen müsste. Hier hilft die Vorlage der Aktivitätenplanung und des Marketingplans bzw. das Angebot: „Sagen Sie mir, welche Leistungen ich streichen soll, und ich kann Ihnen sagen, um wie viel niedriger die Provision sein kann." Ein weiteres Argument stellt die größere Anzahl an potentiellen Interessenten und somit die Möglichkeit eines höheren Angebots dar. Das Thema Rechtssicherheit und das Faktum, dass ein Makler eine Vermögenschadenhaftpflichtversicherung abschließen muss, sind gute Argumente für die Zusammenarbeit mit einem Makler. Denn juristische Fallen können Kaufpreisminderungen zur Folge haben, die die Höhe der Provision bei Weitem übersteigen; durch das Auftragsverhältnis kommt, sollte dem Makler ein Fehler anzulasten sein, die Absicherung durch die Versicherung dazu. Im Fall von Reduktionen ist es ratsam, in Prozent Rabatt zu reden und nicht in absoluten Prozentzahlen. Der Unterschied zwischen 3 % und 2 % Provision von KP beträgt scheinbar 1 %, auf Ihren Umsatz hat dies aber eine Auswirkung von 33 % (bzw. sogar 50 % mehr, wenn Sie von

2 % auf 3 % verhandeln). Es ist sinnvoll, von absoluten Zahlen („Ich kann Ihnen einen Rabatt von 500 Euro anbieten") oder von Rabatten in % auf die Maximalprovision („Sie erhalten 20 % Rabatt auf unsere sonst übliche Provision von 3 %") zu sprechen.

Beispiel: Berechnung Selbstkosten bei Eigenvermarktung

(Stundensatz 25,00)		
Tätigkeit	Zeitaufwand	
Unterlagenaufbereitung	4	100,00
Marketing	20	500,00
Interessentenqualifizierung	4	100,00
Besichtigungen	20	500,00
Abklärungen/Besprechungen	10	250,00
Gesamt	58	1.450,00
Marketingkosten (inkl. Gemeinkosten)		300,00
Reine Selbstkosten bei Eigenvermarktung		**1.750,00**

Beispiel: Höhere Anzahl an Interessenten

Von 100 % der Interessenten sind beispielsweise 50 % nicht bereit, ein Anbot zu legen, jeweils 10 % der Interessenten würden ein Anbot legen bei einer Kaufpreisreduktion von 15 %, 10 %, 5 %. 10 % sind bereit, den vorgeschlagenen Preis zu zahlen, und 10 % würden sogar einen höheren akzeptieren. Durch die höhere Anzahl an Interessenten steigt die Wahrscheinlichkeit, einen Kunden zu finden, der bereit ist, zumindest den vollen Kaufpreis zu zahlen. Bei einem Kaufpreis von 200.000,– ist somit bald die Linie durchbrochen, bei der die Provision niedriger ist als der mögliche Kaufpreisverlust.

Beispiel: Rechtsunsicherheit

Eine Kaufpreisminderung aufgrund fehlenden Gewährleistungsvorbehalts im Anbot überschreitet üblicherweise jedenfalls die Höhe der Provision.

Seit Juni 2014 gelten die Regelungen des VRUG (Verbraucher-Richtlinie-Umsetzungsgesetz) mit dem FAGG (Fern- und Auswärtsgeschäfte-Gesetz). Diese räumen Konsumenten erweiterte Rechte, insbesondere Rücktrittsmöglichkeiten, ein. Mehr zu diesem Thema finden Sie in Kapitel 5.3.

3.1.4. Objektunterlagen

Eine vollständige und übersichtliche Aufbereitung der Unterlagen bringt zwei große Vorteile. Erstens wird sich der Kunde über die umfassende und übersichtliche Information freuen, sein Vertrauen wird steigen, ein Abschluss sowie eine Empfehlung werden wahrscheinlicher. Zweitens, und leider muss man auch diesem Thema Beachtung schenken, wird die Gefahr von Provisionsminderungsansprüchen oder Schadenersatzhaftungen minimiert. Eine mit aussagekräftigen Unterlagen unterstützte Vermittlung ist also anzuraten.

Um hier keine notwendigen oder hilfreichen Unterlagen zu übersehen, ist die Erstellung einer Checkliste sinnvoll. Sie sollte ausgefüllt und mit Unterschrift (zur Fremd- oder Selbstkontrolle) im Objektordner mit abgelegt werden. Die Ausgestaltung und der Umfang werden nach persönlichen Anforderungen festgelegt, im Folgenden sind die Unterlagen angeführt, die jedenfalls vorhanden sein sollten.

3.1.4.1. Grundbuchsauszug

Der Grundbuchsauszug ist eine der wesentlichen Unterlagen für die Aufbereitung eines Objektes – und dies aus mehreren Gründen: Da das Grundbuch ein öffentliches Buch ist, ist alles darin Verzeichnete für den Makler ersichtlich und er haftet dafür (nicht nur mit seiner Provision, sondern auch für Schadenersatz!), dass er die Informationen über die darin festgehaltenen Inhalte weitergibt.

Der Grundbuchsauszug gibt dem Makler auch essentielle Informationen über Eigentümer und Belastungen. Einzelne Angaben des Verkäufers können überprüft werden, wie z.B., ob er tatsächlich Eigentümer und damit über das Objekt verfügungsberechtigt ist. Aus dem Lastenblatt ist ersichtlich, ob der erzielbare Verkaufspreis auch die Belastungen (Hypotheken etc.) abdecken kann und ob darüber hinaus mit dem Kaufpreis die Provision bezahlt werden kann. Es ist sehr ärgerlich und zeitraubend, wenn diese Punkte erst nach Unterfertigung eines Anbots zu Tage treten!

Häufig erfährt man auch zusätzliche interessante Details über die Liegenschaft, über Miteigentümer, Dienstbarkeiten und Servitute (z.B. Kanal) oder Bestandsrechte.

Grundbuch lesen – das ABC

Grundsätze des Grundbuchs

Publizität: Alle Eintragungen im Grundbuch gelten als allgemein bekannt. Niemand kann sich darauf berufen, etwas nicht gewusst zu haben, das eingetragen ist.
Rangordnung: Das Rangordnungsprinzip bedeutet, dass ältere Eintragungen Vorrang gegenüber jüngeren haben.
Vollständigkeit: Das Grundbuch gilt als vollständig; ersichtliche Eintragungen gelten so, wie sie vorhanden sind.
Das Grundbuch ist in drei Abschnitte („Blätter“ genannt) aufgeteilt.
A-Blatt (Gutbestandsblatt): Das A1-Blatt zeigt Daten zum Objekt (Adresse, Grundstücksgröße etc.).
Grundbuchsgericht: zuständiges Gericht, Standort der Urkundensammlung.

Einlagezahl: in Kombination mit dem Grundbuchsgericht eine exakte Festlegung der Liegenschaft.
Letzte Tagebuchzahl: Information über die letzte Eintragung. Ist aktuell eine Eintragung in Bearbeitung, findet sich hier der Begriff „Plombe". Die Tagebuchzahl ist eine fortlaufende Zahl und wichtig für die Rangfolge!
Abfragedatum: Datum des Auszuges, sollte immer auf Aktualität überprüft werden.
Grundstücksnummer: Bezeichnung des/der Grundstücke(s) nach Kataster. Eine Liegenschaft (EZ) kann mehrere Grundstücke umfassen.
Wohnungseigentum: Hinweis, ob an der Liegenschaft Wohnungseigentum begründet ist.

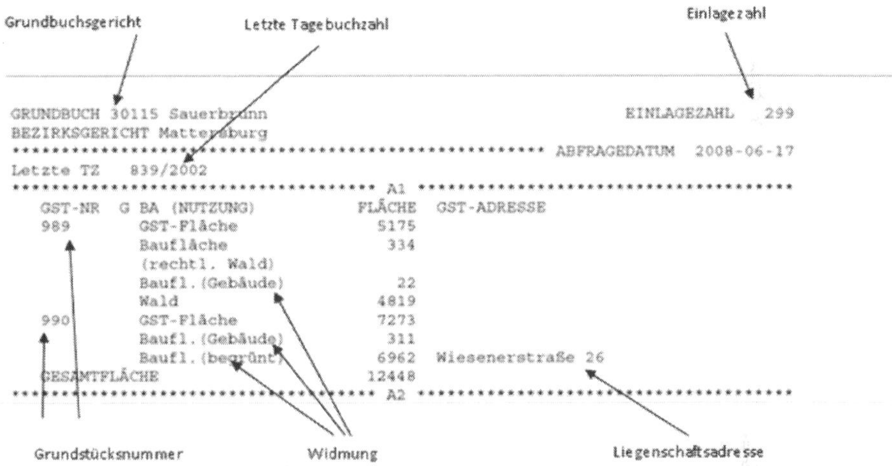


```
GRUNDBUCH 30115 Sauerbrunn                              EINLAGEZAHL   299
BEZIRKSGERICHT Mattersburg
*********************************************************** ABFRAGEDATUM  2008-06-17
Letzte TZ   839/2002
************************************** A1 **************************************
   GST-NR  G BA (NUTZUNG)            FLÄCHE  GST-ADRESSE
   989          GST-Fläche             5175
                Baufläche               334
                (rechtl. Wald)
                Baufl.(Gebäude)          22
                Wald                   4819
   990          GST-Fläche             7273
                Baufl.(Gebäude)         311
                Baufl.(begrünt)        6962  Wiesenerstraße 26
   GESAMTFLÄCHE                       12448
************************************** A2 **************************************
```

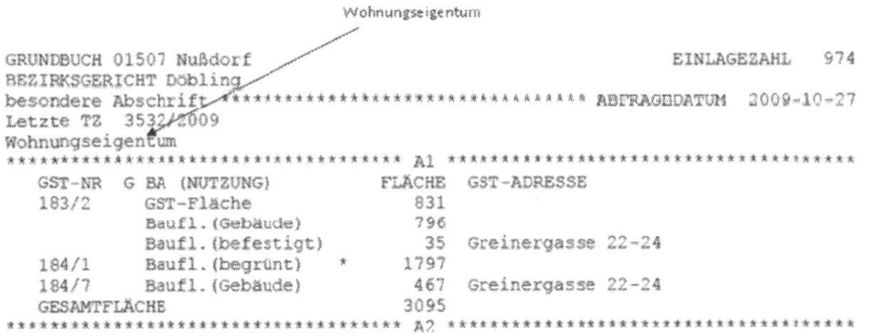


```
GRUNDBUCH 01507 Nußdorf                                 EINLAGEZAHL   974
BEZIRKSGERICHT Döbling
besondere Abschrift ************************************ ABFRAGEDATUM  2009-10-27
Letzte TZ   3532/2009
Wohnungseigentum
************************************** A1 **************************************
   GST-NR  G BA (NUTZUNG)            FLÄCHE  GST-ADRESSE
   183/2        GST-Fläche              831
                Baufl.(Gebäude)         796
                Baufl.(befestigt)        35  Greinergasse 22-24
   184/1        Baufl.(begrünt)    *   1797
   184/7        Baufl.(Gebäude)         467  Greinergasse 22-24
   GESAMTFLÄCHE                        3095
************************************** A2 **************************************
```

Das A2-Blatt enthält die mit der Liegenschaft verbundenen Rechte (wie Zugangsrechte, Liegenschaftsverwalter etc.) oder öffentlich-rechtliche Beschränkungen. Wurden Grundstücke zur Liegenschaft hinzugefügt oder abgeteilt, wird dies hier vermerkt.

Beispiel

Flugzone Flughafen Schwechat

```
***************************************** A2 ***********************************
  3  a 3/1987 Sicherheitszone Flughafen Wien-Schwechat hins Gst 843/68
  7  a gelöscht
```

Naturdenkmal *Erhaltungsverpflichtungen (u.a. aus den Jahren 1845 und 1846)*

```
***************************************** A2 ***********************************
  1  a 877/1845 Servitut der Verpflichtung der Aufführung und Erhaltung der
         Feuermauer gegen das stiftliche Schulgebäude, hier als dienendes und
         Nr 129 als herrschendes Gut
     b 4589/1846 Servitut der Dienstbarkeit auf der auf diesem Grunde
         herzustellende Einfahrt, wie Ein- und Ausfahrt, den Ein- und Ausgang
         unentgeltlich zu haben, ferner auf diesem Grunde nie einen Bau zu
         führen, nie hölzerne Hütten oder Schweinestallungen - unleserlich -
         von Holz aufzurichten, Bäume auszupflanzen, noch den Grund
         anzuschütten - unleserlich - auf demselben nicht stehenzulassen, den
         Grund pflastern zu lassen samt - unleserlich - und einen Ziergarten
         anzulegen, auf dem zur Einfahrt nicht benützten Grund - unleserlich
     c 4666/1938 Naturdenkmal (auf) Gst 184/1 (2 Silberpappeln)
     d 2040/1957 Recht wider EZ 427 ds.GB der Führung und Erhaltung eines
         Kanales gem Pkt 6 Kaufvertrag 1957-05-07
     e 3493/1958 Übertragung der vorangehenden Eintragung(en) aus EZ 429 ds.GB
  2  a 3493/1958 Bauplatz (auf) Gst 184/1 und 183/2
  3  a 3493/1958 Verpflichtung gem. Bescheid 1958-01-08
         a) zur Herstellung der Höhenlage nach Pkt 1
         b) nach Pkt 3
  4  a 5080/1958 Recht zur Führung und Erhaltung eines Kanales gem Pkt 6a
         Kaufvertrag 1957-05-07 (TZ 2040/57) für Gst 184/1 bzgl Gst 184/6 EZ
         427 ds.GB
  5  a 2697/1959 Verpflichtung zur Ausgestaltung der Feuermauer gem Pkt 20
         Bescheid 1959-01-08
```

Recht auf Kanal über anderes Grundstück

Grundabtretung Verwalter

```
***************************************** A2 ***********************************
  1  a 6192/1957 Abtretung der Hauptmietzinse
  5  a 2778/2005 Bauplatz (auf) Gst 1670/1
  6  a 2778/2005 Verpflichtung zur Grundabtretung und Übergabe hins Gst 1670/2
         gem Pkt 1.) Bescheid 2004-03-24
  7  a 5456/2005 Verwalter der Liegenschaft IMMO-CONTRACT Hausverwaltung GmbH,
         1010 Wien, Landesgerichtsstr. 6
```

Im A2-Blatt findet sich bereits die typische Schreib- und Nummerierungsweise des Grundbuchs wieder: zuerst eine laufende Nummer, nach Kleinbuchstaben gereiht die einzelnen Eintragungen zur laufenden Nummer, gefolgt von der Tagebuchzahl (sie besteht aus der fortlaufenden Nummer und der Jahreszahl) und dem Text der Eintragung.

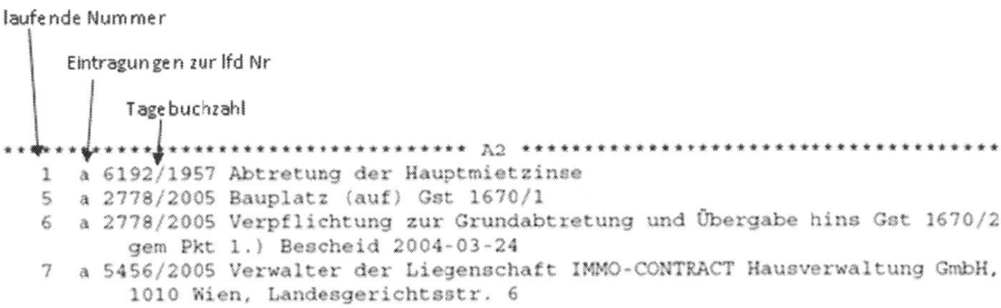


```
******************************** A2 ***************************************
   1  a 6192/1957 Abtretung der Hauptmietzinse
   5  a 2778/2005 Bauplatz (auf) Gst 1670/1
   6  a 2778/2005 Verpflichtung zur Grundabtretung und Übergabe hins Gst 1670/2
          gem Pkt 1.) Bescheid 2004-03-24
   7  a 5456/2005 Verwalter der Liegenschaft IMMO-CONTRACT Hausverwaltung GmbH,
          1010 Wien, Landesgerichtsstr. 6
```

Im B-Blatt (Eigentumsblatt) sind die Eigentumsverhältnisse und die mit diesen verbundenen Eintragungen zu finden. Es sind der Name des Eigentümers, sein Geburtsdatum und die Adresse bei Eintragung (Achtung: diese Adresse muss nicht aktuell sein!) angeführt. Es finden sich der Rechtsgrund des Erwerbes und mit dem Eigentum verbundene Verpflichtungen. Bei Wohnungseigentum ist die verbundene Räumlichkeit angeführt.

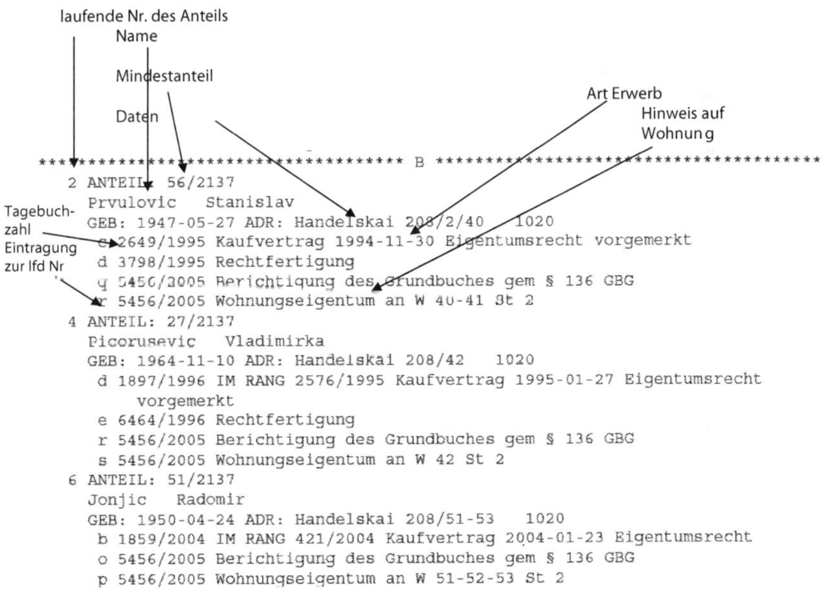


```
********************************** B **************************************
   2 ANTEIL: 56/2137
     Prvulovic   Stanislav
     GEB: 1947-05-27 ADR: Handelskai 208/2/40   1020
      c 2649/1995 Kaufvertrag 1994-11-30 Eigentumsrecht vorgemerkt
      d 3798/1995 Rechtfertigung
      q 5456/2005 Berichtigung des Grundbuches gem § 136 GBG
      r 5456/2005 Wohnungseigentum an W 40-41 St 2
   4 ANTEIL: 27/2137
     Picorusevic   Vladimirka
     GEB: 1964-11-10 ADR: Handelskai 208/42   1020
      d 1897/1996 IM RANG 2576/1995 Kaufvertrag 1995-01-27 Eigentumsrecht
          vorgemerkt
      e 6464/1996 Rechtfertigung
      r 5456/2005 Berichtigung des Grundbuches gem § 136 GBG
      s 5456/2005 Wohnungseigentum an W 42 St 2
   6 ANTEIL: 51/2137
     Jonjic   Radomir
     GEB: 1950-04-24 ADR: Handelskai 208/51-53   1020
      b 1859/2004 IM RANG 421/2004 Kaufvertrag 2004-01-23 Eigentumsrecht
      o 5456/2005 Berichtigung des Grundbuches gem § 136 GBG
      p 5456/2005 Wohnungseigentum an W 51-52-53 St 2
```

Erwerb durch Erbschaft — Belastungs- und Veräußerungsverbot

```
*********************************** B ***********************************
 3 ANTEIL: 1/2
   Neverla   Irene Mag. Dr.
   GEB: 1952-02-11 ADR: Deutschland, Hamburg, Jungfrauenthal 24, D-20149
    a 839/2002 Einantwortungsurkunde 1996-04-02, Übergabsvertrag 2000-12-22
        Eigentumsrecht
    b 839/2002 Belastungs- und Veräußerungsverbot
 4 ANTEIL: 1/2
   Trallori   Lisbeth Dr.
   GEB: 1943-05-05 ADR: Jacquing. 4/12, Wien   1030
    a 839/2002 Einantwortungsurkunde 1996-04-02, Übergabsvertrag 2000-12-22
        Eigentumsrecht
    b 839/2002 Belastungs- und Veräußerungsverbot
```

Das C-Blatt (Lastenblatt) zeigt Belastungen der Eigentumsanteile, die den laufenden Nummern im B-Blatt zugeordnet werden. Hierbei handelt es sich hauptsächlich um Pfandrechte (bei Krediten als Hypotheken bezeichnet) oder Dienstbarkeiten und Belastungs- und Veräußerungsverbote. Die einzelnen Eintragungen sind den laufenden Nummern im B-Blatt zugeordnet.

lfd Nr C-Blatt — Hinweis auf LNr B-Blatt — Grund für Belastung — Belastung zu Gunsten — max. Betrag

```
13     auf Anteil B-LNR 18
   a 2353/2004 Pfandurkunde 2004-05-13
       PFANDRECHT                                   Höchstbetrag EUR 60.000,--
       für RAIFFEISENLANDESBANK NIEDERÖSTERREICH-WIEN AG
15     auf Anteil B-LNR 56 bis 59
   a 4371/2004 Schuldschein und Pfandurkunde 2004-07-15
       PFANDRECHT                                               EUR 66.950,--
       8 % Z, 13 % VZ, 11 % ZZ, NGS EUR 13.390,-- für Bausparkasse
       der österreichischen Sparkassen Aktiengesellschaft
```

Bei Höchstbetragsbelastungen dient die Liegenschaft nur bis zu maximal dem angegebenen Betrag als Sicherheit; gibt es keine Betragsangabe, gilt der gesamte Anteil als Sicherheit
Rangordnungen: Die beiden häufigsten Rangordnungen betreffen die Veräußerung oder das Pfandrecht. Mit diesen Eintragungen wird ein zeitlicher Platz (siehe Rangordnungsprinzip) gesichert und eine spätere Eintragung kann an diesen Platz gesetzt werden und hat Vorrang gegenüber späteren Eintragungen.

War es früher mit Aufwand verbunden, sich einen Grundbuchsauszug zu besorgen, ist dies heute über das Internet sehr einfach. Mehrere Anbieter ermöglichen den Zugang über das Netz und bieten häufig zusätzliche Services an.

3.1.4.2. Plan

Pläne sind eine weitere Grundvoraussetzung für eine gute Vermarktung. Ist von einem Plan die Rede, ist meistens der Grundriss gemeint. Es kann sich dabei aber auch um den Schnitt (vertikaler Plan, aus dem die Raumhöhen und der Aufbau der Decken ersichtlich sind), den Lageplan, ein Satellitenfoto oder den Bebauungsplan handeln. Je nach Immobilie sind einzelne oder alle Unterlagen notwendig bzw. sinnvoll. Über das Internet (Google Maps, Gemeinde-Homepages etc.) sind diese einfach zu erhalten (auf die Rechte achten!).

Der wichtigste Plan ist der Grundriss. Für viele Kunden ist er von größerer Bedeutung als die Ausstattung, da diese ersetzt werden kann, die Struktur des Objektes aber meistens fix ist. Ein Grundriss sollte deshalb auch in allen Vermarktungsunterlagen aufscheinen.

Der Abgeber besitzt üblicherweise diese Unterlage – falls nicht, ist der Grundriss jedenfalls bei der Baubehörde zu erhalten. In einzelnen Fällen mag es auch sinnvoll sein, die Wohnung vermessen zu lassen bzw. selbst zu messen und einen Plan oder eine Skizze zu erstellen.

Besonderes Augenmerk ist auf die Form des Dokuments zu legen. Diese sollte der Wichtigkeit entsprechen und alles sollte klar erkennbar, übersichtlich und lesbar sein. Leider sieht man (wahrscheinlich aus Gründen der Einfachheit) in der Praxis viele unübersichtliche, kaum lesbare Grundrisse in den Vermarktungsunterlagen. Dies hinterlässt beim Kunden kein gutes Gefühl, sofern ihm dies die Immobilie nicht gänzlich verleidet. Erhält man nur ein solches Dokument oder ist (wie häufig bei Altbauten der Fall) nur ein solches vorhanden, ist es empfehlenswert, entweder selbst eine Skizze zu entwerfen oder einen professionellen Planzeichner damit zu beauftragen. Dadurch ergeben sich auch zusätzliche Gestaltungsmöglichkeiten bei der Einrichtung und Aufteilung, die größere Aufmerksamkeit auf ein Objekt lenken können.

Beispiele für aufbereitete Grundrisse

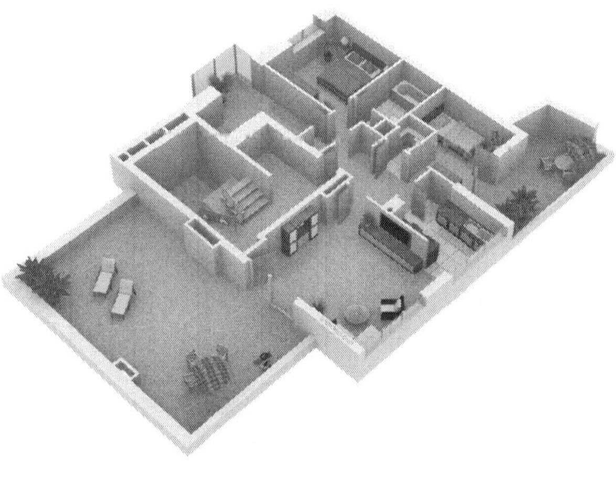

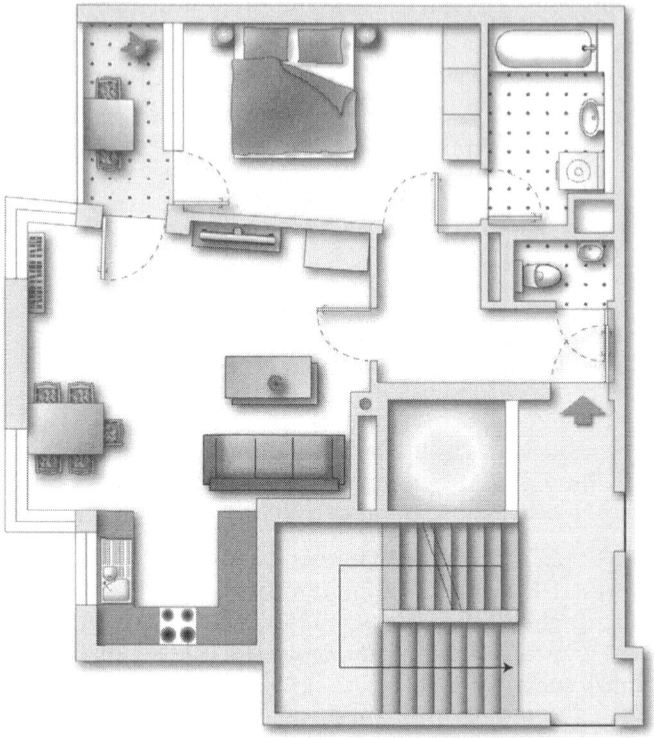

Ein Lageplan zeigt die Position des Objektes an und ist für den Kunden jedenfalls interessant (wobei diese Information auch über die textliche Gestaltung gegeben werden kann). Dieser Plan zeigt aus der Vogelperspektive entweder ein Satellitenfoto oder die Landkartenübersicht. Die Nähe zu Infrastruktureinrichtungen (Lebensmittel, Schulen etc.) kann die Übersicht ergänzen. Für einige Objekte wird die Flächenwidmung eine notwendige Angabe sein.

3.1.4.3. Fotos

Fotos gehören mit Sicherheit zu den wichtigsten Entscheidungskriterien für Kontaktaufnahmen durch potentielle Kunden. Bilder vermitteln am besten die Atmosphäre der Wohnung/des Hauses; insbesondere in Zeitschriften oder im Internet sollten bei jeder Vermarktung gute und aussagekräftige Fotos vorhanden sein. Inserate ohne Fotos werden häufig übergangen und führen zu keiner Rückmeldung. In Printmedien sollte, da dort üblicherweise nur ein Foto gezeigt werden kann, ein die Aufmerksamkeit erregendes Foto verwendet werden. Es soll den Interessenten dazu veranlassen, Kontakt aufzunehmen. Im Internet werden viele Fotos verwendet, um ein positives, aber realistisches Bild der Immobilie zu zeigen. Fotos von Toiletten oder Armaturen, soweit sie nicht ein Herausstellungsmerkmal darstellen, sind nicht unbedingt notwendig.

Es gibt einige Punkte, die bei bzw. vor der Aufnahme beachtet werden sollten. Die Immobilie, der Garten und die Umgebung sollten in einem möglichst sauberen Zustand sein. Der Rasen gemäht, der Müll im Eimer und nicht daneben, die Wohnung aufgeräumt ohne herumstehendes Geschirr oder dergleichen. Bei Häusern sollte auch die Witterung berücksichtigt werden: Ideal ist Sonnenschein – Einfallswinkel etc. beachten! Ein Standpunkt in der Eingangs-/Zimmertüre oder die Perspektive von einem Nebenraum durch die Tür, möglichst etwas unter der normalen Sichthöhe, vermittelt einen guten Gesamteindruck eines Raums. Ein Stativ ist hilfreich für ein klares Bild. Wichtig bei Fotos ist auch die Auflösung; sie sollte möglichst hoch sein. Reduzieren kann man später immer noch, die Qualität zu verbessern ist meist unmöglich.

Tipp

Ein Grundkurs im Fotografieren und die Lektüre von geeigneten Büchern sind zu empfehlen.

Weitere Möglichkeiten und Methoden für Bilder sind Animationen, Panoramafotos und Videos. Animationen werden häufig bei geplanten oder unfertigen Objekten verwendet. Architekten oder Grafiker erstellen diese auf Basis von Plänen und richten sie virtuell ein. Es kommen von skizzenhaften bis hin zu fotorealistischen Darstellungen alle Varianten in Betracht. Mit Spezialobjektiven können Panoramafotos erstellt werden; diese bieten sich insbesondere für schöne Ausblicke (z.B. über ein Tal oder die Stadt) oder für große Räume an. Eine weitere Präsentationsmöglichkeit sind Videos der Immobilie, das können einfache Schwenks durch einen Raum oder eine „virtuelle Begehung“ sein. Es sei aber ausdrücklich darauf hingewiesen, dass die Darstellung der Wohnung im Marketing Aufmerksamkeit auf die Immobilie lenken soll, aber nicht den Termin ersetzen kann. Übertriebene Darstellung hindert sogar die Verwertung, da ein Zuviel an Information auch den Sprung vom Kontakt zum Termin verhindern kann.

3.1.4.4. Vermittlungsvertrag

Die rechtliche Grundlage für die Aktivitäten ist der abgeschlossene Vermittlungsvertrag. Wie bei jedem Vertrag ist eine Aufbewahrung notwendig – es empfiehlt sich auch, eine elektronische Kopie anzufertigen und diese im Objektordner abzuspeichern, ebenso, das Ende der Laufzeit im Kalender einzutragen und zumindest eine oder zwei Wochen davor eine Erinnerung zu setzen. Im Vermittlungsvertrag sind auch Absicherungen im Streitfall festgehalten und bestätigt (Übergabe-Nebenkosten etc.) und die Bevollmächtigungen, bei Behörden oder der Hausverwaltung Informationen einzuholen.

3.1.4.5. Betriebskosten/Aufschließungskosten

Die Höhe der Erschließungs- oder laufenden Kosten stellt ein wichtiges Entscheidungskriterium für den Interessenten dar. Es ist daher wichtig, darüber genaue und verlässliche Auskünfte erteilen zu können.

Betriebskostenabrechnungen müssen von Hausverwaltungen jährlich bis zum 30. Juni des Folgejahres erstellt werden und stellen eine schriftliche Information für den Interessenten dar. Es werden die Ausgabepositionen für die Liegenschaft einzeln aufgelistet. Zusätzlich gibt es bei Wohnungseigentumsobjekten eine Aufstellung über die Ausgaben und Einnahmen für die Reparaturrücklage sowie eine Vorschau auf die in der Zukunft geplanten Investitionen. Über den Eigentümer kann man Informationen über die laufenden Zahlungen erhalten oder gegebenenfalls eine aktuelle Vorschreibung der Hausverwaltung für diesen Zweck verwenden.

Bei Häusern sind die laufenden Kosten selbst zu klären: über Grundsteuer, Gemeindeabgaben (Müll, Wasser etc.) bis hin zu einer allfälligen Grundpacht. Informationen dazu sind vorab vom bisherigen Eigentümer einzuholen. Die Gemeinde kann ebenfalls zu den wichtigsten Themen Informationen geben.

Zusätzliche Information bieten auch Verbrauchsabrechnungen von Strom und Gas, die jedoch in ihrer Aussagekraft beschränkt sind, da es sich um sehr individuelles Nutzungsverhalten handeln kann. Jedenfalls ist hier darauf zu achten, dass aus den Aussagen keine Haftungstatbestände entstehen.

3.1.4.6. Baubewilligung/Ausstattung/Widmung/ Zustand/ Fertigstellungsanzeige

Die Ausstattung und der Zustand der Wohnung werden mit Hilfe einer Checkliste aufgezeichnet. Diese Informationen sind sowohl für die Erstellung der Objektbeschreibung notwendig als auch Inhalt vieler Fragen von Kunden. Eine sorgfältige Aufnahme der Immobilie spart viele Telefonate und Wege in der Phase der Vermittlung. Sie beinhaltet Art und Zustand der Böden (Bad: Fliesen, Wohnzimmer: Fischgrätparkett etc.), die Größe, Anordnung und Beschaffenheit der Fenster, die Gestaltung der Wände, den Zustand der Elektrik sowie die Versorgungsleitungen für Telefon, Internet, TV, die Position und das Aussehen der Türen, die Raumhöhe, Lage der Wasser- und Gasleitungen, Zustand und Ausstattung der Küche, die Anschlüsse im Bad (Wanne, Dusche, Waschmaschine), vorhandene Möbel udgl. mehr. Fotos von den Ausstattungsmerkmalen und technischen Einrichtungen (z.B. Elektrokasten) dienen als Bestandsaufnahme und helfen bei der Aufbereitung.

Neben dem Inneren des Objektes werden auch die äußeren oder allgemeinen Teile beschrieben. Bei Wohnungen werden der Zustand des Stiegenhauses, ein Aufzug, der Eingangsbereich, die Fassade, allgemeine Fenster, die Steigleitungen (Elektrik, Gas, Wasser), allgemeine Flächen (Waschküche, Fahrradraum, Keller) angeführt – bei Häusern ebenfalls der allgemeine Zustand und Infos über Garten, Pool, Nachbargrundstücke udgl. mehr. Besondere Beachtung finden das Alter der jeweiligen Bauteile und der mögliche Kostenfaktor für Sanierungen (z.B. Dach).

Die Baubewilligung zeigt, ob die Gebäude konsensmäßig, d.h. im Einklang mit der Bewilligung, errichtet wurden. Abweichungen können häufig kostenintensive Folgen nach sich ziehen. Bei Wohnungen ist ebenfalls zu prüfen, ob Änderungen vorgenommen wurden und ob diese bzw. die Abwicklung baurechtlich in Ordnung waren. Ein Vermittler muss sich insbesondere bei neu errichteten oder sanierten Wohnungen diesbezüglich informieren, um Haftungsfragen abzuwenden. Bei neu errichteten Objekten ist die Fertigstellungsanzeige, das ist die Bestätigung der konsensmäßigen Baudurchführung, von Bedeutung.

Bei Grundstücken müssen die Bebauungsbestimmungen beachtet werden: Wo am Grundstück darf wie und wie hoch gebaut werden? Spezielle Gestaltungsvorschriften oder Ausrichtungen sind zu prüfen. Besondere Belastungen des Grundstücks, wie Hochwasserlage oder Abfallrisikogebiet, können die Nutzbarkeit wesentlich beeinträchtigen.

3.1.4.7. Energieausweis

Der Energieausweis ist ein Dokument, das die Gesamtenergieeffizienz eines Gebäudes angibt, was im Energieausweis-Vorlage-Gesetz geregelt ist. Er ist mit dem Typenschein eines Autos vergleichbar. Er bewertet die Gesamt-Energie-Effizienz von Häusern und Wohnungen und unterteilt sie dann in Energieklassen – ähnlich wie bei Kühlschränken und Glühbirnen. Dies soll eine einfache und objektive Vergleichbarkeit einzelner Immobilien ermöglichen und Impulse für Energieeinsparungsmaßnahmen bringen. Die ermittelten Energiekennzahlen geben Auskunft darüber, wie viel Energie pro Quadratmeter verbraucht wird. So wie bei einem Auto der Treibstoffverbrauch pro 100 km gemessen wird, kann bei einem Gebäude der erforderliche Energiebedarf pro Quadratmeter ermittelt werden. Die Energiekennzahl ist abhängig vom Gebäude selbst, also von der Ausrichtung, der Isolierung usw.

Rechtliche Basis ist das Energieausweis-Vorlage-Gesetz (EAVG) aus dem Jahr 2012.

Verkäufer oder Vermieter sind verpflichtet, dem künftigen Eigentümer oder Mieter rechtzeitig vor Vertragserklärung einen Energieausweis vorzulegen und diesen (oder eine vollständige Kopie) binnen 14 Tagen nach Vertragsabschluss auszuhändigen. Dieser darf am Stichtag maximal zehn Jahre alt sein. Das Dokument kann das Objekt betreffen oder das gesamte Gebäude. Das heißt in der Praxis, dass entweder ein wohnungsbezogener Ausweis oder ein Ausweis für das gesamte Wohnhaus übergeben werden muss. Kein Energieausweis wird für folgende Gebäude benötigt:

- Gebäude, die nur frostfrei gehalten werden (z.B. Garage)
- abbruchreife Gebäude

- Kirchen und Gebäude für religiöse Zwecke
- gewisse Industrie- und Landwirtschaftsgebäude
- Sommerhäuser (25 % des Energiebedarfs im Vergleich zu ganzjähriger Nutzung)
- frei stehende Gebäude bis 50 m^2.

Wird kein Energieausweis vorgelegt, gilt zumindest eine dem Alter und der Art des Gebäudes entsprechende Gesamtenergieeffizienz als vereinbart. Ein ausdrücklicher Verzicht auf die Vorlagepflicht nach § 3 EAVG oder der Ausschluss der Rechtsfolge einer unterlassenen Vorlage ist nicht möglich. Bei Nichtvorlage eines Energieausweises gilt daher von Gesetzes wegen eine durchschnittliche Gesamtenergieeffizienz entsprechend dem Alter und der Art des Gebäudes als vereinbart. Die Nichtvorlage birgt für den Abgeber somit das Risiko in sich, gewährleistungsrechtlich für den Fall einstehen zu müssen, dass die Energieeffizienz des betreffenden Gebäudes schlechter ist als die gesetzlich vorgesehene. Die Folgen können sein, dass der Abnehmer Verbesserung, Preisminderung, in schwerwiegenden Fällen sogar die Vertragsaufhebung verlangt. Neu ist auch die Regelung, dass der Käufer/Bestandnehmer eine Ausweisaushändigung gerichtlich geltend machen kann bzw. bei Nichtvorlage selbst einen Ausweis einholen und die Kosten dem Verkäufer/Bestandgeber weiterverrechnen kann.

Bei Nichtangabe der Kennzahlen bei Verkaufsanzeigen können Strafen verhängt werden. Makler (wie auch Private), die die Angabe unterlassen, müssen mit einer Verwaltungsstrafe von bis zu 1.450,– Euro rechnen. Der Makler ist entschuldigt, wenn er nachweisen kann, dass er den Abgeber über die Folgen informiert und einen Energieausweis eingefordert hat, der Auftraggeber dem aber nicht nachgekommen ist. Hierzu ist ein schriftlicher Nachweis unbedingt anzuraten.

Übrigens begehen Verkäufer/Bestandgeber, die keinen Energieausweis vorlegen und übergeben, ebenfalls eine Verwaltungsübertretung, die mit bis zu 1.450,– Euro geahndet werden kann.

Der Makler ist verpflichtet, auf die Regelungen des Gesetzes hinzuweisen. Unterlässt er es oder kann es nicht nachweisen, haftet er nicht nur mit seiner Provision, sondern auch darüber hinaus noch für entstandenen Schaden. Makler müssen daher unbedingt dafür sorgen, dass eine Bestätigung der Kundenüber die Belehrung vorliegt. Dies sollte sowohl beim Abgeber (im Vermittlungsvertrag) als auch beim Abnehmer (im Anbot) schriftlich festgehalten werden.

Zwei Werte sind wesentlich, der Wert des Heizwärmebedarfs (HWB) und der Gesamtenergieeffizienz-Faktor (fGEE). Der Heizwärmebedarf gibt an, welche Wärmemenge benötigt wird, um während der Heizsaison bei einer standardisierten Nutzung in den Räumen eine Temperatur von 20 °C zu halten. Der Gesamtenergieeffizienz-Faktor bezieht sich auf den Endenergiebedarf und gibt die Energiemenge an, die dem Energiesystem des Gebäudes für Heizung und Warmwasserversorgung inklusive notwendiger Energiemengen für die Hilfsbetriebe bei einer typischen Standardnutzung zugeführt werden muss.

Beispiel: Energieausweis

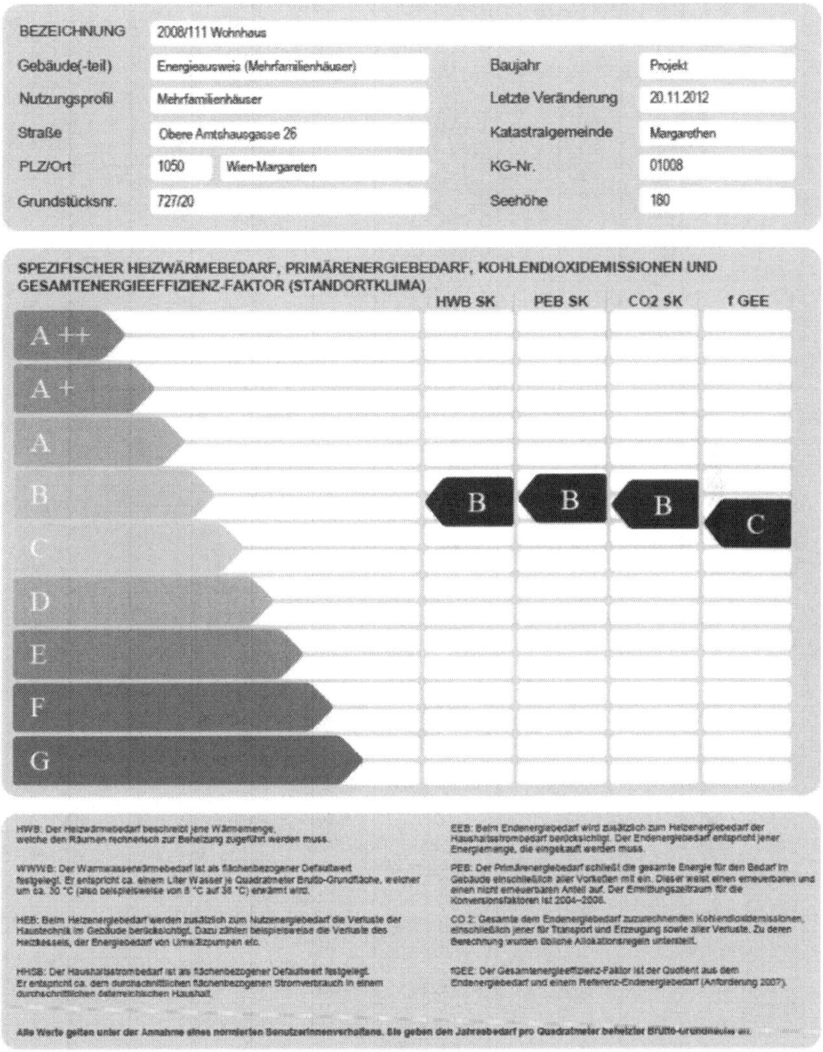

BEZEICHNUNG	2008/111 Wohnhaus		
Gebäude(-teil)	Energieausweis (Mehrfamilienhäuser)	Baujahr	Projekt
Nutzungsprofil	Mehrfamilienhäuser	Letzte Veränderung	20.11.2012
Straße	Obere Amtshausgasse 26	Katastralgemeinde	Margarethen
PLZ/Ort	1050 Wien-Margareten	KG-Nr.	01008
Grundstücksnr.	727/20	Seehöhe	180

SPEZIFISCHER HEIZWÄRMEBEDARF, PRIMÄRENERGIEBEDARF, KOHLENDIOXIDEMISSIONEN UND GESAMTENERGIEEFFIZIENZ-FAKTOR (STANDORTKLIMA)

	HWB SK	PEB SK	CO2 SK	f GEE
A++				
A+				
A				
B	B	B	B	
C				C
D				
E				
F				
G				

HWB: Der Heizwärmebedarf beschreibt jene Wärmemenge, welche den Räumen rechnerisch zur Beheizung zugeführt werden muss.

WWWB: Der Warmwasserwärmebedarf ist als flächenbezogener Defaultwert festgelegt. Er entspricht ca. einem Liter Wasser je Quadratmeter Brutto-Grundfläche, welcher um ca. 30 °C (also beispielsweise von 8 °C auf 38 °C) erwärmt wird.

HEB: Beim Heizenergiebedarf werden zusätzlich zum Nutzenergiebedarf die Verluste der Haustechnik im Gebäude berücksichtigt. Dazu zählen beispielsweise die Verluste des Heizkessels, der Energiebedarf von Umwälzpumpen etc.

HHSB: Der Haushaltsstrombedarf ist als flächenbezogener Defaultwert festgelegt. Er entspricht ca. dem durchschnittlichen flächenbezogenen Stromverbrauch in einem durchschnittlichen österreichischen Haushalt.

EEB: Beim Endenergiebedarf wird zusätzlich zum Heizenergiebedarf der Haushaltsstrombedarf berücksichtigt. Der Endenergiebedarf entspricht jener Energiemenge, die eingekauft werden muss.

PEB: Der Primärenergiebedarf schließt die gesamte Energie für den Bedarf im Gebäude einschließlich aller Vorketten mit ein. Dieser weist einen erneuerbaren und einen nicht erneuerbaren Anteil auf. Der Ermittlungszeitraum für die Konversionsfaktoren ist 2004–2008.

CO2: Gesamte dem Endenergiebedarf zuzurechnenden Kohlendioxidemissionen, einschließlich jener für Transport und Erzeugung sowie aller Verluste. Zu deren Berechnung wurden übliche Allokationsregeln unterstellt.

fGEE: Der Gesamtenergieeffizienz-Faktor ist der Quotient aus dem Endenergiebedarf und einem Referenz-Endenergiebedarf (Anforderung 2007).

Alle Werte gelten unter der Annahme eines normierten BenutzerInnenverhaltens. Sie geben den Jahresbedarf pro Quadratmeter beheizter Brutto-Grundfläche an.

3.1.4.8. Schlüsselverwaltung

Übergibt der Abgeber dem Makler Schlüssel, ist auf diese ganz besonders Acht zu geben. Schlüssel sind ein typisches Element des Sicherheitsbedürfnisses des Menschen und deren Verlust zerstört Vertrauen. Ebenso ist eine genaue Verwaltung notwendig. Es muss immer lückenlos nachverfolgt werden können, wer welchen Schlüssel wann hatte.

Ein versperrbarer Schlüsselkasten ist für die Sammlung und Verwaltung zu empfehlen. Die Verwaltung sollte pro Objekt mit Datenblättern erfolgen und anführen, welche Schlüssel übergeben wurden (Übergabeprotokoll vom Abgeber, falls dies nicht im Vermittlungsvertrag festgehalten wurde), wann sie zur Verwaltung aufgenommen wurden und wer sie wann entnommen und wieder zurückgegeben hat. Entnahmen und Rückgaben werden mit Unterschrift bestätigt. Dem Übergabeprotokoll des Abgebers kann auch ein Foto oder ein Scan der übergebenen Schlüssel angeschlossen werden.

Tipp

Man muss zwar nicht den Teufel an die Wand malen, aber es ist auch zu bedenken, dass der gesamte Schlüsselkasten gestohlen werden kann. Vorsorglich sollten daher die Schlüssel nicht vollständig mit der Adresse und der Top-Nummer beschriftet, sondern z.B. nur die Objektnummer angeführt werden. Über diese kann auch mithilfe der Verwaltungsunterlagen (die getrennt aufbewahrt werden) die genaue Zuordnung bei der Ausgabe des Schlüssels festgestellt werden.

3.2. Subjektakquisition – der Suchkunde

„Und wenn Sie die Wahl hätten zwischen zwei gleichen Wohnungen, die eine vollkommen ruhig, aber weniger hell und die andere mit wenig Lärm, aber lichtdurchflutet, welche würden Sie bevorzugen?“, fragt Herbert Tendler Herrn Olaf Unschlüssig und seine Freundin Anneliese Zittrig. Die beiden haben sich telefonisch auf ein Internet-Inserat gemeldet, welches Herr Tendler geschaltet hat. Im Gespräch hat sich herausgestellt, dass die inserierte Wohnung wohl aber nicht das Richtige für die beiden ist, und Herbert Tendler hat einen persönlichen Termin mit den beiden vereinbart, um ihre genauen Suchwünsche aufzunehmen. Seit zwanzig Minuten sitzen sie nun zusammen und besprechen die Eigenschaften der Traumwohnung.

In den meisten Fällen ist die erste Immobilie, aufgrund derer Interessenten Kontakt mit einem Makler aufnehmen, nicht die optimale. Eine wichtige Aufgabe des Vermittlers ist, die genauen Anforderungen von Immobiliensuchenden herauszufinden und die passenden Objekte anzubieten. Von Bedeutung – und dies insbesondere für das wirtschaftliche und emotionale Wohlbefinden des Maklers – ist auch, diese Interessenten an sich zu binden, damit sie nicht parallel über andere Kollegen suchen. Denn kaufen sie über einen anderen, wurden Zeit und Ressourcen verschwendet – und dies schlägt auf den Magen des Maklers.

3.2.1. Der Suchkundenvertrag

Der Suchkunde findet sich häufig unter dem Begriff „Vormerk-Kunde“, ist aber viel mehr. Er bedarf einer besonderen Behandlung, insbesondere weil es keine definierte gesetzliche Regelung über die Vertragsgestaltung mit dieser Art von Kunden gibt. Da juristisch das Gegenstück des Alleinvermittlungsauftrages für Suchkunden nicht vorhanden ist, ergibt sich in diesem Bereich eine wirtschaftliche Unsicherheit bei der Betreuung von Kunden. Eine exklusive Betreuung ist gesetzlich nicht vorgesehen; deshalb kommt es in der Praxis häufig vor, dass Makler nach vielen Stunden Arbeit vom Kunden die Information erhalten, dass sie bereits etwas gefunden haben. Und das ist noch die positive Ausnahme, denn nur selten teilen die Kunden diese nicht unwichtige Information mit. Erfahrene und erfolgreiche Makler sind deshalb in der Auswahl ihrer Suchkunden sehr vorsichtig, um nicht ihre Ressourcen (und damit ihr Kapital) falsch einzusetzen.

Praktisch machbar ist ein Beratungsvertrag, der den Zeitaufwand des Maklers berücksichtigt und jedenfalls neben der „moralischen" auch eine wirtschaftliche Bindung des Suchkunden an den Makler bewirkt. So könnte jedenfalls verhindert oder zumindest eingeschränkt werden, dass Kunden die Makler wie die Hemden wechseln – eine stärkere Bindung und somit (auch im Sinne des Kunden) höhere Qualität für Suchkunden wäre das Ergebnis. Ein derartiger Beratungsvertrag sollte jedenfalls folgende Punkte beinhalten: Dauer, Beschreibung Suchobjekt, Stundensatz und Form des Nachweises der geleisteten Stunden, maximaler Betrag.

Ohne diese Art der Vereinbarung und ohne andere funktionierende Kundenbindung ist der Suchkunde häufig ein enormer Zeit- und Stressfaktor. Viele Maklerkollegen können Lieder, wenn nicht ganze tragische Opern über ihre Erfahrungen mit Suchkunden singen: von zahlreichen Besichtigungstouren, Stunden der Objektsuche und, besonders ärgerlich, vergeblichem Warten bei vereinbarten Besichtigungsterminen.

Langfristig gesehen sind viele Suchkunden auch eine gute Basis für den Aufbau einer Interessenten-Datenbank, aus der auch Abgeber entstehen können.

Der Suchkunde wird durch das Bestellerprinzip im Bereich der Wohnungsmiete eine neue Bedeutung erlangen. Der folgende Abschnitt beschäftigt sich insbesondere mit dem Suchkunden im Bereich Kauf.

3.2.2. Ablauf Betreuung Suchkunde

3.2.2.1. Kontakt Suchkunde

Der Kontakt zu einem Suchkunden kann auf verschiedene Arten erfolgen – über Ansprache, auf Empfehlung udgl. (vergleiche auch Kapitel 3.1.2. „Kontaktaufnahme und Terminvereinbarung"). Häufig entsteht der Kontakt durch eine Reaktion des Kunden auf ein Inserat oder eine andere Tätigkeit im Rahmen des Objektmarketings für gelistete Immobilien. Wie auch immer der Kontakt hergestellt wurde, besonders wichtig ist der folgende Schritt, die Qualifizierung.

3.2.2.2. Qualifizierung Suchkunde

Diese sollte im Rahmen eines Termins erfolgen (was zu empfehlen ist, da damit auch die Ernsthaftigkeit des Interesses bekundet wird), kann aber gegebenenfalls auch über das Telefon oder bei einem Besichtigungstermin (im Fall, dass die Wohnung nicht in Frage kommt) stattfinden.

Die Qualifizierung stellt einen wesentlichen Teil der Suchkundenbetreuung dar. Durch geschicktes Fragen erfährt der Makler von den Lebensgewohnheiten und Vorstellungen des Suchkunden über sein Wunschobjekt. Im Gespräch werden Unmöglichkeiten aufgedeckt und nicht passende Vorstellungen des Kunden bekannt gegeben. Es werden Fragen gestellt, bei denen der Kunde über Rahmenbedingungen entscheiden muss, derer er sich möglicherweise noch gar nicht bewusst war. Wichtig ist auch die Abstimmung zwischen finanziellen Möglichkeiten und Wunschobjekt. Es ist sowohl für den Makler als auch für den Kunden äußerst unangenehm, wenn er sich in ein Objekt „verliebt" und danach feststellt, dass er es sich nicht leisten kann. Die Qualifizierung wird jedenfalls auch schriftlich festgehalten, am besten in ein standardisiertes Formular eingetragen.

Beispielformular Suchkunde Wien oder Wien Umgebung

Name	
E-Mail-Adresse	
Telefonnummer	
Anschrift	

Ich bin Käufer	Ich suche für jemanden

	Gegend	Infrastruktur	Bezirk		Region	Anmerkung
Lage	Innenstadtnähe	Schule	1	13	Klosterneuburg	
	Naschmarkt	Kindergarten	2	14	Marchfeld	
	U-Bahn-Nähe	Einkaufen Alltag	3	15	Tulln	
	Villengegend	Shopping	4	16	Purkersdorf	
	Stadtrand Süd	Restaurants/ Bars	5	17	Mödling	
	Stadtrand Ost	Park/Freizeit	6	18	Baden	
	Stadtrand West		7	19	Schwechat	
	Städtisch		8	20	Bruck/ Leitha	

Grünlage		9	21	
		10	22	
		11	23	
		12		

Typ	Wohnung	Reihenhaus	Einfamilienhaus	Grundstück	Anlagewohnung
Zimmer	1	2	3	4	mehr als 4
Größe					
Zweck					
Zentral begehbar	ja/nein	ja/nein	ja/nein	ja/nein	
Balkon/ Terrasse	nein	ja (Größe)			

Wohnküche	Maisonette	Garage	Barrierefrei	Altbau	Neubau
Möbliert	Aufzug	Haustiere			

Wichtigkeit nach Schulnotensystem (1 sehr wichtig – 5 unwichtig)

Helligkeit	1	2	3	4	5
Ruhelage	1	2	3	4	5

Budget Miete (Gesamtkosten ohne Heizung, Strom, Gas udgl.)		
Budget Kaufpreis (exkl. ca. 10 % Nebenkosten)		

Finanzierung geklärt	Finanzierungsinfos gewünscht

Spätester Termin für den Einzug	in 30 Tagen	in 2 Monaten	in 3 Monaten	in 6 Monaten	in mehr als 6 Monaten

3.2.2.3. Grobauswahl Suchkunde

Im nächsten Schritt gilt es nun Objekte am Markt zu finden, die dem Suchwunsch des Kunden entsprechen. Es sollten etwa acht bis zehn passende Objekte gesucht werden. Falls es sich um Objekte von Kollegen handelt, werden diese kontaktiert und über die Möglichkeit von Gemeinschaftsgeschäften befragt und Vereinbarungen mit ihnen getroffen. Zusätzliche Infos über die Immobilie im Zusammenhang mit dem Suchprofil werden eingeholt. Die Exposés der möglichen und passenden Objekte werden ausgedruckt und in einer Mappe zusammengestellt. Diese Mappe sollte kundenbezogen aufgebaut sein und dient auch später für die weitere Verwaltung der Informationen und Daten des Kunden. Neben den Exposés für die gefundenen Objekte finden sich in diesem Ordner bereits ein Kundenstammblatt und das Suchprofil. In einem Termin mit dem Suchkunden werden die einzelnen Möglichkeiten besprochen und eine Reihung vorgenommen.

3.2.2.4. Besichtigungstour Suchkunde

Steht die Reihung der Wunschobjekte fest, beginnt der Makler mit der Organisation der Besichtigungstour. Diese findet zeitnah zum Auswahltermin, aber dennoch weit genug in der Zukunft statt, dass sich Termine mit allen Kollegen an einem Halbtag vereinbaren lassen. Je nach Objekt, Reihung und Kunden werden drei bis fünf Besichtigungen durchgeführt.

3.2.2.5. Anbot oder zurück an den Start

Hat sich das passende Objekt für die Kunden gefunden, kommt es zur Legung des Anbots. Wenn der Kunde nicht bereit ist, ein Anbot zu legen, weil die gewünschte Immobilie nicht dabei war, geht es zurück an den Start. Aus den bisherigen Erkenntnissen wird der Suchwunsch konkretisiert, erneut werden mehrere Objekte ausgewählt usw. Sollte sich auch nach der zweiten Besichtigungstour noch kein Abschluss ergeben, ist entweder kein passendes Objekt verfügbar oder der Kunde nicht kaufwillig. Mit einem Hinweis auf eine Benachrichtigung im Falle von neuen passenden Objekten wird der Kunde in die Vormerkdatenbank aufgenommen und nach einer gewissen Zeit (z.B. ein Monat) wieder kontaktiert und der Vorgang wird von Neuem gestartet.

3.2.2.6. Interessentenverwaltung/Vormerkkunden

Die Verwaltung der Kundendaten und des Suchwunsches ermöglicht es, falls nicht sofort ein passendes Objekt gefunden wurde, auch später Angebote zu übermitteln. In allen gängigen Datenbank-Programmen gibt es die Möglichkeit, den Suchwunsch einzugeben und mit den Objekten abzugleichen. Wird ein neues, passendes Objekt eingegeben, gibt der Computer automatisch eine Zuordnung zum Kunden aus und bereitet, im optimalen Fall, bereits die Versendung vor.

Als besonderer Service kann Vormerkkunden angeboten werden, als Erste über neue Angebote informiert zu werden und damit Objekte angeboten zu erhalten, bevor sie inseriert werden.

Der Interessent erhält regelmäßig Infos über das Unternehmen (Newsletter, Veranstaltungseinladungen) und der Makler bleibt damit auch für künftige Geschäftsmöglichkeiten mit ihm in Verbindung.

3.3. Objektmarketing

Veronika Mittler nimmt die „Zu-verkaufen"-Karten aus dem Drucker und legt sie in ihre Mappe. Zur Office-Mitarbeiterin sagt sie gleichzeitig: „Claudia, sind die beiden Häuser eigentlich schon online? Und brauchst du noch irgendwelche Unterlagen?" Dem „Sind schon online, alles da" der Kollegin folgt: „Ich werde jetzt die Schilder aufstellen fahren und dann gleich noch Karten verteilen gehen. Bin in zirka drei Stunden wieder da." Die Schilder unter dem Arm, die Tasche in der Hand, verlässt sie das Büro Richtung Auto.

Um Interessenten für die Objekte zu finden, für die man Vermittlungsaufträge hat, gibt es viele Möglichkeiten – vom Klassiker des Zeitungsinserats über Vormerkkunden bis zur direkten Ansprache von möglichen Interessenten. Es liegt sowohl im Interesse des Vermittlers als auch im Verantwortungsbereich gegenüber dem Abgeber, hier größtmögliche Professionalität an den Tag zu legen. Neben einem realistischen Preis entscheidet die Art und Weise, wie man ein Objekt anbietet, über die Anzahl der Interessenten und die Vermittlungsdauer – und damit indirekt über das Einkommen des Maklers und die Zufriedenheit des Abgebers mit seiner Dienstleistung.

Woher erhalten Interessenten Informationen zu Immobilien?

Auskunftsquellen sind (vgl. *Pepels*, Käuferverhalten, 2005, 21):

- Persönliche Quellen (Familien, Freunde, Bekannte)
- Kommerzielle Quellen (Werbung, Verkäufer, Objektmarketing)
- Öffentliche Quellen (Massenmedien, Verbraucherverbände, Testinstitute)
- Erfahrungsquellen (bereits mit Maklern gemachte Erfahrungen)

Es sei hier darauf hingewiesen, dass ein zielgerichtetes Objektmarketing auch einen belebenden Einfluss auf die Objektakquisition hat. Je bekannter der Name des Maklers in der Öffentlichkeit ist, desto eher sind Abgeber geneigt, dem Makler einen Vermittlungsvertrag zu unterschreiben. In diesem Sinne ist jede Möglichkeit, in der Öffentlichkeit die eigene Marke zu zeigen, wahrzunehmen – egal mit welcher der hier beschriebenen Methoden.

Eine durchgehende Corporate Identity, also im Besonderen Corporate Communication, ein einheitliches Erscheinungsbild nach außen, trägt dazu bei, den Wiedererkennungswert des Unternehmens zu steigern. Dies gibt Kunden ein Gefühl der Sicherheit und hilft bei der Ausübung der Tätigkeit. E-Mail-Adresse und Telefonnummer sollten auf allen Unterlagen angegeben sein. Sie sind das Hauptkommunikationsmittel für Anfragen von Interessenten.

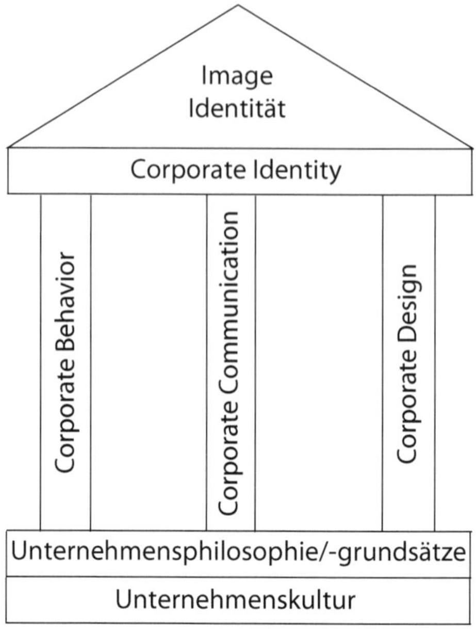

Grafik 1: Corporate Identity (Quelle: *Regenthal*, Ganzheitliche Corporate Identity, 2009, 31 f.)

Die Bestandteile eines Corporate-Communication-Konzeptes sind:

1. Marketing-Kommunikation
   - Allgemeine Regeln und Grundsätze (Leitbild, Organisation)
   - Zielgruppen
   - Strategie Auftritt, Erscheinungsbild, Slogan, Verhaltensgrundsätze
   - Branding
   - Besonderheiten
2. Unternehmenskommunikation
   - Infoblätter Mitarbeiter
   - Betriebsausflüge, Feiern, Ehrungen
   - Sozialräume
   - Meetings
   - Arbeitsplatzbeschreibung
   - Aus- und Weiterbildung
3. Öffentlichkeitskommunikation
   - Unternehmensinformation (Presseberichte, Geschäftsberichte, Imagebroschüren, Website etc.)
   - Geschäftsdrucksachen (Briefpapier, Signatur etc.)
   - Architektur und Innenraumgestaltung
   - Fahrzeugbeschriftung

- Produktwerbung
- Personalwerbung
- Werbekonzeption allgemein
- Vertriebsauftreten
- Sponsoring
- Ausstellungen und Messen

Die Besonderheiten der Immobilie spielen in der Vermarktung eine wichtige Rolle. Man nimmt auf die Herausstellungsmerkmale (die sogenannte USP, *unique selling proposition*) des Objektes Bedacht und bewirbt bewusst diesen Unterschied zu anderen. Hierbei kann es sich um den Preis, eine besondere Lage, die Raumaufteilung u.v.m. handeln. Es genügen drei Merkmale, auf die in den einzelnen Marketing-Maßnahmen besonders eingegangen wird. Die gesamte Präsentation bezieht sich auf diese Alleinstellungsmerkmale.

Tipp

Geben Sie nicht alle Informationen über ein Objekt am Beginn preis, sondern nur die wichtigsten. Sie vermeiden dadurch, dass Interessenten abspringen, weil sie eine Information finden, die sie nicht unbedingt wollen, und deshalb alle positiven Punkte vergessen. Wichtig ist in der Phase des Marketings die Kontaktherstellung, danach können Sie das optimal passende Objekt für den Kunden finden. Wenn Sie aber keinen Kontakt zu ihm herstellen können, werden Sie dazu nie die Möglichkeit haben.

Wesentlich ist auch, sich zu überlegen, an wen sich die Marketingmaßnahmen richten sollen. Es macht einen großen Unterschied, ob ich einen jugendlich-flockigen Text für ein Exposé entwerfe oder einen ruhig-seriösen. Durch die Gestaltung der Marketingmaßnahmen kann man verschiedene Gruppen ansprechen und sollte es auch tun. Dem muss natürlich die Überlegung vorangehen, wer der passende Interessent für die zu vermittelnde Immobilie ist: ein junges Paar, das zum ersten Mal in eine gemeinsame Wohnung zieht, oder eine alleinstehende ältere Frau, die in ihrer Beweglichkeit bereits eingeschränkt ist und eine komfortable Seniorenwohnung sucht? Je nach dem werden die Faktoren Ruhe, Infrastruktur (Lokale, Supermärkte, Schulen, Bingo-Verein), Aufzug im Haus udgl. Eine andere Rolle spielen.

Strategisch von Bedeutung ist auch die Beobachtung der Resultate aus den einzelnen Marketing-Aktivitäten. So hilft ein regelmäßiges Marketing-Controlling, die „Tops" der Aktivitäten von den „Flops" zu trennen und in Zukunft zielgerichteter zu agieren. Dabei kann es sich um eine Auflistung von Internetplattformen und der durch diese generierten Anfragen oder eine Aufzeichnung der Anrufe für ein Schild vor Ort handeln. Die Anfragen per Mail pro Plattform lassen sich einfach zuordnen und nachverfolgen. Bei telefonischen Anfragen sollte immer gefragt werden, wie das Objekt gefunden wurde (z.B. welche Plattform, Schild). Auch kann man damit feststellen, welche Aktivitäten für welche Zielgruppen oder Immobilien besonders vorteilhaft sind.

3.3.1. Marketingplan

Der Marketingplan stellt die Basis der operativen Planung für die Vermarktung einer Immobilie dar. Die Nutzung eines durchdachten und standardisierten Plans erfüllt viele Zwecke: den der Einheitlichkeit, der Vollständigkeit, der Abstimmung, der Controllingmöglichkeit und der Präsentation. Ein gut organisiertes Maklerbüro hat für jedes Objekt einen Marketingplan. Er gibt eine systematische und strategische Übersicht über die unterschiedlichen Vermarktungsaktivitäten. Er hilft, das Marketing und die Verkaufstätigkeit zu ordnen und abzustimmen. Die Abfolge und die Planung erleichtern die Umsetzung, die zeitliche Komponente lässt eine Termin- und Aktivitätenplanung in Abstimmung mit den restlichen Aufgaben und Tätigkeiten (z.B. auch mit anderen Objekten) zu.

Im Verkauf kann der Marketingplan genutzt werden, um den Kunden die Arbeit des Maklers (und damit auch die Rechtfertigung seines Provisionsanspruchs) vorzustellen und die Vorteile des (Allein-)Vermittlungsvertrages aufzuzeigen. Im Vergleich zu anderen Maklern, die keine derartige strategische Vermarktungslinie haben, bildet er einen Wettbewerbsvorteil.

Dem Übersichtsmarketingplan, der eine einfache Darstellung der Aktivitäten zeigt, folgt der Detailmarketingplan. Dieser erweitert den Ersteren um eine zeitliche Komponente sowie die Konkretisierungen der Aktivitäten (z.B. Hausverteilungspläne bei „Zu-verkaufen"-Karten, Zeitungs- bzw. Internetplattformen für Inserate). Aus diesem können konkrete Aufgaben ein- und zugeordnet und in den Kalender übernommen werden. Der Controlling-Marketingplan wird um Zeit- und Kostenaufwendungen erweitert und dient zur Kontrolle der Wirtschaftlichkeit von Objekten. Alle diese Aufzeichnungen können gegebenenfalls für Nachweise der Tätigkeit verwendet werden.

Vom Übersichtsmarketingplan zum Controlling

Im Übersichtsmarketingplan sind die üblichen Aktivitäten, die im Rahmen der Vermarktung einer Immobilie unternommen werden, angeführt.

Die möglichen Vermarktungstätigkeiten werden an das Objekt angepasst und in die geplante Reihenfolge gebracht. Zusätzlich zur Reihung wird das Datum angeführt, wann welche Aktivität durchgeführt wird.

Beispiel

Objektnummer: 1650/283: EGT-Wohnung, AV vom Mi, 20.1.2013

1.	Eingabe Datenbank Grunddaten	bis Fr, 22.1.2013
2.	Datenaufbereitung, Unterlagen sammeln, Fotos	bis Di, 26.1.2013
3.	Eingabe in Internetplattformen	bis Mi, 27.1.2013

4.	Infos an Vormerkkunden	bis Mi, 27.1.2013
5.	Exposé Auslage, Prospekt	bis Do, 28.1.2013
6.	Fensterschild anbringen	bis Fr, 29.1.2013
7.	Inserat in Printmedium (mit Hinweis Open House), Abgabe	bis Mi, 3.2.2013
8.	„Zu-kaufen"-Karten verteilen (mit Hinweis Open House)	bis Sa, 6.2.2013
9.	Sage-es-Kollegen-Strategie (mit Hinweis Open House)	bis Sa, 6.2.2013
10.	Open-House-Veranstaltung (von 16.00 bis 20.00)	Mi, 17.2.2013
11.	Nachbetreuung Open House	bis So, 28.2.2013
12.	Besprechung Abgeber	Mi, 3.3.2013

Diese Einteilung wird auf die einzelnen Aktivitäten heruntergebrochen und auch in den Kalender eingetragen.

Beispiel (Fortsetzung)

Objektnummer: 1650/283: EGT-Wohnung, AV vom Mi, 20.1.2013

1. Eingabe Datenbank Grunddaten
   Datenblatt ausfüllen
   Vermittlungsvertrag einscannen
   Eingabe EDV
2. Datenaufbereitung, Unterlagen sammeln, Fotos
   Fotos
   Grundriss
   Betriebskostenabrechnung
   Grundbuchsauszug
   Energieausweis
   Text Beschreibung
   Schlüssel
3. Eingabe in Internetplattformen
   Plattform „Hier kaufen viele Kunden"
   Plattform „Hier kaufen auch sehr viele"
4. Infos an Vormerkkunden
   Potentielle Interessenten filtern
   Mail mit Exposé senden
   Nachtelefonieren
5. Exposé Auslage, Prospekt
   Exposé erstellen
   In Schaufenstern aufhängen
6. Fensterschild anbringen
   Schild beschriften
   Schild aufhängen
7. Inserat in Printmedium (mit Hinweis Open House), Abgabe
   Text entwerfen
   An zielgruppengerechte Immobilienzeitschrift senden
8. „Zu-kaufen"-Karten verteilen (mit Hinweis Open House)
   Karte erstellen
   Verteilen Häuserblock A

Verteilen Häuserblock B
Verteilen Häuserblock C

9. Sag-es-Kollegen-Strategie (mit Hinweis Open House)
   E-Mails versenden
10. Open-House-Veranstaltung (von 16.00 bis 20.00)
    Vorbereitung Unterlagen
    Veranstaltung
11. Nachbetreuung Open House
    Daten aufbereiten
    Nachtelefonieren
12. Besprechung Abgeber
    Ergebnisse vorbereiten
    Besprechung

Auszug aus Kalender (z.B. Outlook) mit Eingaben (Füllelemente von anderen Terminen; diese besonders herausheben, um Sichtbarkeit zu erhöhen):

Mi, 20.1. 10–12 Uhr AV Termin Hr. Muster, Wohnungsweg 3–10

Do, 21.1. 14–16 Uhr obj 238 Ausfüllen Datenblatt + Eingabe EDV

Do, 21.1 16–16.30 Uhr obj 238 GB-Auszug

Fr, 22.1. 10–11 Uhr obj 238 – HV anrufen wegen BK-Abrechnung

Fr, 22.1. 11–13 Uhr obj 238 – Fotos machen

Fr, 22.1. 14–15 Uhr obj 238 – Exposé schreiben

Mo, 25.1. 10–12 Uhr obj 238 – Grundriss, Fotos aufbereiten

Für das Controlling wird der Marketingplan um diese Informationen (Zeitaufwand) und um den Kostenaufwand ergänzt. Zusätzlich gibt es ein Datenblatt für Besichtigungen und außerplanmäßige Aktivitäten (Aktivitätenliste).

Beispiel (Fortsetzung)

Objektnummer: 1650/283: EGT-Wohnung, AV vom Mi, 20.1.2013	**Zeit**	**Kosten**
1. Eingabe Datenbank Grunddaten		
Datenblatt ausfüllen		
Vermittlungsvertrag einscannen		
Eingabe EDV		
2. Datenaufbereitung, Unterlagen sammeln, Fotos		
Fotos		
Grundriss		
Betriebskostenabrechnung		
Grundbuchsauszug		
Energieausweis		
Text Beschreibung		
Schlüssel		

	Objektnummer: 1650/283: EGT-Wohnung, AV vom Mi, 20.1.2013	Zeit	Kosten
3.	Eingabe in Internetplattformen		
	Plattform „Hier kaufen viele Kunden"		
	Plattform „Hier kaufen auch sehr viele"		
4.	Infos an Vormerkkunden		
	Potentielle Interessenten filtern		
	Mail mit Exposé senden		
	Nachtelefonieren		
5.	Exposé Auslage, Prospekt		
	Exposé erstellen		
	In Schaufenstern aufhängen		
6.	Fensterschild anbringen		
	Schild beschriften		
	Schild aufhängen		
7.	Inserat in Printmedium (mit Hinweis Open House), Abgabe		
	Text entwerfen		
	An beste Immobilienzeitschrift senden		
8.	„Zu-kaufen"-Karten verteilen (mit Hinweis Open House)		
	Karte erstellen		
	Verteilen Häuserblock A		
	Verteilen Häuserblock B		
	Verteilen Häuserblock C		
9.	Sag-es-Kollegen-Strategie (mit Hinweis Open House)		
	E-Mails versenden		
10.	Open-House-Veranstaltung (16.00 bis 20.00 Uhr)		
	Vorbereitung Unterlagen		
	Veranstaltung		
11.	Nachbetreuung Open House		
	Daten aufbereiten		
	Nachtelefonieren		
12.	Besprechung Abgeber		
	Ergebnisse vorbereiten		
	Besprechung		
	Gesamt		

Aus diesen Daten können wertvolle Informationen zur Wirtschaftlichkeit der einzelnen Vermittlungsobjekte gewonnen werden.

3.3.2. Kundenstamm/Vormerkkunden

Die einfachste, günstigste und sinnvollste Variante des Marketings stellt die Information an bestehende Suchkunden dar. Mehrere Vorteile werden verbunden: Ein Anruf oder E-Mail kostet kaum Geld und wenig Zeit, ist eine aktive Möglichkeit der Vermarktung (es muss nicht auf eine Reaktion von unbekannten Interessenten gewartet werden), die Dauer zwischen Aufnahme des Objektes und der Präsentation an einen Kunden ist gering, der Suchkunde fühlt sich wertgeschätzt und die Bindung wird erhöht. Für den Fall, dass der Kunde selbst derzeit nicht sucht oder das Objekt für ihn nicht das Richtige ist, kann die Bitte um einen Tipp ein weiteres Geschäft einleiten.

Notwendig hierzu ist eine gut gestaltete und regelmäßig gewartete und gefüllte Datenbank für Suchkunden.

3.3.3. Internetportale

Internetplattformen sind derzeit das am häufigsten verwendete Medium, um Immobilien zu präsentieren. Das Internet hat den Immobilienmarkt nachhaltig verändert. Aus einer Situation, in der der Marktüberblick hauptsächlich beim Makler lag, entstand eine neue, bei der sich der Konsument von zu Hause einen sehr umfassenden Eindruck über das aktuelle und vorhandene Objektangebot verschaffen kann. In nicht wenigen Fällen sind ambitionierte Internetsucher über das dem speziellen Suchprofil entsprechende Marktangebot besser informiert als so mancher Makler.

Durch die starke Entwicklung im Bereich von Social Media sind weitere Kanäle entstanden. In der aktuellen Situation kann aber festgehalten werden, dass Plattformen noch immer wesentlich für die Gewinnung von Interessenten sind.

Es bieten zahlreiche Unternehmen Plattformen an, die Zielgruppen (Käufer/Mieter) überschneiden sich. Käufer suchen auf mehreren Plattformen. Da die Kosten für die Inserate beachtenswert sind, ist es notwendig, die geeignetsten herauszufiltern. Als Kriterien dienen die eigene Zielgruppendefinition, die Möglichkeiten der Präsentation und die Reichweite der Plattformen.

Tipp

Vereinbaren Sie befristete (drei Monate) Probezeiten mit den Anbietern und analysieren Sie die Rückmeldungen bzw. Suchanfragen bei den einzelnen Plattformen. Wählen Sie anhand dieser Informationen die für Sie passenden aus. Generell ist die Analyse der „Kontaktbringer" eine sinnvolle Controlling-Aktivität, um die Effektivität der verschiedenen Kontaktmöglichkeiten zu analysieren.

Ein weiteres Kriterium ist die Datenverwaltung bzw. Eingabe der Daten. Da die einzelnen Suchmaschinenanbieter teilweise unterschiedliche Datenbanken verwenden, kann eine Mehrfacheingabe notwendig werden. Dies ist zusätzlicher Zeit- und damit auch Kostenaufwand. Es gibt ebenso Angebote, die Print-Inserate mit Online-Inseraten kombinieren, auch dies kann entscheidungsrelevant sein.

Bei der Gestaltung der Inhalte für die Plattformen ist Folgendes zu beachten:

- Anzahl/Qualität der Fotos
- Grundrisse
- Text
- Formatierungsmöglichkeiten
- Ansprechpersonen
- Hinweis auf Homepage, Social Media
- Druckmöglichkeit
- Hyperlinks
- Videos
- Interaktive Rundgänge, 360°-Touren

3.3.4. Eigene Homepage

In der heutigen Zeit ist eine eigene Unternehmenshomepage ein Muss. Neben der Bewerbung von Objekten dient sie auch als Präsentationsfläche für das Unternehmen selbst. Die Erstellung einer hochwertigen Homepage ist unbedingt notwendig. Es gibt zahlreiche Tools zur Erstellung von Web-Pages (z.B. Wordpress), aber auch ein breites Angebot an Dienstleistern für die Erstellung. Bei einigen Anbietern von Immobilien-Datenbanken ist bereits eine Basis-Vorlage für eine Homepage im Leistungspaket enthalten.

Das eigene Immobilienangebot hat einen prominenten Platz auf der Startseite. Eine externe oder seiteninterne Suchfunktion hilft dem Nutzer, die Suche auf seine Wunschkriterien einzuschränken. Die Darstellung erfolgt mit Text und Bildern, ein direkter Link lädt den Betrachter zur Anfrage per E-Mail ein.

Standard ist mittlerweile ein „Responsive-Design". Damit wird sichergestellt, dass auf verschiedenen Geräten (PC, Smartphone) die Homepage jeweils richtig gestaltet ist.

Gerade das Internet bietet die Gelegenheit, weitere Ansichtsmethoden zu verwenden. Ein virtueller Wohnungsrundgang oder die Möglichkeit der Einrichtung des Grundrisses mit Möbeln sind nur zwei Ideen, um den Nutzer zu einer Kontaktaufnahme zu bewegen und den Abgebern einen Grund zu geben, den Auftrag mit dem eigenen Unternehmen und nicht mit den Mitbewerbern abzuschließen.

3.3.5. Social-Media-Marketing

Eine starke Bedeutung hat auch die Verwendung von Social-Media-Kanälen erfahren. Diese im Detail zu erklären, würde hier zu weit führen. Die Präsentation und Bewerbung von Objekten über diese Kanäle bieten zahlreiche Möglichkeiten: von der interaktiven Gestaltung (inklusive Videos, 360°-Touren usw.) über die einfache Präsentation bis hin zur zielgruppenspezifischen Bewerbung.

Social-Media-Werbung ist ein eigener Geschäftsbereich geworden, auch im Bereich der Immobilienvermittlung gibt es hier zahlreiche Möglichkeiten, eine gute Bewerbung kostengünstig umzusetzen. Klar ist aber, dass eine eingehende Beschäftigung mit dem Thema notwendig ist. Wie auch bei einer Homepage gilt, dass die unregelmäßige und lieblose Pflege der Daten einen negativen Effekt haben kann.

Bekannte Beispiele für Social-Media-Plattformen (bzw. Werbeplattformen) sind:

- Facebook
- Instagram
- Xing, LinkedIn
- Google Ads

3.3.6. Zeitungsinserat

Das Zeitungsinserat war der Klassiker unter den Vermarktungsmöglichkeiten. Seit dem Aufkommen und der Weiterentwicklung des Internets ist die Bedeutung zurückgegangen, nichtsdestotrotz gibt es noch immer eine große Anzahl von Anzeigen in den verschiedenen Printmedien. Mit gedruckten Inseraten erreicht man vor allem eine internetresistente Kundenschicht. Gegen die Printmedien sprechen die vergleichsweise hohen Kosten und die fehlende Möglichkeit einer genauen Beschreibung.

Bei Zeitungsinseraten kann nach Flächen oder nach Wörtern gebucht werden. Die Flächen werden in Millimeter Breite und Höhe oder häufig in Achtel-, Viertel- etc. Seiten angegeben. Die Kosten orientieren sich an der Gesamtfläche. Bei der Wortanzeige wird die Anzahl der Wörter als Berechnungsbasis verwendet. Für Fettdruck, Logos, besondere Formatierung oder Bilder wird eine bestimmte Mehranzahl an Wörtern verrechnet. Fotos verstärken die Aufmerksamkeit und sind daher trotz höherer Kosten zu empfehlen.

Fällt die Entscheidung für ein Print-Inserat, ist es sinnvoll, die Zielgruppe für das Objekt zu kennen und danach das richtige Medium zu wählen: Villen in Zeitschriften und Zeitungen, die ein finanzkräftiges Publikum ansprechen, günstige Mietwohnungen zum Beispiel in Studentenzeitschriften.

Sinn macht ein Print-Inserat für die Akquirierung von Such- oder Listingkunden im allgemeinen Format. Suchkunden werden mit der besonderen Spezialisierung auf bestimmte Objekttypen angesprochen. Als Beispiele können „Zwei-Zimmer-Wohnungen in innerstädtischer Lage“ oder „Ihr Spezialist für revitalisierte Bauernhöfe“ dienen. Durch eine verstärkte Aktivität in einem Spezialgebiet können den Interessenten mehrere ähnliche Objekte angeboten werden und es entstehen positive Synergieeffekte. Gleiches gilt für Akquirierungsanzeigen, die als Botschaft etwa „Suchen für Jungfamilien Eigentumswohnungen mit drei Zimmern" haben können. Hier zeigt sich im Besonderen der Vorteil von Spezialisierungen. Diese allgemeinen Anzeigen weisen als weiteren Vorteil eine Steigerung der Bekanntheit und des Images auf.

Es kann durchaus Sinn machen, neben den gängigen Zeitungen und Zeitschriften gezielt weniger prominente Medien zu suchen, um dort ohne große Konkurrenz oder in einem Spezialgebiet (ländlicher Raum, Innenstadt, verschiedene Bevölkerungsgruppen) eine Position zu beziehen.

3.3.7. Auslagen

Ob direkt vor dem Büro oder in extra angebrachten Schaufenstern – Auslagen bieten eine gute Möglichkeit, Passanten Objekte zu präsentieren. Die häufigere Variante ist sicher die Auslage direkt vor dem Büro. Vorbeigehende werden von den angebrachten Exposés angesprochen und kommen ins Geschäft. Schaufenster können verstreut angebracht werden und liefern die Chance, im Tätigkeitsgebiet ständig und häufig präsent zu sein. Montiert werden können sie nahezu an jeder Wand und jedem Gebäude.

In Auslagen werden hauptsächlich Objekte präsentiert. Diese können einfach und kostengünstig ausgewechselt werden. Parallel dazu kann ein Makler seine Person, sein Unternehmen oder seine Schwerpunkte gezielt bewerben. Für einen positiven Eindruck müssen diese übersichtlich und gut gestaltet werden. Nicht mehr aktuelle Objekte oder verschmutzte Scheiben hinterlassen keinen guten Eindruck. Und befindet sich eine Ankündigung für eine Veranstaltung, die bereits lange vergangen ist, dort, wird den Passanten auch das Interesse vergehen. Hier gilt wie auch bei der Homepage, dass ein regelmäßiges Update unerlässlich ist.

Schaufenster sind auch perfekt dazu geeignet, neben den Objekten das eigene Image zu präsentieren und Schwerpunkt-Fähigkeiten zu transportieren.

3.3.8. Exposés und Prospekte

Exposés sind Kurzdarstellungen eines Objektes. Auf einer Seite werden Fotos und Daten zusammengefasst, welche einen ersten Eindruck und die Grunddaten vom Objekt vermitteln sollen.

Im Detail ist es empfehlenswert, zumindest diese Angaben oder Unterlagen zu verwenden. Das Hauptbild ist aussagekräftig und ansprechend, vermittelt einen guten Gesamteindruck der Immobilie. Zusätzliche Fotos können nach Bedarf und Einschätzung auch aufscheinen. Bilder sind ein Hauptauswahlkriterium und sollten mit Bedacht gewählt werden. Es ist eine Kurzbeschreibung des Objektes vorhanden, welche die wesentlichen Vorteile anführt. Die Alleinstellungsmerkmale (USP – *Unique Selling Proposition*) der Immobilie verdienen eine eigene Beschreibung – dies können eine besondere Lage, die Ausstattung, der Preis, der Grundriss oder sonstige Merkmale sein. Preis, Größenangaben und Vermittlungsprovision und andere aus rechtlichen Gründen notwendige Angaben ergänzen die Informationen. Wichtig ist es auch, einen Ansprechpartner und die Kontaktdaten anzugeben, um eine direkte Kontaktaufnahme zu ermöglichen.

Exposés haben ein einheitliches Layout und sind im Corporate Design gestaltet. Allgemeine Angaben zum Unternehmen (Adresse, Telefon, E-Mail, Homepage) und der Hinweis auf die Maklertätigkeit und die Provisionspflicht sind selbstverständlich.

3.3.9. Schilder und Tafeln

Schilder und Tafeln stellen eine wirkungsvolle und günstige Möglichkeit dar, eine Immobilie zu bewerben. Sie sind mehrfach verwendbar, die Anschaffung rechnet sich also über mehrere Objekte, bei denen sie angebracht werden. Eine Tafel oder ein Schild kostet in einem handelsüblichen Format nur wenig, zieht aber viele Interessenten an – und insbesondere Personen, die in der Gegend der Immobilie suchen, werden durch ein Schild aufmerksam. Somit ist die regionale Treffsicherheit sichergestellt. Schilder sollten dermaßen aufgestellt oder aufgehängt werden, dass sie für die Passanten möglichst nicht zu übersehen sind: Gartenzaun, Garten auf der Straßenseite ist sinnvoller als ein Innenhof, es kann auch eine Positionierung an einer stark befahrenen Straße in der Nähe überlegt werden, um mehr Personen zu erreichen. Es ist vorteilhaft, die Schilder derart anzubringen, dass sie nicht parallel zur Straße im Fenster hängen, sondern im rechten Winkel nach außen stehen und so von Passanten gut wahrgenommen werden können.

Beispiel: Neutrales „Zu-verkaufen"-Schild

3.3.10. „Zu-kaufen"-Karten

„Zu-kaufen"-Karten stellen eine der besten und kostengünstigsten Methoden zur Vermarktung dar. Sie werden direkt im Zielgebiet oder direkt an die Zielgruppe verteilt und sorgen so für eine hohe Erfolgswahrscheinlichkeit. Sie sind auch eine gute Möglichkeit, in einem Gebiet die Bekanntheit zu erhöhen und zusätzliche Listings zu erhalten.

Der Flyer enthält eine kurze Beschreibung und ein attraktives Bild des Objektes, die Gestaltung ist dem Auftreten des Unternehmens (Corporate Identity) angepasst. Auf der Rückseite können zusätzliche Informationen aufscheinen. Eine allgemeine Vorlage dient als Basis für die Erstellung, die jeweiligen Objektdaten können rasch eingefügt werden. Die Karten können am eigenen Farbdrucker in passender Anzahl gedruckt werden. Die Verteilung erfolgt über das Maklerbüro selbst oder durch eine Verteilungsfirma.

Beispiel: „Zu-kaufen"-Karte

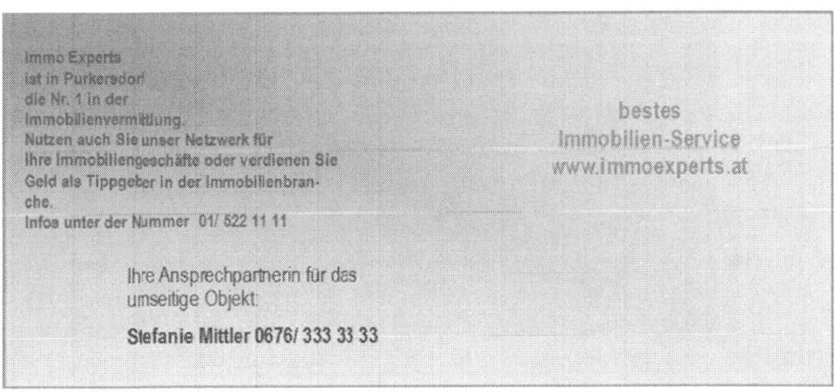

3.3.11. Aussendungen

Für bestimmte Objekte erscheinen Aussendungen per Post oder E-Mail an spezielle Zielgruppen sinnvoll. Die Systematik ist ähnlich derjenigen der „Zu-kaufen"-Karten; diese Vorgangsweise hilft, gezielt potentielle Käufer anzusprechen. Hat ein Makler ein landwirtschaftliches Grundstück zu vermitteln, erreicht er mit einer Aussendung an die Mitglieder des Landwirtschaftsvereins der Region exakt eine Gruppe von möglichen Pächtern. Die Aufgabe des Vermittlers ist es, die Zielgruppe möglichst genau zu definieren und die notwendigen Daten für die Versendung zu finden.

3.3.12. Open House

„Open House" kommt ursprünglich aus den USA und stellt eine spezielle Form der Vermarktung und der Besichtigung dar. Es gibt mehrere Varianten und Teilarten und verschiedene deutschsprachige Bezeichnungen. Der wesentliche Inhalt ist die besondere Marketingmöglichkeit und der organisatorische Vorteil, welche das Open House zu einem guten Instrument in den Aktivitäten eines Maklers macht.

In der klassischen Form einer Open-House-Veranstaltung gibt es einen Termin, zu dem Interessenten ohne Voranmeldung ein Objekt besichtigen können. Ein oder mehrere Makler sind anwesend und führen die Interessenten durch die Immobilie. Ein Kunde wird am Eingang begrüßt und in die Anwesenheitsliste, die zugleich als Besichtigungsbestätigung dient, eingetragen. Ohne Eintragung erfolgt keine Besichtigung. Die Daten werden erfasst und für eine weitere Verwendung gesichert. Die Besucher erhalten eine Besichtigungsmappe und gehen alleine oder in Begleitung des Maklers durch die Immobilie. Jedenfalls steht der Makler für Fragen zur Verfügung, auf eine individuelle Betreuung ist zu achten. Während oder nach der Besichtigung werden wichtige Informationen zum Objekt geboten bzw. diesbezügliche Fragen beantwortet. Am Ende erhebt man das Interesse der Besucher und vereinbart einen Folgetermin. Gefällt die Immobilie nicht, nimmt der Makler ein Suchprofil auf, um andere Objekte anbieten zu können. Ein bis zwei Tage nach dem Open House werden die Interessenten angerufen und es wird nochmals die Frage nach einer Zweitbesichtigung gestellt. Auch Maklerkollegen können mit ihren Interessenten an dem Termin teilnehmen.

Die Durchführung eines „Open House" hat viele Vorteile. Die zeitliche Organisation wird vereinfacht. Die in der Praxis häufig schwierige Abstimmung von Terminen wird vereinheitlicht und planbar. Es entfällt das Fragezeichen in der Terminplanung der folgenden Woche, da die Besichtigungstermine gesammelt und vorab eingetragen werden können. Für sehr interessierte „Einzelfälle" könnte zusätzlich ein persönlicher Termin vereinbart werden.

Durch das Zusammenführen von mehreren Besichtigungen auf einen Termin fallen zeitraubende Anfahrtswege weg. Eine einzelne An- und Abreise verschafft dem Makler ein größeres Zeitbudget für andere Tätigkeiten. Potentielle Käufer sehen, dass auch andere Personen das Objekt besichtigen, und ihre Entscheidung wird dadurch wahrscheinlich beschleunigt.

Die Immobilie sollte, insbesondere wenn sie noch bewohnt ist, für den Besichtigungstermin vorbereitet werden. Der Alltagszustand, der bei Terminen häufig nicht förderlich ist, sollte beseitigt werden und einer ansprechenden Gestaltung Platz machen: Alles ist aufgeräumt, in der Küche stört kein Geruch der vorangegangenen Mahlzeit, keine spielenden Kinder oder Haustiere laufen durch die Wohnung usw. Auch die Bewohner haben ihren Alltag planbar durchbrochen und werden nicht mehrmals belästigt.

Die Vermarktung kann zielgerichtet erfolgen, das Open House kann durch verschiedene Maßnahmen besonders angekündigt und beworben werden. Eine größere Anzahl von Interessenten ist die Folge.

Es gibt auch Varianten des Open House. So können Besichtigungstermine mit Voranmeldung hintereinander gestaffelt werden. Oder es kann eine Mischung zwischen „normaler“ Besichtigung und Open House stattfinden, bei der eine absehbare Zahl von Interessenten nach teilweise freier Besichtigungseinteilung vor Ort erscheint.

3.3.13. Gemeinschaftsgeschäfte – „Sag es deinen Kollegen"

Das Gemeinschaftsgeschäft ist eine Zusammenarbeit von zwei oder mehreren Maklern bei der Vermittlung eines Objektes (für eine Detailbeschreibung siehe Kapitel 3.7.2.). Hier nutzt man die Suchkunden von Kollegen, um schneller einen oder mehrere Interessenten zu finden und somit die Vermarktungsgeschwindigkeit zu erhöhen und die Vermarktungskosten zu reduzieren.

Für die Bekanntmachung gibt es drei Methoden: Eine davon ist die mündliche Weitergabe an Kollegen, mit denen man laufend in Kontakt ist, etwa im Rahmen von regelmäßigen Meetings. Die Daten der neuen Objekte oder Interessenten werden ausgetauscht und auf Übereinstimmungen geprüft. Eine Information per E-Mail an einen Kreis von bekannten Maklern stellt ein weiteres kostengünstiges und aktives Mittel zur Anbahnung eines Termins dar. Die Daten zum Objekt sind im E-Mail enthalten bzw. ist ein Exposé dem E-Mail angehängt.

Beispiel: E-Mail mit Objektbeschreibung

Sehr geehrte Damen und Herren!

Sehr geehrte Maklerkolleginnen und Maklerkollegen!

Wir sind mit der Vermarktung folgender interessanter Immobilie beauftragt und möchten Ihnen diese gerne zum Gemeinschaftsgeschäft anbieten:

Kaufpreis: EUR 890.000,–

Weitere Infos: www.homepage.com/ObjNr

Es würde uns sehr freuen, wenn Sie einen Kunden für diese Immobilie hätten und ein erfolgreicher Geschäftsabschluss als Gemeinschaftsgeschäft zustande käme.

Der guten Ordnung halber weisen wir darauf hin, dass das Objekt nur Ihrem eigenen Kundenkreis angeboten werden darf; die Bewerbung in Medien jeglicher Art ist ausgeschlossen.

Die Teilung der Provision erfolgt 50 : 50.

Für weitere Fragen betreffend diese Immobilie steht Ihnen unserer Kollege Herr Mag. Martin F. Gmeinder gerne unter 0660/11 12 13 14 zur Verfügung.

Sollten Sie kein Interesse am Erhalt weiterer Einladungen zu Gemeinschaftsgeschäften haben, so antworten Sie uns kurz mit „Nein danke". Wir werden Ihren Wunsch selbstverständlich respektieren.

Wir wünschen noch einen erfolgreichen Tag und verbleiben

mit freundlichen Grüßen

Ihr Immo-Team

Die dritte Methode für die Bekanntmachung ist eine büroübergreifende Datenbank, auf die viele Makler Zugriff haben. Hier entfällt der aktive Charakter der Vermarktung, der Vorteil ist eine zeitlich freie Ansicht durch die Kollegen. Für Suchkunden kann die Datenbank durchforstet und der Makler des Abgebers kontaktiert werden. Diese Form erinnert an Multiple Listing Services (gemeinsame Datenbank aller tätigen Makler), wie sie in manchen Ländern, insb. den USA und Kanada, üblich sind. Gemeinsame Datenbanken gibt es vor allem bei Makler-Netzwerken, aber auch über die Wirtschaftskammer für alle Mitglieder. Die Nutzung dieser Möglichkeiten ist empfehlenswert.

Neben den positiven Effekten der Vermarktung sind auch die Bereitschaft und die aktive Betreibung von Gemeinschaftsgeschäften gute Argumente dafür, um Abgeber von einem Alleinvermittlungsauftrag zu überzeugen.

3.3.14. Aktivitätenliste

In der Praxis selten anzutreffen sind Aktivitätenlisten, obwohl die meisten EDV-Programme die Möglichkeit anbieten. Sie erfüllen mehrere wichtige Zwecke und sind u.a. eine wichtige Kommunikationsplattform. Es erfordert einige Konsequenz und Büroarbeit, die Aufzeichnungen zu führen. Die Inhalte ermöglichen eine Nachverfolgung aller Anfragen und Handlungen und bieten eine rasche und einfache Übersicht.

Diese Listen können selbst erstellt oder über ein passendes EDV-Programm geführt werden. Es werden sämtliche objektbezogenen Aktivitäten aufgezeichnet – vom Zeitpunkt der Kontaktaufnahme und der Auftragserteilung über die Datensammlung und Aufbereitung, die Marketingtätigkeiten, Besichtigungen bis hin zum Abschluss. Typische Eintragungen sind Telefonanrufe, die Aufbereitung der Unterlagen, Vermarktungsaktivitäten, versendete Angebote, Besichtigungstermine, die Abklärung von Fragen, Anbotsverhandlungen und die Abschlussbegleitung. Es wird vermerkt, wer welche Aufgaben durchgeführt hat. Bei einer Aufteilung der Arbeit ist es möglich, Verantwortungsbereiche zu- zuweisen und nachzuverfolgen. Jeder, der Zugriff hat, sieht den aktuellen Stand der Dinge. Zeitaufwendige Kommunikation wird vereinfacht und automatisiert. Erweitert man die Einträge um die Felder „Kosten“ und „Zeit“, lässt sich eine ökonomische Beurteilung erstellen, die den Deckungsbeitrag jedes Objektes zeigt. Es können rentable und unrentable Immobilien unterschieden werden sowie Rückschlüsse auf Geschäftsausrichtung und Spezialisierungen bzw. auszugrenzende Objekte gezogen werden.

Der Nachweis von Aktivitäten und Besichtigungen ist ein weiterer Vorteil einer gut geführten Aktivitätenliste. Dem Auftraggeber kann gezeigt und bewiesen werden, wie sehr man sich um die Vermittlung bemüht. Es wird in Verbindung mit dem Marketingplan nachgewiesen, dass man alle versprochenen Tätigkeiten zeitgerecht durchgeführt hat. Insbesondere bei wenig Nachfrage oder fehlendem Erfolg hat der Makler ein starkes Argument, um „Schuld“ von sich selbst abzuweisen. Nachträgliche Preiskorrekturen können leichter durchgesetzt werden und selbst bei einer Beendigung des Auftragsverhältnisses bleibt der Makler besser in Erinnerung.

Vereinzelt kommt es auch zu Streitigkeiten über die Provision, bei denen dem Vermittler mangelnde Verdienstlichkeit vorgeworfen wird. Auch hier kann durch eine vollständige Aktivitätenliste ein guter Gegenbeweis geliefert werden.

Beispiel: Ausschnitte Aktivitätenliste

Datum	Obj NR	Anrede	Interessent	Person	aktuell	Aktivität	Zeit (min)	Kosten	Anmerkungen
Mi, 4. Mai 13		fr	Huber	gmf	j	Telefonat	5		sucht eigentlich etwas Sofortiges – könnte sich aber eventuell mit Bezug Ende 2013 anfreunden …
Mi, 4. Mai 13		hr	Saumberger	fc	j	Telefonat	10		weitere Details – Belichtungen Bäder, Brandrauchentlüftung
Mi, 4. Mai 13		fr	Huber	lp	j	Telefonat + Mail	5		Anfrage zu Gartenwohnung, Exposé geschickt
Di, 3. Mai 13		fr	Huber	sa	j	Telefonat	5		erste Anfrage, bittet um tele-fonische – Infos
Mo, 2. Mai 13		hr	Huntellaar	fc	z	E-Mail	5		E-Mail, dass wegen Desinteresse auf Absage gestellt
Mo, 2. Mai 13		hr	Saumberger	fc	j	Telefonat	5		Termin für morgen
Mo, 2. Mai 13		fr	Breitner Pauline	sa	j	E-Mail	10		Anfrage T13&14 (Exposé + NKÜ geschickt)
Mo, 2. Mai 13		fr	Götschl	gmf	n	Anruf	3		ABSAGE – Gegend gefällt ihr nicht + klassifiziert
Mo, 2. Mai 13		fr	Brunnenthaler Stefanie	gmf	j	E-Mail	7		Mail mit Beratungsangebot geschickt
Mo, 2. Mai 13		fr	Wunschwas Regina	gmf	j	Anruf	1		nicht erreicht – läuft nur Band
Mo, 2. Mai 13		fr	Wunschwas Regina	sa	j	E-Mail	10		Anfrage T13 (Exposé + NKÜ geschickt)
Mo, 2. Mai 13				lp		Objekt-bearbeitung	20		T. 15 auch mit 3 Zimmern ins Netz gestellt
Sa, 30. Apr 13		fr	Kaufnicht Claudia	fc	n	Telefonat	10		ABSAGE – hat sich für etwas anderes entschieden

3.4. Besichtigung und Abschluss

„Hier könnten Sie die Couch herstellen, auf der Sie am Abend noch gemütlich sitzen, ein Glas Wein in der Hand, Musik im Hintergrund – und Sie sehen sich die Fotos vom letzten Urlaub an." Mit einer einladenden Handbewegung führt Herbert Tendler die Augen der Interessenten durch den Raum. „Würde Ihnen das gefallen – oder haben Sie andere Vorstellungen, wie der Raum eingerichtet werden soll?" Zwanzig Minuten und viele Fragen später übergibt er ihnen eine Mappe mit Unterlagen über die Wohnung mit den Worten: „Also, Sie haben gemeint, die Wohnung gefällt Ihnen – ich kann Ihnen gerne für morgen einen Termin anbieten, dann können Sie sich Ihre neue Wohnung sichern. Wäre es Ihnen am Vormittag oder am Abend lieber?"

Die Besichtigung ist wahrscheinlich die allgemein bekannteste Tätigkeit des Maklers. Die Führung durch die Wohnung und die Frage nach dem Anbot gehören zum typischen Bild der Vermittlungstätigkeit. Aber auch hier gibt es Aktivitäten, die eine Selbstverständlichkeit darstellen sollten, und Tätigkeiten, die einen gewissen Unterschied machen können. Und eine umfassende und gut durchgeführte Besichtigung steigert das Ansehen der gesamten Branche, da es die typische Tätigkeit des Maklers ist. Somit liegt es in der Verantwortung eines jeden Vermittlers, diesem Bereich besondere Sorgfalt zukommen zu lassen.

Und nicht zuletzt liegt in diesen Aktivitäten ein weiterer entscheidender Punkt des Maklerwesens, der Abschluss. Ihm soll deshalb besonderes Augenmerk geschenkt werden.

3.4.1. Kontaktaufnahme und -beantwortung

Eine Folge der Marketingmaßnahmen ist die Kontaktaufnahme von Interessenten für die beworbenen Immobilien. Diese erfolgt üblicherweise entweder per E-Mail oder Telefon.

E-Mail-Anfragen kommen in den meisten Fällen direkt von Internet-Plattformen und sind standardisierte Anfrageformulare mit einem eigenen Textfeld für Zusatzfragen. Der Interessent gibt seinen Namen, seine Telefonnummer und seine E-Mail-Adresse bekannt (manchmal leider unvollständig), aus der Plattform wird die Objektnummer geliefert. Nicht von Plattformen kommende Anfragen (von der eigenen Homepage, aufgrund der Angabe der E-Mail-Adresse auf Exposés, von Schildern etc.) können verschiedenste Formate haben; jedenfalls erhält man die E-Mail-Adresse des Interessenten.

Wichtig ist eine rasche Antwort auf die Anfrage, sie sollte möglichst am selben oder zumindest am nächsten Tag erfolgen. Entweder man sendet ein Antwort-Mail oder meldet sich telefonisch beim Interessenten. CRM-Programme liefern häufig die Möglichkeit einer ersten automatischen E-Mail-Antwort. Ein Antwort-

Mail sollte immer einige Fixpunkte enthalten; eine allgemeine Vorlage im E-Mail-Programm, die dem Kunden entsprechend ergänzt wird, ist ratsam. Dadurch wird Zeit gespart und ist sichergestellt, dass die Nachricht alle gewünschten Informationen enthält. Folgende Inhalte sind empfehlenswert:

- Im Betreff den Bezug zur Anfrage herstellen.
- Eine persönliche Ansprache in der Begrüßung gefolgt von einem Dank für die Anfrage und das Interesse.
- Im folgenden Text sollten die wesentlichen Vorteile der Immobilie noch einmal hervorgehoben werden.
- Terminvorschläge für eine Besichtigung und die Aufforderung, bei Fragen telefonischen Kontakt aufzunehmen, runden den Text ab.
- Eine freundliche Verabschiedung und die Signatur beenden das E-Mail.

Beispiel für ein Antwort-E-Mail

Betreff: Ihre Anfrage zum Objekt Nr. 1650/222, Dachgeschoßwohnung mit Weitblick-Terrasse

Sehr geehrter Herr Fragan,

herzlichen Dank für Ihr Interesse und ihre Anfrage. Gerne sende ich Ihnen wie gewünscht weitere Informationen über die moderne Dachgeschoßwohnung mit Weitblick-Terrasse zu. Die Daten und eine Nebenkostenübersicht finden Sie im Anhang.

Falls Sie die Chance nutzen möchten, die Wohnung zu besichtigen, darf ich Ihnen folgende Termine anbieten:

Mo, 8. Februar, 16.00 Uhr

Di, 9. Februar, 9.00 Uhr

Do, 11. Februar, 17.00 Uhr

Ich bitte um Information, welcher der Termine für Sie am angenehmsten ist, und stehe Ihnen für Fragen unter 0664/888 77 66 gerne zur Verfügung.

Ich freue mich auf Ihre Rückmeldung, wünsche noch einen schönen Tag und verbleibe

mit freundlichen Grüßen

Meldet sich der Interessent nicht innerhalb von drei bis vier Tagen, folgt ein Telefonat, bei dem er höflich gefragt wird, ob er das E-Mail erhalten hat und ob noch Fragen offengeblieben sind. Falls er meint, dass das Objekt doch nicht seinen Vorstellungen entspricht, wird der Kontakt zur Subjektakquisition genutzt.

Die telefonische Anfrage kann sich auf alle möglichen Marketingmaßnahmen beziehen. Interessenten beschreiben hier häufig die gewünschte Immobilie, der Makler muss das beschriebene Objekt aufgrund dieser Angaben erkennen oder nachfragen. Erreicht ihn der Anruf im Büro, befindet sich in Griffweite (am besten im Computer) ein Ordner, in dem die Objektunterlagen abgelegt sind. Damit ist eine umfassende und kompetente Auskunft sichergestellt. An automatisch mitgelieferten Daten erhält der Vermittler nur die Telefonnummer des Interessenten (falls dieser sie nicht ausgeblendet hat). Jedoch hat er die Möglichkeit, nach den weiteren Daten zu fragen. Erfolgen Anrufe, während der Makler unterwegs ist, muss er entscheiden, ob eine Kommunikation vernünftig durchführbar ist (im Hinblick auf Umgebungsgeräusche und auch Notizmöglichkeiten) oder ob ein Rückruf angeboten wird. Wichtig ist jedenfalls, sich den Namen niederzuschreiben (am besten buchstabieren lassen) und sich zu vergewissern, dass die Telefonnummer am Display sichtbar ist.

Tipp

Immer sofort den Namen zur Nummer ergänzen und in ein definiertes Textfeld im Telefon eine Notiz einfügen, die einen Anhaltspunkt zur Anfrage gibt. Man vergisst schneller als man glaubt!

Ist man nicht erreichbar und sieht die Nummer des Anrufers in Abwesenheit oder hat eine Nachricht auf der Mobilbox, gilt das Gleiche wie für einen Rückruf: zeitnah zurückrufen, unbedingt am selben Tag. Erreicht man den Interessenten nicht, folgt ein weiterer Versuch am nächsten Tag.

Beim Telefonat hat der Vermittler eine bessere Möglichkeit, das Gespräch zu lenken; diesem ist deshalb gegenüber E-Mails der Vorzug zu geben. Durch geschickte Fragen hält der Makler den Kontakt aufrecht und kann eher einen Termin vereinbaren. Auch im Telefonat sollte, wie im E-Mail, der eigenen Vorstellung der Dank für die Anfrage folgen. Die Objektbeschreibung erfolgt in Interaktion mit dem Interessenten: Stimmen Eigenschaften der Immobilie mit dem Suchwunsch überein, werden diese Punkte betont. Die Frage nach einem Termin (entweder für die Besichtigung des Objektes oder im Büro zur Aufnahme eines Suchprofils) erfolgt am Ende des Gesprächs.

Der Interessent soll, wie schon im Marketing, keinesfalls mit zu vielen Informationen überhäuft werden. Ziel ist es, das Interesse aufrechtzuerhalten und einen Termin zu vereinbaren. Zu viele Informationen führen oft dazu, dass das Interesse abhandenkommt und die (emotionale) Verbindung zur Immobilie und zum Makler abreißt.

Jeder Kontakt wird in die Datenbank und in die Aktivitätenaufzeichnung aufgenommen. Einerseits erweitert man seinen potentiellen Kundenkreis und andererseits kann man dem Abgeber die eigenen Tätigkeiten für sein Objekt darstellen. Und auch an den schlimmsten Fall muss man denken: Einen eventuellen Missbrauch (falls der Interessent über andere Wege zur Wohnung kommt) kann man besser nachverfolgen und nachweisen.

3.4.2. Terminvereinbarung

Die Einteilung und die Vorbereitung des persönlichen Termins tragen zur Effektivität und zur Effizienz bei, sowohl die Abschlusswahrscheinlichkeit als auch der Zeitaufwand werden beeinflusst. Allerdings ist hier weniger die Person des Interessenten gemeint, sondern vielmehr die Rahmenbedingungen.

Terminvorschläge für Besichtigungen sind möglichst so zu organisieren, dass mehrere direkt nacheinander erfolgen können. Es ergeben sich einige Vorteile: Ihre wertvolle Zeit wird besser genutzt. Die Wegzeit zum Objekt teilt sich auf mehrere Termine auf. Sie vermindern so diesen „unproduktiven" Zeitaufwand.

Beispiel

Die Wegzeit zum Objekt beträgt 30 Minuten. Mit den Unterbrechungen im Arbeitsfluss im Büro – abspeichern, Programme beenden, Unterlagen zusammenpacken, anziehen, Weg zum Auto – erhöht sich der Zeitaufwand auf 40 Minuten. Hin und zurück ergibt das eine Stunde und 20 Minuten. Wenn Sie es schaffen, zwei Termine nacheinander zu legen, sparen Sie sich ungefähr 1,5 Stunden, bei drei Terminen rund zwei Stunden und 40 Minuten!

Eine spezielle Form dieser kompakten Form der Terminorganisation ist der „Tag der offenen Tür" (oder auch „Open House"), bei dem öffentlich angekündigt und beworben wird, dass an einem bestimmten Tag in einem festgelegten Zeitraum die Besichtigung eines Objektes möglich ist. Interessenten, die sich telefonisch oder per E-Mail gemeldet haben, wird ebenfalls dieser Termin für eine Besichtigung vorgeschlagen. Dadurch wird zusätzliche Werbewirksamkeit geschaffen, Sie können dem Abgeber einen zusätzlichen Service liefern und sparen Ihre eigene Zeit. Die Interessenten werden einzeln betreut und individuell durch das Objekt geführt. Bei großer Nachfrage sollte man das „Open House" gemeinsam mit einem Kollegen durchführen, um eine persönliche Betreuung sicherstellen zu können.

Tipp

Nehmen Sie Abstand von Massenbesichtigungen, bei denen Interessenten gleichzeitig und unbetreut durch die Immobilie laufen. Diese vermitteln ein schlechtes Bild von Ihnen als Makler und schaden dem Ruf der Branche – und wenn es zu Beschädigungen o.Ä. kommt, können Sie nie feststellen, wer dafür verantwortlich ist. Diese Art von Verkaufsdruck können Sie auch anders erreichen und dabei ein besseres Bild abgeben!

Ein weiterer Vorteil von mehreren aufeinander folgenden Terminen ist ein gewisser Verkaufsdruck. Interessenten sehen, dass es weitere potentielle Kunden für die Wohnung gibt. Dies steigert den gefühlten Wert für das Objekt und die Entscheidung wird rascher getroffen. Sie können sich auch ihre Besichtigungszeit besser einteilen, da Sie die Interessenten darauf hinweisen können, dass bereits andere Kunden an der Tür warten. Diese Kunden sehen ebenfalls, dass es bereits andere Interessenten gibt, und haben ebenso einen höheren Entscheidungsdruck.

Beispiel

Makler: „Oh, es ist schon 17.30 Uhr. Wollen Sie sich noch ein wenig in der Wohnung umsehen oder machen wir das bei einem Zweittermin? Beim Eingang warten nämlich schon weitere Interessenten und Sie verstehen sicher, dass ich sie nicht warten lassen kann. Sie können aber gerne noch ein wenig alleine herumgehen, ich bin sofort wieder da. Was ist Ihnen lieber? Sollen wir gleich einen Termin vereinbaren?"

Verschweigen Sie Kunden nichts, legen Sie aber Termine möglichst zu Zeiten guter Rahmenbedingungen. Es muss nicht gerade die Müllabfuhr unterwegs sein, eine Tageszeit gewählt werden, zu der es keine freien Parkplätze gibt, es bereits dunkel wird und die natürlichen Lichtverhältnisse in der Wohnung nicht mehr wahrnehmbar sind. Faktoren, die üblicherweise zu wenig beachtet werden, sind der Sonnenstand und die Umgebungsgeräusche (Verkehr).

Legen Sie den Termin auch in einen Zeitraum, in dem die Interessenten selbst keinen Zeitdruck haben. Es ist sehr unangenehm, wenn der Kunde nur rasch durch das Haus läuft und mit den Augen ständig auf seiner Uhr und dem Kopf schon beim nächsten Termin ist. Besichtigungen so schnell zwischendurch sind meistens sehr frustrierend.

Achten Sie auch darauf, welche Personen an einer Besichtigung teilnehmen. Jedenfalls sollten Sie schon im Vorfeld herausfinden, wer letztendlich die Entscheidung trifft. Dieser Person sollten Sie besondere Aufmerksamkeit schenken. Und das muss nicht immer der sein, der am Ende die Unterschrift unter das Anbot setzt. Bei Paaren gilt es zu beobachten, wer den Ausschlag zum Ja oder Nein gibt. Es kommt auch vor, dass Eltern oder Großeltern für ihren Nachwuchs eine Wohnung finanzieren oder Kinder sich in der Umgebung so wohlfühlen, dass die Eltern gar nicht mehr anders entscheiden können. Je nachdem, wer entscheidet, sollten auch die Vorteile des Objektes für diese Person hervorgehoben werden. Der Studentin ist vielleicht die Nähe zum Lieblingslokal wichtig, dem Großvater aber die Lage in einem „guten" Bezirk.

3.4.3. Besichtigung – Ablauf

Der Klassiker der Tätigkeiten eines Maklers im Bewusstsein der Interessenten ist die Besichtigung. Und es gibt hier viele Punkte, die zu beachten sind – beginnend bei der Organisation der Besichtigung. Der Makler muss zweierlei vorbereiten:

eine Mappe mit den eigenen Unterlagen über das Objekt, um auf möglichst viele Fragen rasch und kompetent antworten zu können, und eine Mappe für die Kunden. Mit dieser hält er die Erinnerung an das Objekt und an sich aufrecht (wenn sich Interessenten, wie es häufig passiert, innerhalb eines Tages oder einer Woche viele Objekte ansehen, verschwimmen die Informationen häufig) und bietet eine kompetente Dienstleistung. In der Kundenmappe befinden sich die grundlegenden Unterlagen zum Objekt, also das Exposé, einen Grundriss, den Grundbuchsauszug, die Widmung oder Fotos. Die Nebenkostenübersicht muss jedenfalls enthalten sein, zusätzliches Werbematerial über den Makler und das Vermittlungsbüro ist sinnvoll, eine beigelegte Visitenkarte auch.

Die Ankunft vor Ort sollte jedenfalls zeitgerecht, d.h. überpünktlich, erfolgen. Einige Minuten vor dem Termin einzutreffen, ist sehr ratsam. Der Makler kann zuvor noch einmal das Objekt kontrollieren, die Beleuchtung einschalten, lüften und ganz einfach nachsehen, ob für die Besichtigung alles in Ordnung ist. Jedenfalls zu vermeiden ist es, zu spät zu erscheinen und die Kunden warten zu lassen. Für den Fall, dass eine rechtzeitige Ankunft tatsächlich nicht möglich ist, muss der Interessent selbstverständlich vorab telefonisch informiert werden.

Überlegt werden sollte auch der Treffpunkt. Denkbar wären ein Treffpunkt direkt vor dem Objekt, bei einer günstigen Parkmöglichkeit, an einem markanten Punkt in der Nähe oder gleich im Büro und eine gemeinsame Anfahrt. Bei kritischer Parkplatzsituation beim Objekt empfiehlt es sich, den Kunden an einem Ort zu treffen, an dem er ohne Stress parken kann, um nicht schon vor der Besichtigung Ärger über die zahlreichen Suchrunden aufkommen zu lassen. Will man besonders auf Gebäude oder Einrichtungen in der Umgebung hinweisen, vereinbart man den Treffpunkt bei diesem Ort. Werden einer Person mehrere Objekte gezeigt, kann der Treffpunkt auch das Büro des Maklers sein.

Tipp

Wird eine Besichtigungstour mit mehreren Objekten gemacht, empfiehlt sich die gemeinsame Fahrt. Der Kontakt und damit die Gesprächsführung bleiben so eher beim Makler. Bei getrennter Reise besteht die Gefahr, dass die Kunden wichtige Gespräche über die Objekte oder deren Eigenschaften führen, wovon der Vermittler nichts erfährt!

Nach der Begrüßung sollte ein wenig Smalltalk folgen, um eine gute Stimmung und Vertrauen aufzubauen. Falls es nicht bereits in den Vorgesprächen geschehen ist, sollten Fragen über den Hintergrund der Wohnungssuche, die bisherigen Erfahrungen, warum es noch nicht geklappt hat, erfolgen. Fragen über den persönlichen Hintergrund (Arbeit, Familie, Interessen, Erfahrungen) sollen sich in das Gespräch mischen. Durch alle diese Informationen kann sich der Vermittler ein gutes Bild vom Kunden machen und seine Präsentation auf die Eigenheiten und speziellen

Anforderungen seines Gegenübers abstimmen. Beim Objekt wird er besonders auf die Themen eingehen, die dem Interessenten wichtig sind. In der Präsentation weist der Makler auf die wesentlichen Punkte hin, ohne den Kunden „totzureden". Er versucht, dem Interessenten ein Bild von der Wohnung zu vermitteln – nach seinen Vorstellungen eingerichtet und in einer angenehmen Situation, auf der Terrasse in die Sonne blinzelnd oder an einem feuchtkalten Wintertag in der Badewanne, in der Wohnküche am Werk und mit den Gästen plaudernd oder nach einem harten Arbeitstag gemütlich auf der Couch dösend. Sinnvoll ist es, den Kunden einzubinden und ihn nach seiner Meinung fragen, wo er gewisse Möbel platzieren oder wie er das Zimmer ausgestalten würde. Positive Aussagen des Interessenten werden wiederholt und verstärkt. Es soll das Gefühl erzeugt werden, dass es bereits „seine" Wohnung ist. Findet diese Identifikation statt, ist ein Abschluss wahrscheinlich. Der Makler muss lernen, den Kunden zu „lesen", nach seinem Verhalten, seinen Fragen und Bewegungen zu erkennen, wie er zu der Immobilie steht.

Fragen des Kunden beantwortet der Makler umfassend; wenn er zu Einzelheiten keine Antwort weiß, erklärt er selbstbewusst, dass er dazu keine Unterlagen vorliegen hat, sich diese aber verschaffen und die Information nachliefern wird. Merkt er, dass den Interessenten die Immobilie gefällt, stellt er Abschlussfragen – je öfter, desto besser. Am Tag der Erstbesichtigung wird allerdings kein Anbot unterschrieben, da ansonsten eine Rücktrittsmöglichkeit des Konsumenten besteht. Will der Interessent ein Anbot legen, wird für den nächsten Tag eine Zweitbesichtigung vereinbart und danach das Anbot unterschrieben.

Bei der Verabschiedung übergibt der Makler den Interessenten die mitgebrachten Unterlagen und vereinbart, wenn möglich, direkt einen Termin für die Zweitbesichtigung (wenn möglich innerhalb von vier Tagen). Bei diesem werden auch die noch offenen Fragen beantwortet. Falls eine sofortige Terminvereinbarung nicht möglich ist, erfolgt diese ein paar Tage später im Rahmen des Nachtelefonierens.

Die Besichtigungsmappe enthält die Grundinformationen zum Objekt und hilft dem Kunden, eine konkrete Erinnerung zu bewahren. Da Kunden häufig zehn oder mehr Objekte besichtigen, sollten sich die eigenen Unterlagen von denen der anderen positiv abheben. Außer einer optisch ansprechenden und informativen Aufbereitung ist auch die Beifügung der Nebenkostenübersicht und der Besichtigungsbestätigung anzuraten.

Seit einiger Zeit gibt es auch vermehrt Online-Besichtigungen. Diese können selbständig digital (360°-Touren, Videos) angeboten werden. Manche Makler sind vor Ort und zeigen die Wohnung mit Kamera und manche Anbieter stellen Selbstbesichtigungen über elektronische Türschlösser zur Verfügung.

Für den Makler ist es wichtig, eine Entscheidung des Interessenten zu erfahren, wobei ein „Nein" noch besser ist als ein „Vielleicht". So weiß man, ob dieses Objekt für den Kunden noch interessant ist, man weitere Aktivitäten durchführen sollte oder sich diese Arbeit sparen kann.

3.4.4. Folgebesichtigung

Die Zweitbesichtigung ist ein spannender und oft erfreulicher Termin – aus dem Grund, dass danach häufig ein Anbot der Interessenten folgt und dies Umsatz für den Makler bedeutet. Bis dorthin ist allerdings noch ein Stück Weg zurückzulegen. Bei einem Folgetermin werden hauptsächlich zwei Punkte behandelt: ein nach außen klar sichtbarer, ein etwas versteckter. Sichtbar ist die Klärung offener Fragen. Der Makler hat seit dem ersten Termin die vom Kunden gewünschten Informationen eingeholt und bespricht diese Einzelheiten mit ihm. Dabei kann es sich um Betriebskostenabrechnung, Widmung, Aufschließungskosten, Bauzustand und vieles mehr handeln – also den rationalen Teil der Entscheidung.

Der zweite Punkt betrifft den emotionalen Teil: Dem Interessenten gefällt die Wohnung offensichtlich, sonst wäre er nicht ein zweites Mal zur Besichtigung erschienen. Er ist aber ein wenig verunsichert. „Ist es wirklich das am besten passende Objekt oder soll ich noch weitersuchen?" „Werde ich mich hier tatsächlich wohlfühlen?" „Habe ich auch nichts übersehen, weshalb ich später die Entscheidung bereue?" Derartige Fragen beschäftigen die Interessenten. Diese Unsicherheit zu nehmen, ist die Aufgabe des Maklers. Wie beim Ersttermin, aber noch intensiver muss er die Argumente des Kunden verstärken, ihm Sicherheit geben. Auch hier hilft es wieder, über Bilder zu arbeiten.

Die Entscheidung für ein Objekt hängt mit der Risikowahrnehmung des Käufers zusammen. Die Entscheidung kann finanzielle, funktionale, soziale, psychologische und physische Aspekte haben. Der finanzielle Aspekt betrifft die Angemessenheit des Preises und die Tragbarkeit der finanziellen Belastung (beim Immobiliengeschäft die Frage, ob man nicht zu teuer kauft), funktionale Aspekte betreffen die Funktionstüchtigkeit des Produkts (bei Immobilien z.B.: Erfüllt das Haus auch alle Anforderungen, die ich habe?). Soziale Aspekte beziehen sich auf die gesellschaftliche Akzeptanz (Was werden meine Freunde sagen?) und psychologische auf die persönliche Identifikation (Wie fühle ich mich in der Wohnung?). Physische Aspekte sind mögliche Gefährdungen durch das Produkt (bei sanierungsbedürftigen Wohnungen oder Wohnungen in einer unsicheren Gegend) (vgl. *Pepels*, Käuferverhalten, 2005, 69 ff.). Makler können im Gespräch auf diese Sorgen eingehen und sie, wenn sie unbegründet sind, entkräften.

Tipp

Gar nicht selten kommt es vor, dass Kunden zum Zweittermin „Berater" mitnehmen. Dabei handelt es sich um Eltern, Freunde, Architekten, Baumeister oder sogar andere Makler. Leider ist es häufig so, dass diese tendenziell alles schlechtmachen und den Kunden verunsichern, um später nicht eventuellen Vorwürfen ausgesetzt zu sein. Weisen Sie direkt auf diesen Punkt hin und entlarven Sie diese oft allgemeinen Aussagen mit der Frage nach anderen Beispielen aus der eigenen Situation des „Beraters". Versuchen Sie, die Position des Kunden einzunehmen, der eine Immobilie gefunden hat, die ihm gefällt und die ihm ein anderer plötzlich verleiden will. Bedenken Sie Ihren Formulierungen und Ihrer Argumentation aber auch immer das Naheverhältnis zwischen Interessent und Berater.

Eine wesentliche Aufgabe ist es, den Interessenten zur Entscheidung zu bewegen und den Abschluss zu erreichen. Da dieses Thema von großer Bedeutung ist, wird es in einem eigenen Kapitel behandelt.

3.4.5. Abschluss

Ein Kernelement der erfolgreichen Tätigkeit als Makler, das jedoch vielen – ansonsten sehr kompetenten – Maklern Schwierigkeiten bereitet, ist der Abschluss. Das mag psychologisch mit der Furcht vor Ablehnung zusammenhängen. Ein „Nein" zu erhalten, ist frustrierend und schlägt negativ auf das Gemüt. Viele ergeben sich deshalb dem – zumindest kurzfristig entspannten – „Vielleicht", um nur ja keine Absage zu erhalten. Makler müssen sich aber dessen bewusst sein, dass dieser Teil zum Geschäft gehört und die Ablehnung nicht auf sie persönlich bezogen ist, sondern auf die Immobilie und einen normalen Vorgang im Geschäftsalltag darstellt. Ist man sich dieser Tatsache bewusst, ist es um vieles leichter, Abschlussfragen zu stellen.

Die Kaufsignale des Kunden zu erkennen und richtig darauf zu reagieren ist eine Fähigkeit, die Makler erfolgreich macht – welche Fragen er stellt, wie er von der Immobilie spricht und, nicht zuletzt, wenn er über den Preis, egal ob Kaufpreis oder Provision, zu verhandeln beginnt.

Tipp

Wenn Interessenten mit Preisverhandlungen beginnen, verursacht dies bei Maklern manchmal Schaudern. Das Gegenteil sollte der Fall sein: Freuen Sie sich darüber! Wenn der Kunde sich über den Preis Gedanken macht, hat er sich emotional schon für das Objekt entschieden. Er braucht für seine Unterschrift nur mehr einen kleinen (sein Selbstwertgefühl bestätigenden) Verhandlungserfolg.

Typische Kaufsignale

Preisverhandlung
Einrichtung der Wohnung – Wo stelle ich was hin?
Frage: „Ab wann ist sie beziehbar, sagen Sie?"
Formulierung: „meine Wohnung"

Der Erfolg eines Maklers geht Hand in Hand mit der Häufigkeit der Abschlussfragen im Gespräch. Diese sollen natürlich nicht plump und ständig eintönig wiederholt, sondern in jeder Situation passend gestellt werden. Teilweise haben Makler sogar die Angewohnheit, Kunden, die an sich für einen Abschluss bereit sind, mit weiteren Details über das Objekt zu informieren, um nicht in die Stress-Situation des Abschlusses zu kommen.

Tipp

Überlegen Sie sich im Büro 15 Möglichkeiten für Abschlussfragen. Gehen Sie die verschiedenen Situationen von Zweitbesichtigungen durch und suchen Sie möglichst viele Anknüpfungspunkte, bei denen Sie eine Abschlussfrage stellen können. Schreiben Sie sich diese auf und üben Sie mit Freunden oder Kollegen. Und bevor Sie zur nächsten Zweitbesichtigung gehen, lesen Sie sich diese Liste noch einmal durch.

Beispiele für Abschlussfragen

- Könnten Sie sich vorstellen, hier zu wohnen? – Wenn ja: Dann wäre der nächste Schritt, ein Anbot zu legen …
- Was müsste man ändern, damit Sie das Haus kaufen?
- Wenn der Preis um 10.000,– Euro niedriger wäre, unterschreiben Sie dann ein Angebot?
- Wir können versuchen, diese Bedingungen dem Abgeber vorzulegen, das müssen wir allerdings schriftlich machen.

3.4.5.1. Abschlussverhandlungen

Hat der Makler es geschafft, die Zustimmung zur Anbotslegung zu erhalten, geht es in die Detailverhandlungen. Eine gelungene Verhandlung ist im Voraus geplant und selbstverständlich erscheinende Details sind vorbereitet. Der Makler muss sich bewusst sein, dass er nicht gegen den Kunden verhandelt, sondern mit ihm. Dies ist nicht nur seine Pflicht es steigert auch die Erfolge. Je besser er sich in die Situation des Interessenten einfühlt, desto eher kann er auf dessen Überlegungen eingehen.

Anbote sollten stets unter Beteiligung des Maklers geschrieben werden. So kann sichergestellt werden, dass alle wichtigen Punkte enthalten sind und „schädliche“ Formulierungen nicht vorkommen. Allenfalls kann dem Kunden ein Angebotsformular zugesendet werden, das nur noch ausgefüllt werden muss. Vom Kunden selbst verfasste Dokumente sind meist fehlerhaft und/oder berücksichtigen nicht alle wesentlichen Punkte.

Der beste Platz, um ein Anbot zu erstellen, ist das Büro des Maklers. Als Alternative bietet sich die Immobilie selbst an, hier können aber einige Rahmenbedingungen oft nicht optimal gesetzt werden. Ein Termin in der Wohnung des Kunden ist zu vermeiden. Der psychologische Druck, eine Verhandlung nicht abzubrechen, ist im Büro größer – der Kunde müsste von sich aus aufstehen und gehen.

Einer Einladung auf ein Getränk ins Büro, um dort in aller Ruhe diese wichtige Entscheidung schriftlich festzuhalten, werden Kunden positiv gegenüberstehen. Das Sekretariat ist bereits telefonisch über die Ankunft und den Inhalt der Besprechung informiert und kann dafür sorgen, dass beim Eintreffen im Büro eine angenehme Atmosphäre herrscht. Die Kunden werden ins Besprechungszimmer geführt und nehmen Platz.

Tipp

Organisieren Sie die Sitzordnung so, dass Sie schräg (und nicht direkt) gegenüber vom Kunden sitzen, und setzen Sie sich so, dass Sie alle Beteiligten im Blickfeld haben.

Die Verhandlungen betreffen im Wesentlichen den Preis. Wichtig für den Makler ist, dass er bereits im Vorfeld den Verhandlungsspielraum vom Abgeber in Erfahrung gebracht hat. Im Hinblick auf den Interessenausgleich und die vorauszusehende Annahme durch diesen versucht der Vermittler, das Anbot in diesen Bereich zu bringen.

Bei den Nebenbedingungen ist auf die Einhaltung des verbindlichen Charakters des Anbots zu achten. Finanzierungsvorbehalte müssen spezifiziert und mit Fristen versehen oder über einen kooperierenden Finanzierungsberater abgewickelt werden, um keine Hintertür zu öffnen. Vorbehalte müssen prüfbar und erfüllbar bleiben und genau bezeichnet werden, ein zu allgemeiner Charakter kann (berechtigte) Unsicherheit bei Abgeber hervorrufen.

Verhandlungstipps

- Will ein Abgeber keinesfalls vom Listenpreis abweichen, ist er möglicherweise doch bereit, andere Zugeständnisse zu machen. Kosten für die Räumung des Hauses oder das Ausmalen der Zimmer werden noch vom Abgeber übernommen. Schlagen Sie dem Käufer vor, den Listingpreis zu bieten und diese Kosten in die Nebenbedingungen zu packen.
- Schweigen ist oft tatsächlich Gold. Wenn Sie bei kritischen Punkten eine Sprechpause einlegen, rücken die Verhandlungspartner oft wieder von selbst von der soeben gestellten Forderung ab oder relativieren sie.
- Geben und nehmen Sie. Für einen zusätzlichen Vorbehalt erhalten Sie ein zusätzliches Zugeständnis – das ist nur fair.
- Abschlusszugeständnis: „OK, das nehmen wir noch hinein, dann unterschreiben wir aber!“
- Drucksituationen in wesentlichen Punkten schaffen: „Wir können das gerne hineinschreiben, aber dann wird der Abgeber das Anbot wahrscheinlich ablehnen.“
- Hinweis auf Verlustmöglichkeit bei überzogenen Bedingungen: „Das ist natürlich ein Thema, aber Ihnen muss bewusst sein, dass der Abgeber bei diesem Vorbehalt vielleicht lieber ein anderes Anbot annimmt.“

Ein Anbot sollte jedenfalls befristet werden. Die Dauer sollte zwischen einer und zwei Wochen liegen. So entsteht beim Abgeber ein gewisser Zeitdruck für die Annahme.

Die Höhe und Zahlungsart der Provision sind ein wichtiger Punkt. Falls nicht bereits zuvor vereinbart, sollten diese Themen spätestens jetzt festgehalten werden. Es empfiehlt sich, eine der drei folgenden Varianten zu wählen:

- Die Übergabe des Provisionsbetrages in bar bei der Kaufvertragsunterzeichnung: Händigen Sie die Rechnung aus und bestätigen Sie darauf den Erhalt. Achtung: Hier wird in aller Regel eine Verpflichtung zur Registrierkasse ausgelöst.
- Die Zahlung über das Treuhandkonto des Notars oder Anwalts: Mit dem Kaufpreis wird der Provisionsbetrag überwiesen, der Treuhänder zahlt bei Abwicklung die Provision (beim Abgeber als Abzug der Kaufpreissumme) direkt an den Makler aus. Beachten Sie die Regelung, wann der Betrag ausbezahlt werden darf. Falls dies erst nach grundbücherlicher Eintragung erfolgt, kann es sein, dass mehrere Wochen bis zum Erhalt der Provision vergehen.
- Die Zahlung vor Kaufvertragsunterzeichnung: Der Kunde zahlt vor dem Termin auf das Konto des Maklers oder Treuhänders ein.

Bei einer Zahlung nach Kaufvertragsunterfertigung oder Übergabe der Immobilie besteht die Gefahr, dass die Zahlungsmoral sinkt. Der Kunde hat bereits sein Objekt und muss jetzt noch die Provision gesondert überweisen. Emotional erscheint sie dem Kunden nun sehr hoch und es kommt immer wieder vor, dass es zu unangenehmen Nachverhandlungen kommt. In diesem Fall bleibt dem Makler nur der mühsame und teure Weg über Mahnungen und Anwalt. Im schlimmsten Fall ist die Provision dann auch nicht einbringlich und ihm entgeht die teilweise Entlohnung seiner Leistung.

Das unterfertigte Anbot wird dem Abgeber präsentiert. Für diesen gilt das oben Angeführte, nur übertragen auf seine Sichtweise. Im optimalen Fall zeichnet er ohne Anmerkungen gegen, es kann aber auch vorkommen, dass er gewisse Vorbehalte oder eine Preisreduktion nicht akzeptiert. Er nimmt in diesem Fall das Anbot mit Streichungen oder Ergänzungen an. Rechtlich gesehen ist dies ein neues Anbot, welches vom Abnehmer nur gegengezeichnet werden muss, um gültig zu werden. Auch hier sollte, im Wissen um die Verhandlungsspielräume von Verkäufer und Käufer, dieses Gegenanbot für den Abnehmer nun auf diese Art akzeptabel sein.

Tipp

Achten Sie darauf, dass aus diesem Angebot und Gegenangebot nicht ein Spiel der verletzten Eitelkeiten wird – nach dem Motto: „Wenn er A will, will ich aber B!" Wenn Sie es nicht schaffen, eine Annahme des Gegenangebots zu erreichen, ist es leicht möglich, dass das Geschäft verloren ist.

3.4.5.2. Anbot

Das Anbotsformular sollte derart gestaltet sein, dass es bereits als Kauf-/Mietvertrag gilt. Dazu ist es notwendig, alle rechtlich vorgesehenen Inhalte anzuführen. Sind diese vorhanden, schließen die Vertragsparteien den rechtsgültigen Vertrag. Dieser Sachverhalt ist in der Praxis häufig vielen Beteiligten nicht bewusst. Es kann einerseits dazu kommen, dass bestimmte Erklärungen keinen Kaufvertrag ergeben (z.B. keine klare Kauferklärung). Andererseits ist eine Erklärung mit allen notwendigen Inhalten bereits ein Kaufvertrag (auch mündlich). Und diese Punkte sind eigentlich nur die Bezeichnung der Vertragsparteien und der Sache (d.h. die Liegenschaft) sowie der Preis.

Die Errichtung einer grundbuchsfähigen Urkunde und die Beglaubigung sind im Fall einer Eigentumsübertragung (nur mehr) formale Schritte. Es ist besonders wichtig, die Vertragsparteien auf diesen Umstand hinzuweisen, da alle Punkte/Inhalte, die in den formellen Vertrag aufgenommen werden sollen, bereits im Anbot enthalten sein müssen. Die gesetzlichen Regelungen finden sich im ABGB ab § 1053. Nebenbedingungen, die also nicht im Kaufanbot festgehalten sind, können üblicherweise später nicht mehr eingefordert werden!

Eigentumsübertragung durch Kauf

Eigentum wird durch „Titel“ und „Modus“ übertragen. Bei Immobilien ist der Titel regelmäßig der Kaufvertrag (das angenommene Kaufanbot) und der Modus die Eintragung im Grundbuch (Achtung! – nicht die Übergabe der Schlüssel).

Für die Eintragung im Grundbuch ist eine Urkunde (üblicherweise der vom Notar/Anwalt erstellte „Kaufvertrag“) mit zusätzlichen Bestandteilen notwendig. Diese sind im § 433 ABGB aufgezählt: *„§ 433. Die Urkunde muß die genaue Angabe der Personen, die das Eigentum übergeben und übernehmen; der Liegenschaft, die übergeben werden soll, mit ihren Bestandteilen; des Rechtsgrundes der Übergabe; ferner des Ortes und der Zeit des Vertragsschlusses enthalten; und es muß von dem Übergeber in dieser oder in einer besonderen Urkunde die ausdrückliche Erklärung abgegeben werden, daß er in die Einverleibung einwillige“*

Ein Anbot sollte also folgendermaßen aufgebaut sein (Verkauf einer Liegenschaft): Beginnen wir mit den notwendigen Inhalten. Die Bezeichnung des Käufers muss selbstverständlich eindeutig, im besten Fall mit allen für die Verbücherung notwendigen Daten versehen sein. Gleiches gilt für die Daten des Verkäufers. Die Immobilie wird mit Postleitzahl, Adresse (gegebenenfalls Stiege und Topnummer) eindeutig bezeichnet, die grundbuchsmäßige Bezeichnung ist nicht unbedingt notwendig, aber ratsam. Es werden in diesem Fall das Grundbuchsgericht, die Einlagezahl und der Anteil angeführt. Als vierte notwendige Angabe folgt der Preis, wobei dieser in Ziffern und Worten und als „Kaufvertragspreis“ (z.B. inklusive USt) angeführt werden sollte. Es müssen der Zeitpunkt und der Ort der Unterzeichnung angegeben sein. Ferner müssen eine eindeutige Kauferklärung und die

Erklärung des Verkäufers, dass er der Änderung im Grundbuch zustimmt (die sogenannte Aufsandungserklärung), vorhanden sein.

Folgende zusätzlichen Inhalte sind sinnvoll:

- Der Hinweis auf die Unwiderruflichkeit des Anbots und die Rechtswirkung als Vertrag.
- Zusätzliche Preisfaktoren, wie Lasten oder übernommene Einrichtung oder Ausstattung.
- Die Dauer der Befristung des Anbots und eventuelle Vorbehalte für die Gültigkeit.
- Eine Bestätigung für die erfolgte Besichtigung (siehe auch Rücktrittsbestimmungen) und eine Beschreibung des Zustandes des Objektes.
- Die Auflistung der Nebenkosten und allfällige weitere spezielle Nebenbedingungen.
- Aus Maklersicht wesentlich sind auch der Hinweis auf die Übergabe der Nebenkostenübersicht, der Hinweis auf den Energieausweis und ein eventuelles wirtschaftliches Naheverhältnis zu einer der beteiligten Vertragsparteien.
- Die Angabe des Vermittlers und seine gewerberechtliche Firma, die Provisionshöhe netto, die Umsatzsteuer und das Gesamthonorar in Zahlen sowie die Fälligkeit und die Zahlungsmodalitäten für das Vermittlungshonorar runden das Anbot ab.

Gleiches wie beim Kaufvertrag gilt beim Bestandvertrag (vgl. § 1092 ABGB), zu dem auch der Mietvertrag gehört. Ein angenommenes Mietanbot gilt bereits als Mietvertrag. Durch die starken Schutzregelungen zugunsten der Mieter ist dem Vermieter (und damit auch seinem Makler) geraten, sämtliche wesentliche Bedingungen bereits im Mietanbot anzuführen.

Viele Netzwerke oder die Verbände bieten Mustervorlagen für Anbotsformulare an.

Beispiel: Vorlage Anbotsformular

BEFRISTETES KAUFANBOT

Durch Vermittlung des Maklers:

von der Firma:

stelle ich als Kaufinteressent nach eingehender Besichtigung des unten beschriebenen Objektes und eingehender Prüfung aller für mich wesentlichen Entscheidungsgrundlagen folgendes befristetes, rechtsverbindliches und unwiderrufliches Kaufanbot.

Wenn Sie als Eigentümer das Angebot annehmen, kommt ein Rechtsgeschäft zustande, das heißt Sie verkaufen und ich kaufe die unten bezeichnete Liegenschaft zu den unten genannten Bedingungen.

Mit der Errichtung einer grundbuchsfähigen Kaufurkunde beauftrage ich in diesem Fall den Notar/Rechtsanwalt __________

1) Kaufobjekt

Art des Objektes __________

PLZ __________ Ort __________ Anschrift __________

Grundbuch __________ Einlagezahl __________ KG __________
Parz.Nr. __________

im unverbürgten Ausmaß von ca. __________ m^2

Wohnungseigentum: o ja / o nein

Wohnbauförderung: o ja / o nein

Unterschrift(en) __________ Geb. Dat. __________

Bar-Kaufpreis netto:			
übernommene Lasten:	+	__________	
sonstige Gegenleistungen:	+	__________	
USt-pflichtiges Rechtsgeschäft (20 % USt) o ja / o nein	+	__________	
Gesamtverkaufspreis brutto	=	__________	(= in Worten)
inkl. Einrichtungs- und Ausstattungs-gegenständen, Warenlager, Maschinen, Geräten und Betriebsmitteln)	=		
Makler-Honorar 3 % netto			
zzgl. 20 % USt	+	__________	
Maklerhonorar brutto	=	__________	

2) Fälligkeit und Zahlung

Der Kaufpreis wird bar und abzugsfrei auf ein Treuhandkonto des Vertragserrichters einbezahlt mit der Anweisung zur Freigabe des Betrages nach Vorliegen sämtlicher Dokumente für die im vereinbarten Ausmaß lastenfreie Verbücherung meines Eigentumsrechtes.

Der Anspruch auf das Makler-Honorar entsteht bei Willensübereinkunft. Mehrere Käufer haften für das unter 1) ausgewiesene Makler-Honorar zur ungeteilten Hand. Die Bezahlung erfolgt

- ○ bar bei Vertragsunterzeichnung
- ○ nach Rechnungslegung durch Überweisung
- ○ vom Treuhandkonto.

3) Gültigkeit des Kaufanbots

Als Kaufinteressent bleibe ich bis einschließlich zum ____________ an dieses Kaufanbot gebunden.

Mein Kaufanbot gilt:

- ○ ohne Vorbehalt
- ○ mit Vorbehalt, nämlich ____________

4) Besichtigung, Übergabe, Zustand

Als Kaufinteressent habe ich das Objekt erstmalig am ____________ besichtigt und kenne daher seinen Zustand.

Als tatsächlicher Übergabetermin wird vereinbart:

- ○ der Zeitpunkt der Kaufvertragsunterfertigung.
- ○ abweichend davon der ____________ um ____________ Uhr

Als Zustand des Objektes zum Zeitpunkt der Übergabe wird – abweichend vom Zustand des Objektes, wie ich ihn von der Besichtigung kenne – vereinbart:

- ○ nichts Zusätzliches
- ○ ja, Bestandsfreiheit (= kein Miet-, Pacht-, Prekariums-, Superädifikatsvertrag etc.)
- ○ ja, nämlich ____________

5) Gewährleistung

Als Kaufinteressent ist mir bewusst, dass Sie als Verkäufer nicht für eine bestimmte Eigenschaft oder Beschaffenheit des Kaufobjektes Gewähr leisten, außer für

- die Freiheit von grundbücherlichen und außergrundbücherlichen Lasten, soweit eine Übernahme hier nicht ausdrücklich vereinbart wurde, und
- die Freiheit von verdeckten, aber Ihnen bekannten Mängeln an der Liegenschaft, wie z.B. Kontaminierungen und Altlasten.

6) Kosten, Steuern, Gebühren

Sämtliche Kosten, Steuern und Gebühren für den Eigentumserwerb (ausgenommen allfällige Kosten für die Lastenfreistellung) werden von mir bezahlt. Dies sind insbesondere Grunderwerbsteuer (3,5 %), Grundbucheintragungsgebühr (1,1 %), Vertragserrichtungskosten und Kosten der grundbücherlichen Durchführung.

7) Anbotsannahme, Fristen

Die Verständigung über die Annahme des Anbots hat bis zum ____________ an meine unten genannte Adresse zu erfolgen. Später bin ich nicht mehr daran gebunden.

Der Makler ist nicht berechtigt, Vertragserklärungen in meinem Namen abzugeben.

Die Vertragserrichtung erfolgt innerhalb von 14 Tagen nach Annahme des Kaufanbots.

Sollte der Kauf trotz Annahme des Anbots deswegen nicht zustande kommen, weil ich entgegen dem bisherigen Verhandlungsverlauf einen für das Zustandekommen des Geschäfts erforderlichen Rechtsakt ohne beachtenswerten Grund unterlasse, dann ist der Makler berechtigt, den Betrag in Höhe der vereinbarten Honorare als rechtmäßigen Schadenersatz in Rechnung zu stellen.

8) Schriftlichkeit, Rücktrittsrecht, Nebenkosten etc.

Mündliche Nebenabreden wurden nicht getroffen und sind ungültig, sofern sie nicht schriftlich nachgebracht werden.

Über das Rücktrittsrecht gemäß Konsumentenschutzgesetz wurde ich als Kaufinteressent schriftlich informiert.

Als Kaufinteressent bestätige ich, dass ich eine schriftliche Information einschließlich einer Übersicht über die Nebenkosten erhalten habe. Ich bestätige, dass ich über ein allfälliges wirtschaftliches Naheverhältnis des Maklers informiert wurde und dass ich über die rechtliche Situation des Energieausweisvorlagegesetzes aufgeklärt wurde.

9) Weitere Vertragsbedingungen:

- o keine
- o ja, nämlich ____________

10) Unterschrift(en) Kaufinteressent(en)

Name(n) ____________ Konsument: o ja/o nein

PLZ ____________ Ort ____________ Anschrift ____________

Datum ____________ Ort ____________

Unterschrift(en) ____________ Geb. Dat. ____________

11) Annahme durch den/die Verkäufer

Als Eigentümer nehme ich/nehmen wir das Kaufanbot an:

- o zu den obigen Bedingungen
- o wenn Sie Ihr Einverständnis bis zum ____________ zu den folgenden Abänderungen schriftlich erklären:

____

Name Verkäufer ____________

PLZ ____________ Ort ____________ Anschrift ____________

Datum ____________ Ort ____________

Unterschrift(en) ____________ Geb. Dat. ____________

12) Annahme durch den/die Käufer

Ich bin/wir sind mit den vorstehenden Abänderungen einverstanden.

Datum ____________ Ort ____________

Unterschrift(en) ____________ Geb. Dat. ____________

3.4.5.3. Honorar- und Nebenkosteninformation

Um Provisionsansprüche zu sichern, müssen Makler eine Vielzahl an Informationen nachweislich weitergeben. Um keine Fehler zu machen, gibt es Formulare, die alle diese Formulierungen und Informationen enthalten: die Honorar- und Nebenkostenübersichten. Von verschiedenen Organisationen werden Vordrucke angeboten, die in der Praxis auch häufig verwendet werden.

Häufige Bestandteile in Nebenkostenübersichten

- Hinweis auf Doppelmaklertätigkeit
- Hinweis auf familiäres/wirtschaftliches Naheverhältnis
- Nebenkosten bei Kaufverträgen (insbesondere Steuern und Provisionen)
- Nebenkosten bei Mietverträgen (insbesondere Gebühren und Provisionen)
- Grundlagen und Regelungen über die Provision und Vermittlungsverträge
- Konsumentenschutzbestimmungen (insbesondere §§ 30a, 30b, 30c KSchG)
- Steuerrechtliche Informationen (insbesondere Immobilienertragsteuer und Ausnahmen)
- Hinweis Energieausweis
- Hinweis auf VRUG und FAGG inkl. Musterrücktrittserklärung

Vor allem in Bezug auf Konsumentenschutzbestimmungen ist anzuraten, alle Informationen schriftlich zu übergeben und sich dies bestätigen zu lassen.

3.4.5.4. Finanzierung

Eine frühzeitige Einbindung, bereits vor der Anbotslegung, empfiehlt sich für Fragen der Finanzierung. Kaum etwas ist unangenehmer, als wenn man ein Anbot erhält und die Umsetzung an der Finanzierbarkeit scheitert. Ein Finanzierungsvorbehalt ist wahrscheinlich die häufigste Bedingung, die in Anboten festgehalten wird.

Die Kooperation mit einem guten Finanzierungsberater ist ein zusätzlicher Service, welchen der Immobilienvermittler seinem Kunden bieten kann. Für den Makler bietet es die Chance, die Finanzierbarkeit des Wunschobjektes frühzeitig prüfen zu lassen. Der Kunde kann viel Geld durch bessere Kreditbedingungen sparen.

3.4.5.5. Kauf-/Mietvertrag

Fallweise liegen bereits Kauf- oder Mietvertragsentwürfe vor. Empfohlen werden kann, vorab nur das Anbot mit den Inhalten des Vertrages zu schreiben. Im Anbot können „Alltagsformulierungen" oder umgangssprachliche Ausdrücke verwendet werden. Durch die Komplexität von vielen Verträgen entsteht unnötige Unsicherheit und eine mögliche Unterschrift scheitert oder wird unnötig verzögert.

3.4.5.6. Anwalt und Notar, Treuhänder

In der Regel kann der Käufer den Vertragserrichter und den Treuhänder wählen, da er auch die Kosten dafür trägt. Diese sind individuell verhandelbar, betragen in der Praxis etwa ein bis zwei Prozent des Kaufpreises. Verträge werden sowohl von Anwälten als auch von Notaren erstellt. Jedenfalls müssen die Unterschriften auf der Kaufurkunde von einem Notar beglaubigt werden.

Im Sinne einer einfachen und raschen Abwicklung ist jedem Makler anzuraten, einen bekannten und seriösen Anwalt/Notar als Kooperationspartner zu haben und diesen zu empfehlen. So wird eine rasche und konfliktfreie Abwicklung sichergestellt. Ein vom Käufer ausgewählter Vertragserrichter wird einen tendenziell käuferfreundlichen Vertrag entwerfen. Dies kann dazu führen, dass auch der Verkäufer einen Anwalt einschaltet und dieser wiederum, um seine Beauftragung zu rechtfertigen, den bestehenden Entwurf völlig verwirft. Ein langwieriger Prozess von Entwurf und Gegenentwurf steht bevor. In solch einem Fall ist es ratsam, einen gemeinsamen Besprechungstermin zu vereinbaren, bei dem auch beide Anwälte anwesend sind, und in diesem Termin die Formulierungen zu fixieren.

Zusätzliche Vorteile ergeben sich häufig aus den bekannten Abläufen bei der Abwicklung und raschen Terminmöglichkeiten.

3.4.6. Kauf-/Mietvertragsabwicklung

Eine Begleitung des Kunden bei der Kaufvertragsabwicklung ist eigentlich keine Vermittlungstätigkeit, sie ist dem Bereich der Nachbetreuung zuzuordnen. Dieser Service ist aber eine Selbstverständlichkeit und sollte von jedem Makler geleistet werden. Eine hohe Emotionalität und Unsicherheit sind typisch für diesen Termin. Wenige kennen den Ablauf, der für einen Laien auch kaum überschaubar ist. Der Anwalt organisiert und führt durch den Termin, der Makler gibt

Sicherheit und kann einzelne Schritte erklären und bestätigen. Dazu ist es wichtig, dass er Zuverlässigkeit und Ruhe ausstrahlt.

Der Ablauf hat im Wesentlichen folgendes Schema: Der Begrüßung und Vorstellung folgt der erste Hauptteil, die Besprechung des Vertrages. Die Hauptpunkte werden besprochen und eine Freigabe beider Vertragsparteien eingeholt. Es folgt die vom Notar beobachtete Unterschrift aller Vertragsparteien, die später von ihm schriftlich beglaubigt wird. Neben dem Vertrag werden Unterschriftprobeblätter unterzeichnet. Diese verbleiben beim Notar und dienen als Beweis der Richtigkeit der Unterschrift. Zum Termin sind der Reisepass oder ein Personalausweis als Bestätigung der Identität mitzubringen. Sie werden für den Notar kopiert. Ebenso benötigt er eine Geburtsurkunde und den Staatsbürgerschaftsnachweis des Käufers.

Zusätzlich wird gegebenenfalls ein Formular für die Treuhandschaft unterzeichnet. In der Regel werden die unterzeichneten Dokumente kopiert und die Vertragskopien ausgehändigt. Das Original verbleibt vorerst beim Notar, der es binden lässt und nach der Verbücherung dem Käufer zustellt.

Jedem Makler ist anzuraten, vor dem ersten eigenen Termin den Ablauf bei einem „fremden" Kunden mitzuverfolgen oder mitzuerleben.

Die Abwicklung eines Mietvertrages kann unterschiedlich ablaufen. Häufig übernehmen der Makler oder eine Hausverwaltung die koordinierende Funktion. Die Kernpunkte sind die Unterschrift, eine allfällige Vergebührung, die Kaution und die Provision. Die Unterschrift erfolgt unter dem Mietvertrag, anschließend werden die einmalig zu leistenden Beträge (insbesondere Kaution, fallweise auch eine Vertragserrichtungsgebühr) übergeben sowie die Provisionsrechnung ausgehändigt und bezahlt. Bei Mietverträgen ist die gesamtheitliche Abwicklung dieser Zahlungen üblich. Zu beachten ist hier, dass bei Barzahlungen der Vermittlungsgebühr die Regelungen der Registrierkasse ausgelöst werden können. Einer Überweisung der Provision, möglichst vor Unterschriftstermin, ist der Vorzug zu geben.

3.4.7. Übergabe

Die Übergabe erfolgt bei Mietverträgen meist direkt nach der Vertragsunterzeichnung, bei Kaufverträgen ist sie abhängig von der Sicherstellung der Kaufpreiszahlung. Eine Übergabe vor der Einzahlung des Kaufpreises auf das Treuhandkonto ist für den Verkäufer nicht ratsam, da er im Falle von Problemen mit der Zahlung bereits die Schlüssel übergeben hat und die Käufer schon im Objekt wohnen. Sie wieder auszuquartieren, kann schwierig werden.

Die Übergabe hat den Sinn, die vereinbarten Eigenschaften der Immobilien zu prüfen und gegenseitig zu bestätigen. Es werden die vorhandenen Geräte, die Elektrik, die Heizung und andere vereinbarte Bestimmungen kontrolliert. Verbrauchsanzeigen, wie Strom, Gas oder Wasser, werden abgelesen und die Kosten gehen auf den Käufer über. Schlussendlich übergibt der Verkäufer die Schlüssel an den neuen Eigentümer. Die Übergabebestätigung ist häufig eine Auszahlungsvoraussetzung für den Treuhänder.

Der Makler sollte bei der Übergabe jedenfalls anwesend sein und mit seiner Erfahrung die Übergabe leiten. Häufig werden auch zusätzliche Serviceleistungen angeboten – von Unterlagen für das Meldeservice bis hin zu Informationen für Ummeldungen bei Stromversorgern etc. Typische Themen sind Strom, Gas, Wasser, Telefon/Internet und die Meldeunterlagen. Auch Leistungen wie Umzugsservice oder Haushaltsversicherungen können vermittelt werden.

3.4.8. Der Abnehmer ist auch Abgeber

Eine Geschäftsmöglichkeit ergibt sich aus dem Umstand, dass jeder Abnehmer auch irgendwo eine Wohnung verlässt und Abgeber oft ebenfalls eine neue Immobilie suchen. Im Rahmen des Qualifizierungsgesprächs und der laufenden Betreuung lassen sich die notwendigen Informationen sammeln und danach die erforderlichen Handlungen setzen. Eine gute Organisation ermöglicht auf diese Art sofort Folgegeschäfte.

3.5. Nachbetreuung und Netzwerkbildung

„So, nachdem wir jetzt die ganzen Formalitäten der Übergabe erledigt haben, darf ich Ihnen noch ein kleines Überraschungspaket als Dankeschön für die Zusammenarbeit übergeben!" Veronika Mittler nimmt die beiden hübsch verpackten Geschenkboxen aus ihrer Tasche und reicht sie ihren Kunden. Die beiden übernehmen mit einem Lächeln die Geschenke, und während Frau Mittler fortfährt: „Und außerdem würde ich gerne noch auf diesen Moment mit Ihnen anstoßen – ich habe mir erlaubt, eine Flasche Sekt mitzubringen", diese zusammen mit Gläsern ebenfalls aus der Tasche zieht, öffnet der neugierige neue Eigentümer, Klaus Kaufmann, die Geschenkbox und sieht neben den beiden Schlüsselanhängern und der Taschenlampe mit dem Logo von Frau Mittler einige weitere brauchbare Dinge für den Haushalt. Ein „Nochmals alles Gute und danke für die Kooperation" wird vom Klingen der Gläser begleitet und es folgt noch ein kurzes abschließendes Gespräch.

Die Empfehlung ist eine der wichtigsten Geschäftsentwicklungsmöglichkeiten, die ein Makler beachten muss. Die Leistung, die Seriosität und die Qualität während der Betreuung sind einige der Maßstäbe, an denen der Makler gemessen wird, und sie betreffen in hohem Maß die Sachebene. Die emotionale Ebene wird insbesondere beim Abschluss und der Nachbetreuung berührt – dort, wo das eigentliche „Geschäft" bereits abgewickelt worden ist, wo der Makler für seine Arbeit eigentlich bereits entlohnt wurde.

Diese emotionalen Spuren, die man in der Nachkaufphase hinterlässt, sind aber nicht die einzigen Zeichen, die bleiben. Durch Aufmerksamkeiten kann man langfristig in Kontakt mit den Kunden bleiben und so zu Empfehlungen kommen – und auch wieder für diesen Kunden tätig werden. Eine „lebenslange" Kundenbeziehung ist das Ziel eines jeden Maklers.

3.5.1. Abschlussgeschenk

Schenken macht Freude – beschenkt zu werden, noch mehr. Mit einem positiven emotionalen Eindruck in der Erinnerung der Kunden zu bleiben ist Gold wert. Das Geschenk muss keine Unsummen kosten und soll am besten einen Bezug zur Immobilie haben.

Beispiele für Abschlussgeschenke
Schlüsselanhänger, Taschenlampe, Umzugstasche, Türvorleger.

Praktische und langlebige Geschenke – im Corporate Design gestaltet – helfen außerdem auch mit, beim Kunden in Erinnerung zu bleiben. Jedes Mal, wenn er die Eingangstüre aufsperrt, wird er den Schlüsselanhänger mit dem Logo sehen. Bei einem Stromausfall wird er dankbar für die geschenkte Taschenlampe sein und sich denken: „Was für ein kluger und vorausschauender Mensch unser Makler doch war!"

Sind die Kontaktdaten des Vermittlers am Geschenk ersichtlich, wird der Kunde kaum zögern, sich bei Bedarf wieder zu melden.

3.5.2. Umzug und Nachkaufunterstützung

Mit einem neuen Haus oder einer Wohnung ergeben sich zwangsläufig auch neben dem Erwerb viele Aufgaben. Ein wenig Planung und Organisation helfen, den Kunden hierbei zu unterstützen, was er sicherlich erfreut zur Kenntnis nehmen wird.

Die Ummeldung von Versorgungsleistungen, wie Strom oder Gas, bereitet wenig Aufwand. Die Daten können bereits bei der Übergabe aufgenommen, die Unterschriften dort gesammelt und die Lieferanten danach verständigt werden. Eine Kooperation mit einer Umzugs- oder einer Leihwagenfirma spart dem Kunden Geld und Zeit, was er dem Makler mit Empfehlungen danken wird. Das bereits ausgefüllte Formular für die Wohnsitzmeldung braucht nur mehr unterschrieben zu werden.

3.5.3. Weihnachten, Ostern, Geburtstag und der Kaufjahrestag

Glückwunschkarten können mehrmals jährlich gesendet werden und helfen, im Gedächtnis der Kunden zu bleiben. Anlässe dafür lassen sich viele finden, am geläufigsten sind natürlich Weihnachten, Ostern und der Geburtstag (dazu ist allerdings eine gute Stammdatenverwaltung notwendig!). Originell und persönlich ist auch der „Kaufjahrestag", da er sich von den „allgemeinen" Feiertagen, an denen Menschen ohnehin viele Glückwünsche erhalten, abhebt.

Telefonate mit den Kunden sind die persönlichste Form und haben nebenher noch den Vorteil, dass man viel Neues und Interessantes erfahren kann, z.B. etwas über Verkäufe in seinem Bekanntenkreis. Zwei Telefonate pro Jahr kosten wenig Zeit und schaffen eine intensive Bindung. Auch hierzu ist eine gute Datenverwaltung mit Erinnerungsfunktion sehr hilfreich.

3.5.4. Empfehlungsgeschäfte

Aktivität ist auch bei der Frage nach Empfehlungen gefragt. Erfolgreiche Makler überlassen es nicht den Kunden, vielleicht an diese Möglichkeit zu denken – sie sprechen Kunden aktiv darauf an. Empfehlungen haben viele Vorteile. Die Anzahl der Kontakte nimmt ohne eigene Anstrengungen zu. Die Personen, die über den Hinweis eines Kunden zum Makler kommen, sind zugänglicher und haben weniger Einwände u.v.m. Damit es aber dazu kommt, dass Personen einen Makler weiterempfehlen, müssen das persönliche Verhältnis und die Dienstleistung in Ordnung gewesen sein. Eine weitere Möglichkeit besteht darin, „Empfehlern" eine kleine Anerkennung zu übergeben. Über diese Methode kann man also günstig eine hohe Anzahl an Kontakten erreichen.

Aber Achtung: Empfehlungen können auch negativer Art sein. Eine alte Weisheit lautet: Eine negative Aussage braucht zehn positive, um aufgewogen zu werden! Durch Beschwerdemanagement und offenes Zugehen auf den Kunden bei Problemen können negative Meinungen allerdings ausgeglichen werden.

Tipp

Eine wesentliche Voraussetzung für Empfehlungen ist Vertrauen. Folgende Faktoren beeinflussen Vertrauen positiv: Höflichkeit, Freundlichkeit, Integrität, Loyalität, Ehrlichkeit, Zuverlässigkeit, Toleranz, Offenheit, Konsequenz, Großzügigkeit, Anteilnahme (vgl. *Schüller*, Empfehlungsmarketing 2008, S. 54 ff.).

Tipps für Empfehlungsfragen

„Wenn Sie mit meiner Leistung zufrieden waren, sagen Sie es doch bitte auch anderen. Falls Sie nicht zufrieden waren, sagen Sie es bitte mir!"

„Wir wollen unsere Leistungen ausbauen. Kennen Sie jemanden kennen, der auch Interesse an Immobilien haben könnte?"

„Können Sie sich vorstellen, mein Unternehmen weiterzuempfehlen?"

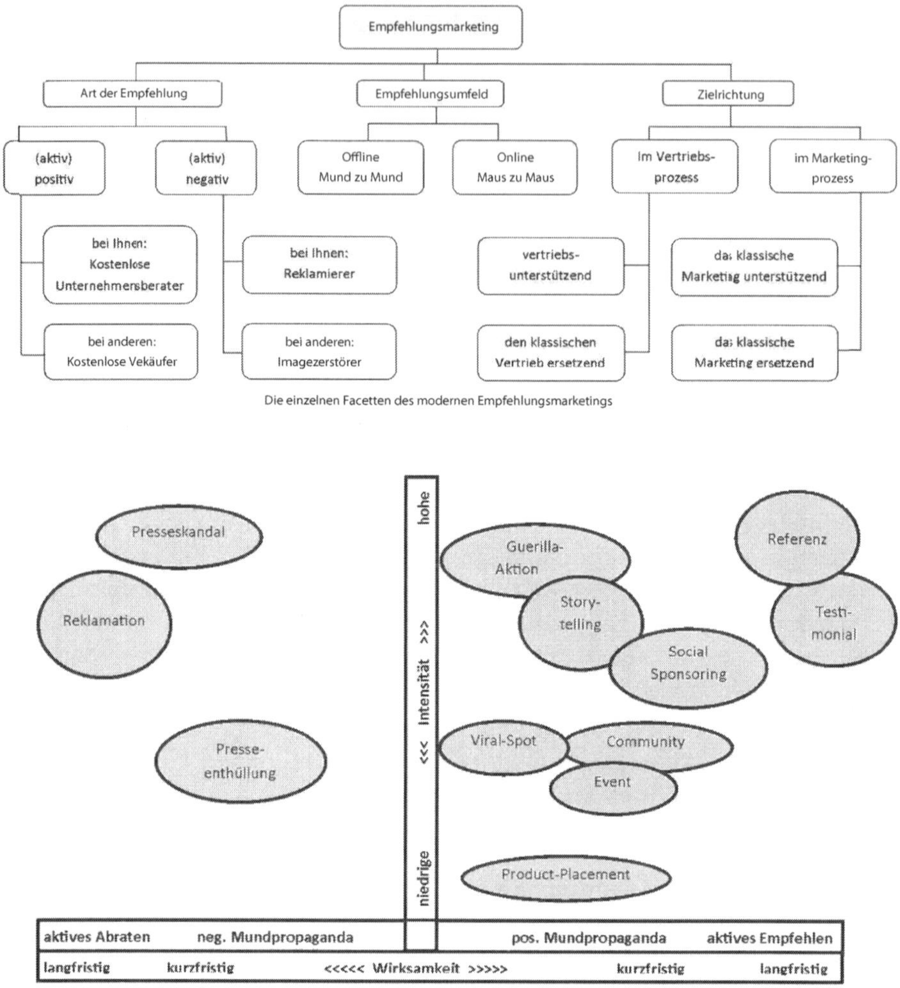

Nahezu jede Form der Kommunikation eines Unternehmens und seiner Mitarbeiter kann positive wie auch negative Mundpropaganda auslösen respektive zu entsprechenden Empfehlungen führen. Die Darstellung zeigt nur einige der möglichen Auslöser für Mundpropaganda bzw. Empfehlungsmarketing.

Grafik 2: Empfehlungsmarketing (vgl. *Schüller*, Empfehlungsmarketing, 2008, 28 f.)

3.5.5. Die Kunden von heute sind auch die Kunden von morgen

Studenten werden berufstätig, Singles zu Paaren und oft wieder zu Singles, aus Wohngemeinschaften einzelne Haushalte. Die Lebenssituation eines jeden Menschen ändert sich mehrmals im Laufe seines Lebens durch äußere oder natürliche Umstände.

Ein „typischer" Ablauf könnte so aussehen:

+/- 20: Erste eigene Wohnung
+/- 23: Gemeinsame Wohnung mit Lebensgefährten
+/- 26: Trennung - wieder eine Singlewohnung
+/- 28: Zweite gemeinsame Wohnung mit Lebensgefährten
+/- 31: Familiengründung, Umzug in ein größeres Haus
+/- 40: Kauf einer Vorsorgewohnung für die Kinder
+/- 47: Erbfall in der Familie
+/- 52: Ferienwohnung als Freizeitsitz und Anlage
+/- 70: Umzug in eine kleinere, altersgerechte Wohnung

Alle diese Veränderungen bieten Maklern die Möglichkeit, ihre Dienstleistung anzubieten. Eine begleitende Betreuung über viele Jahre ist daher von beiderseitigem Vorteil. Man kennt sich bereits, es gibt eine Vertrauensbasis und die Wünsche und Eigenheiten der Kunden sind bekannt.

3.5.6. Ein Netzwerk für ein regelmäßiges Geschäft

Das Geschäft der Vermittlung von Immobilien wird mit den Jahren immer angenehmer - vorausgesetzt, man hat seine Hausaufgaben gemacht und ein gutes Netzwerk aufgebaut. Viele Berufseinsteiger beenden nach kurzer Zeit den Job wieder, weil er anstrengend und frustrierend ist. Gerade in den ersten Monaten trifft dies oft zu. Wer aber bereits in dieser Phase beginnt, seine Kontakte zu organisieren, erreicht schneller Umsätze und mehr Zufriedenheit mit der Arbeit.

Folgende Netzwerke können unterschieden werden: Das brancheninterne Netzwerk besteht aus Kollegen im eigenen und in anderen Büros, aus Standesvertretern oder anderen Entscheidungsträgern. Aktuelle Entwicklungen der Branche, Möglichkeiten der Zusammenarbeit und Geschäftsgelegenheiten werden ausgetauscht. Der erweiterte Kreis dieses Netzwerkes besteht aus verwandten Branchen - von Anwälten und Notaren über Architekten, Baumeister und Professionisten bis hin zu Verwaltern. Eine dritte Ebene ist die persönliche Zugehörigkeit bei Vereinen oder Gruppen. Häufig vernachlässigt, aber ebenso wichtig ist auch das Netzwerk der bestehenden Kunden. Nach Abschluss des Geschäfts sollten sie nicht vergessen werden, sondern sollte weiterhin mit ihnen Kontakt gehalten werden.

Zu beachten ist auch, dass nicht unbedingt die Menge der Kontakte zählt, sondern die Qualität - lieber einige weniger, diese dafür mit einer höheren Frequenz. Es bringt wenig, seine eigenen Daten an zahl-(und gesichts-)lose Personen zu verteilen. Der persönliche und regelmäßige Kontakt ist entscheidend.

3.5.7. Newsletter, Social Media, Folder und Broschüren

Die eigene Person oder das Unternehmen allgemein darzustellen, ist Aufgabe von Info-Materialien. Als häufige Darstellungsformen werden Folder und Broschüren gewählt. Sie dienen einer allgemeinen Darstellung oder haben ein Schwerpunktthema, dem besonderes Augenmerk geschenkt wird. Das Image und die Besonderheit des Unternehmens werden dargestellt. Newsletter bieten die Möglichkeit, regelmäßig mit den Kunden in Kontakt zu treten. Neben interessanten Themen für die Adressaten, die auch die Kompetenz des Maklers darstellen sollen, werden allgemeine Botschaften oder Objektwerbungen eingebaut. Die Gestaltung im Corporate Design stellt den Wiedererkennungswert sicher.

Die Gestaltung und das Layout geben einen Eindruck vom Unternehmen und müssen daher professionell gestaltet sein. Unterstützung durch Grafiker ist sinnvoll. Immer wieder findet man „selbst gebastelte“ Unterlagen mit schlechtem oder ungenauem Layout und nicht druckfähigen Bildern. Die Gefahr, hier am falschen Ort zu sparen, ist groß.

Tipp

Achten Sie auf zeitlosen Inhalt und vermeiden Sie veränderbare Zahlen. Da die Druckkosten pro Stück bei steigender Anzahl deutlich sinken, ist der Druck einer hohen Auflage verlockend. Das Risiko liegt darin, dass sich nun Daten im Lauf der Zeit ändern und die Unterlagen nicht mehr verwendet werden können. Eine genaue Planung der Dauer der Verteilung und der Auflagenzahl ist wichtig.

Die Verteilung erfolgt regional im Hauptgebiet oder Expertengebiet und durch Auflage im Büro. Es ist besser, die Anzahl der Haushalte einzuschränken und regelmäßig zu verteilen, als in verschiedenen Regionen einzeln zu verteilen. Einmalige Verteilung führt zu keinem Erinnerungseffekt und verläuft, bis auf Zufallserfolge, im Sand.

3.6. Verwaltung und Organisation

Auf dem Tisch liegen einige Ausdrucke mit Grafiken und Tabellen. Herr Tendler blickt konzentriert auf seinen Bildschirm. Zwar ist ihm dieser Teil seiner Arbeit nicht der liebste, aber einmal monatlich setzt er sich abends zum Computer und analysiert den vergangenen Monat – seine Kontakte, die Termine, die er erledigt hat – und vergleicht ihn mit seinen Planungen. „Das war ja nicht schlecht, insbesondere die Quote der Abschlüsse. Aber bei den Kontakten habe ich etwas zu wenig getan.“ Freude erfüllt ihn aber, als er seine Halbjahresstatistik ausdruckt und die zehn Prozent Steigerung gegenüber seinen Plandaten sieht.

Dem Thema der Geschäfts- und Zeitplanung wird häufig zu wenig Stellenwert eingeräumt, da es nicht das direkte Geschäft der Vermittlung betrifft. Aber es stellt einen der wesentlichen Erfolgsfaktoren für Immobilienvermittler dar. Durch vorhergehende Planung und laufende Kontrolle der Planerfüllung wird die Unsicherheit reduziert und Handeln systematisiert. Aus einem Getriebenwerden im Meer der Wirtschaft wird ein Segeln. Wohl ist man vor heftigen Böen nicht gefeit, kennt aber das Ziel und den Weg, es zu erreichen. Von diesem kurzen metaphorischen Ausflug wieder zurückgekehrt, darf darauf hingewiesen werden, dass einer der häufigsten Gründe für das Scheitern von Unternehmen mangelnde Planung und Kontrolle derselben sind. Schon deshalb sollte diesem Thema Aufmerksamkeit geschenkt werden. Sowohl für selbständige Makler (die eine Hilfestellung für ihre Aktivitäten erhalten) als auch für Geschäftsführer von größeren Maklerunternehmen (die damit die Aktivitäten und Leistungen ihrer Angestellten beurteilen können) sind aufschlussreiche Daten und Ergebnisse zu ersehen.

Bei den einzelnen Aktivitäten sollte auch eine Unterscheidung in direkte und indirekte Tätigkeiten vorgenommen werden – direkte Tätigkeiten haben unmittelbare Auswirkungen auf die Umsätze, indirekte nur mittelbar. Als typische Beispiele für direkte Tätigkeiten sind Besichtigungstermine, Kaltanrufe oder Listingtermine zu nennen, als Beispiele für indirekte Tätigkeiten Weiterbildung, Kundendatenbankorganisation und die Teilnahme an Veranstaltungen.

Falls sich im Rahmen des Controllings der Plandaten ergibt, dass die Umsatzzahlen niedriger sind als vorgesehen, sollten jedenfalls die direkten Aktivitäten verstärkt werden; liegt man im Plus, können indirekte Aktivitäten zur langfristigen Steigerung des Erfolges wahrgenommen werden.

3.6.1. Geschäftsplanung, Zeitplanung, Weiterbildung

3.6.1.1. Statistiken und wie sie uns helfen

Statistiken können Zeit stehlen oder einen weiterbringen. Nur durch die Auswertung von Daten wird man seine Umsätze nicht steigern können. Orientiert ein Makler sich aber an den richtigen Daten, legt dies Potential für mehr Geschäft offen. Aus diesem Grund sollte dieser in der Praxis häufig unbeliebte Bereich, sehr wohl beachtet werden, allerdings mit einem Fokus auf den relevanten Daten: Interessant sind Kontakt- und Abschlussquoten, Zeitaufwand und direkte Marketingkosten pro Objekt, die Herkunftsanalyse der Kontakte sowie die Markt- und Mitbewerberentwicklung in der Region.

3.6.1.2. Umsatzplanung

Die Umsatzplanung erfolgt nach einer sehr einfachen Methode: Der erwartete Umsatz wird durch die Anzahl der Abschlüsse und die durchschnittliche Provision festgelegt. Die Anzahl der Abschlüsse resultiert aus den Terminen und diese aus den Kontakten. Die einzelnen Quotienten ergeben die notwendige Anzahl. Diese Art der Planung wird im Folgenden im Detail und zum besseren Verständnis mit Beispielen hinterlegt. Abschließend findet sich eine Zusammenstellung des gesamten Systems.

Die Planung beginnt beim erwarteten Provisionsumsatz. Der Provisionsumsatz ist die Nettorechnungssumme aller Vermittlungen, d.h. aller Ausgangsrechnungen für Vermittlungen. Um festzustellen, wie viele Abschlüsse für die Erreichung dieses Umsatzes notwendig sind, werden ein typischer, durchschnittlicher Verkaufspreis (bzw. Vermietungspreis), kurz als VK bezeichnet, und ein durchschnittlicher Provisionssatz, als PS% bezeichnet, herangezogen. VK multipliziert mit PS% ergibt den durchschnittlichen Transaktionsumsatz. Geplanter Umsatz durch Transaktionsumsatz ergibt die Anzahl der notwendigen Transaktionen. Ein Beispiel sollte dies erklären:

Beispiel: Planung Max Mustermann

Planumsatz für das Jahr: 80.000,–

Typischer durchschnittlicher Umsatz (z.B. Eigentumswohnung): VK = 150.000,–

Durchschnittliche Provisionshöhe pro Kundenseite: PS% = 2,5 %

Daraus ergibt sich pro Transaktion ein (Ausgangsrechnungs-)Betrag von 150.000,– mal 2,5 % = 3.750,–.

Die Anzahl der notwendigen Transaktionen ergibt sich aus Planumsatz durch durchschnittlichen Transaktionsumsatz: 80.000,– dividiert durch 3.750,– = 21,33

Das heißt, man wird rund 22 Transaktionen benötigen, um den Planumsatz von 80.000,– zu erreichen.

Diese Transaktionen bedeuten Abschlüsse, entweder von Abnehmer- oder von Abgeberseite. Tritt man bei einer Vermittlung als Doppelmakler auf, bedeutet dies zwei Abschlüsse. Da die Termine und Kontakte bei Abnehmern und Abgebern sehr unterschiedlich sind, werden diese in der weiteren Planung getrennt, obwohl das System bei beiden das Gleiche ist.

Um einen Abschluss zu erzielen, muss der Makler Termine durchgeführt haben. Die Anzahl der Termine im Verhältnis zu den Abschlüssen lässt die Planung der notwendigen Termine zu. Um Termine durchzuführen, ist es notwendig, zuvor mit Personen in Kontakt zu treten – auch hier führt eine bestimmte Anzahl von Kontakten zu einem Termin. Rechnet man diese Zahlen hoch, ergibt sich die notwendige Anzahl von Terminen und Kontakten pro Jahr. Diese werden durch die Arbeitswochen (52 minus Urlaub minus Krankenstand) pro Jahr dividiert und es ergeben sich die Plandaten pro Woche.

Beispiel (Fortsetzung)

Geplante Transaktionen: 22, geplant ist ein Verhältnis von Abgeber- und Abnehmertransaktionen von 60 : 40. Daraus ergeben sich (gerundet) 13 (22 × 60 % = 13,2) Abgeberabschlüsse und 9 (22 × 40 % = 8,8) Abnehmerabschlüsse. Auf der Abgeberseite wird damit kalkuliert, dass für einen Abschluss fünf Listingtermine erforderlich sind und für einen Listingtermin zehn Kontakte. Daraus ergeben sich folgende Plandaten:

- 14 Abschlüsse × 5 = 70 Listingtermine und 70 Listingtermine × 10 = 700 Kontakte pro Jahr.
- 70/46 Arbeitswochen = 1,5 Termine pro Woche und 700/46 = 15 Kontakte pro Woche.

Ebenso wird auf der Abnehmerseite gerechnet: Für einen Abschluss werden z.B. zehn Termine und für einen Termin z.B. drei Kontakte geplant. Daraus ergeben sich:

- 9 Abschlüsse × 10 = 90 Abnehmertermine und 90 × 3 = 270 Abnehmerkontakte
- 90/46 Arbeitswochen = 2 Termine und 270/46 = 6 Kontakte pro Woche

Zusammengefasst: Um den Planumsatz von 80.000,– zu erreichen, wird es nötig sein, pro Woche etwa 14 Abgeber- und sechs Abnehmerkontakte herzustellen.

Beispiel: Planungstool

Jahresplan								
Umsatzplanung		Zeitplanung						
Planumsatz	80.000,00	Zeit (min)	Quote	Abgeber		Abnehmer	Quote	Zeit (min)
durchschnittlicher VK Preis	150.000,00	10		Kontakte 700		270 Kontakte		0
durchschnittliche Provision %	2,50%	240	10	Termine 70		27 Termine	10	360
durchschnittliche Provision Betrag	3.750,00	60	5	Abschlüsse 14		9 Abschlüsse	3	60
Transaktionen pro Jahr	22,0							
		Arbeitswochen / Jahr	46					
Prozent Abgeber	60%							
Transaktionen	14	Zeitaufwand / Woche						
Prozent Abnehmer	40%			min	h			
Transaktionen	9	Abgeber	Kontakte	152	2,5			
			Termine	365	6,1			
			Abschlüsse	18	0,3			
		Abnehmer	Kontakte	59	1,0			
			Termine	211	3,5			
			Abschlüsse	12	0,2			

Ein anderer Weg (aber die gleiche Methode) zur Berechnung basiert auf dem gewünschten Nettoeinkommen. Hier wird das Nettoeinkommen um Steuern und Sozialabgaben plus individuelle Kosten und gegebenenfalls Provisionsanteile erhöht. Das Ergebnis ist der Planumsatz. Die restlichen Berechnungen folgen wieder dem oben angeführten Schema.

Beispiel

Geplantes Nettoeinkommen: 2.500,– Euro pro Monat × 14 Monate ergibt 35.000,– Jahresnettoeinkommen.

Um unter Berücksichtigung von Einkommensteuer und Sozialabgaben auf 35.000,– Euro zu kommen, ist ein Bruttoeinkommen von etwa 60.000,– Euro notwendig. Die Kosten für den Geschäftsbetrieb, z.B. 30.000,– p.a., werden dazugerechnet und es ergibt sich ein notwendiger Planumsatz von 90.000,– Euro.

Zur Berechnung von Brutto- und Nettozahlen siehe auch die Homepage des Finanzministeriums.

Es ist nicht zwingend erforderlich, die Plandaten auf Punkt und Beistrich einzuhalten – und die Realität zeigt oft andere Ausprägungen –, wichtig ist es aber, eine Leitlinie zu haben, an der man sich orientieren kann. Bleibt man regelmäßig unter seinen Plankontakten, wird es unmöglich sein, seine Ziele zu erreichen. Ein monatlicher Vergleich zwischen Soll und Ist sollte eine zeitlich verkraftbare und wirtschaftlich sinnvolle Tätigkeit sein.

3.6.1.3. Zeitplanung

Es ist nicht nur wichtig, zu wissen, wie viel man zu tun hat, sondern ebenso, wann und wie viel Zeit dies benötigen wird. Auch hier erleichtert eine Planung der Aktivitäten die Arbeit und führt zu größerem Erfolg. Sie kann Stress reduzieren, Doppelgleisigkeiten vermeiden und Qualität sichern.

Die Zeitplanung wird von der Aktivitätenplanung ausgehend aufgebaut. Es werden für die einzelnen Handlungsgebiete (Kontakte, Termine, Abschlüsse) durchschnittliche Planzeiten vorgesehen. Diese Zeiten sollten die üblichen Aktivtäten für ein Handlungsgebiet umfassen. Ein Abnehmertermin setzt sich üblicherweise aus einem Erst- und einem Zweitbesichtigungstermin inklusive Vorbereitungs- und Anreisezeit zusammen, in einen Abschluss werden auch Zeiten für die Nachverkaufsphase eingerechnet usw. Diese Zeitblöcke werden mit den Aktivitäten in einen Wochen- oder Monatsplan eingetragen. Die indirekten Tätigkeiten werden ergänzt. Termine mit Kunden werden dynamischer sein als die Büroarbeitsblöcke, eine sinnvolle Rahmenzeiteinteilung ist notwendig. Die Planung darf nicht als starres Konstrukt gesehen werden, bei dem man Kunden informiert, dass ein Besichtigungstermin diese Woche nicht mehr möglich ist, weil man bereits Büroarbeit im Wochenplan eingetragen hat. Sie muss vielmehr eine Einteilungshilfe und eine Übersicht über die zu erwartenden Aufgaben sein. Sie hilft, zeitliche Engpässe rechtzeitig vorherzusehen und entsprechende Lösungsüberlegungen anzustellen und somit plötzlichem Stress und Überlastung vorzubeugen. Damit kann auch die Qualität, sowohl der eigenen Leistung als auch der Kundenzufriedenheit, hoch gehalten werden.

Sinnvoll ist es, EDV-gestützte Kalender zu verwenden. Höhere Flexibilität und Übersichtlichkeit sind damit gesichert.

Beispiel: Planung der Zeitblöcke

Zeitplanung Max Mustermann:

Abgeberkontakte: Kaltanrufe, kurze Gespräche: 5 Min.

Abgebertermine: Vorbereitung Mappe, Anfahrt, ein Termin vor Ort: 120 Min.

Abgeberabschluss: Ein Termin im Büro, Daten sammeln und aufbereiten: 150 Min.

Abnehmerkontakt: durchschnittliche Marketingzeit + E-Mail, Anruf: 15 Min.

Abnehmertermin: Vorbereitung Unterlagen, Erst- und Zweitbesichtigungstermin: 180 Min.

Abnehmerabschluss: Anbot und Nachbetreuung: 240 Min.

14 Abgeberkontakte verteilt auf zwei Mal die Woche sind zwei Blöcke zu 35 Minuten (7 × 5 Min.). Pro Woche ein Abgebertermin zu 120 Min., jede zweite Woche zwei Termine. Alle vier Wochen ein Abschluss mit einem Abgeber zu 150 Min.

Abnehmerkontakte per Mail 30 Minuten auf die Woche verteilt, zwei Abnehmertermine zu jeweils zwei mal 90 Minuten ergeben vier 1,5 Stundenblöcke pro Woche.

In der Praxis haben sich fixe Zeitfenster (z.B. täglich von 9–10 Uhr) für Telefonate bewährt. Auch die fixe Planung von organisatorischen Themen ist hilfreich. Diese werden oft an Randzeiten gelegt, d.h. morgens oder abends.

Der Erfahrung nach ist der wesentlichste Punkt in der Zeitplanung die Umsetzung. Die beste Planung führt nicht zum Erfolg, solange die Pläne nicht in die Realität verwandelt werden. Disziplin, Ausdauer und Durchhaltevermögen sind die entscheidenden Kriterien. Die Planung hilft, das Richtige zur richtigen Zeit zu tun und mehr Aktivitäten in einer Zeitspanne unterzubringen.

3.6.1.4. Planung und Controlling

Planung sollte rollierend erfolgen. Langfristige Pläne werden auf kurzfristige heruntergebrochen und periodisch erneuert. Die Basis für die Planung besteht aus den Daten der Vergangenheit. Kombiniert mit der Einschätzung der Ziele ergeben sich die Plandaten. Dadurch ergibt sich ein System, das die langfristige Entwicklung mit der kurz- und mittelfristigen Umsetzung verbindet und regelmäßig aktualisiert und angepasst wird. Für den Immobilienmakler sind eine drei- bis fünfjährige Langfristplanung (inklusive Ausbildungszielen, strategischen Zielen wie Spezialisierungen udgl.), eine mittelfristige Planung (der Jahresplan, der Planumsatz pro Jahr) und eine Kurzfristplanung (monatliche Kontrolle der Kontakte, Termine, Abschlüsse) empfehlenswert.

Folgende Controlling-Kennzahlen sollte man kennen:

- Quote Kontakte zu Terminen zu Abschlüssen. Hierunter fallen typische Informationen wie „Wie viele Kaltanrufe benötige ich für einen Termin und für Abschlüsse?“ und die durchschnittliche Anzahl der Besichtigungen für ein Angebot.
- Zeitaufwand pro Objekt: Wie viel Zeit wird in die Objektaufbereitung und -vermarktung investiert und wie viel Zeit haben die Termine in Anspruch genommen?
- Direkte Marketingkosten pro Objekt: Wie hoch ist mein direkt zurechenbarer Aufwand pro Objekt?
- Gemeinkosten pro Objekt: Wie hoch ist der zurechenbare Anteil der allgemeinen Kosten für ein Objekt?
- Vermittlungsdauer pro Objekt?
- Vermittlungsquote: Wie hoch ist der Prozentsatz der erfolgreichen Vermittlungsaufträge?
- Kostenübersicht über die einzelnen Marketingmaßnahmen. Was kosten ein Fensterschild, eine Zeitungsanzeige etc.?
- Rücklaufquote der Marketingmaßnahmen: Wie viele Anfragen kommen von verschiedenen Internetplattformen, Direkt-Marketingmaßnahmen etc.?

Beispiel: Unrentable Objekte

In einer 20 Kilometer entfernten Ortschaft befindet sich ein kleines Miethaus, in dem eine 40-m^2-Wohnung gelistet wurde. Die Nachfrage nach Miete ist in dieser Gegend gering, das Haus selbst abgewohnt. Die maximal erzielbare Miete (ohne USt) beträgt 220,– Euro, das maximal zu erzielende Honorar damit 440,– Euro vom Mieter und maximal 660,– Euro vom Vermieter. Die Zeit für das Listing und die Datenaufbereitung haben inklusive Fahrtzeit acht Stunden gedauert, die Kosten für das Auto betrugen 15,– Euro, die Erstellung eines Grundrisses kostete 25,–. Ein Inserat in der lokalen Zeitung schlägt sich mit 80,– Euro zu Buche. Die restlichen Vermarktungsaktivitäten benötigen sechs Stunden und kosten weitere 50,– Euro. Nach acht Besichtigungen (Zeitaufwand zwölf Stunden, Kosten Auto 20,– Euro) kommt es zu einer Anbotslegung, die Abstimmung mit dem Abgeber und die Betreuung beim Mietvertrag und der Übergabe benötigen weitere acht Stunden und weitere 40,– Euro. Das Schreiben der Rechnung und die internen Arbeiten erfordern weitere zwei Stunden.

Zusammengefasst stehen einem Umsatz von 1.100,– Euro Kosten von 230,– Euro und ein Zeitaufwand von 36 Stunden gegenüber – dies ergibt einen Deckungsbeitrag von 870,– Euro. Von diesem Betrag müssen die Fixkosten gedeckt werden, der restliche Betrag steht als Bruttoverdienst (vor Sozialversicherung und Einkommensteuer) zur Verfügung. Es ist unschwer zu erkennen, dass selbst bei Vereinbarung der Maximalprovision von beiden (!) Seiten eine wirtschaftliche Betreuung nicht möglich sein wird.

3.6.2. Buchhaltung und Controlling

Bei Verkäufern besonders „beliebt" sind die Themen Buchhaltung und Controlling. Sie betreffen aber einen sehr wichtigen Teil des Unternehmens. Ohne wirtschaftliche Planung besteht ständig die Gefahr von Liquiditätsengpässen oder Fehlentwicklungen. Durch mangelnde Rechnungsbearbeitungen geht viel Geld verloren. Ein Controllingsystem gibt Auskunft darüber, ob die Entwicklung plangemäß verläuft und die gesetzten Ziele erreicht werden. Häufig wird hier auch ein Steuerberater mit eingebunden.

Wichtige Kennzahlen in diesem Bereich sind die monatlichen Fixkosten bzw. Monatspläne für Ausgaben (aufgrund von unregelmäßigen, z.B. quartalsbezogenen, Kosten), Umsatzzahlen, Umsatzsteuer (Liquiditätsengpässe aufgrund späterer Verrechnung an das Finanzamt nicht übersehen!), Einkommensteuer (eventuell hohe Nachzahlungen) und Lohnkosten (13. und 14. Gehalt), die Auf- und Verteilung der unterschiedlichen Kosten (wie viel Prozent werden für Imagewerbung, wie viel für Personal etc. verwendet?), Kundenanalysen (wer sind die wichtigsten Kunden, wie abhängig bin ich von einzelnen Auftraggebern?) und dergleichen mehr. Auch hier ist eine unternehmensspezifische Überlegung, welche Daten sinnvoll sind, anzuraten.

3.6.3. Personalwesen

Für die Immobilienmaklerbranche gibt es keinen Kollektivvertrag. Dies schafft Freiheit in der Gestaltung der Möglichkeiten der Zusammenarbeit. In der Praxis findet man die verschiedensten Modelle. Hier werden überblicksmäßig einige

Grundstrukturen dargestellt. Eine genaue Beachtung ist für die Themen Sozialversicherung und Gewerberecht notwendig. Mit den aktuellen Standesregeln wird eine Mindestausbildung von Personen, die im Kundenkontakt stehen, vorgeschrieben. Die Art der Einbindung von Maklern definiert die Verpflichtung, wer die Sozialversicherungsabgaben zu tragen hat. Bei einer falschen Berechnung oder Einordnung kann dies zu hohen Aufwendungen führen. Es entscheidet der tatsächliche wirtschaftliche Gehalt über die Einstufung, die Bezeichnung im Vertrag spielt keine Rolle. Eine genaue Abklärung mit einem Rechtsberater ist anzuraten. Die gewerberechtliche Erlaubnis muss bei jedem Makler vorliegen. Die häufigsten Modelle sind die drei folgenden: Der Makler verfügt selbst über die Gewerbeberechtigung, ein gewerberechtlicher Geschäftsführer übernimmt die diesbezüglichen Pflichten (tatsächliche Mindestarbeitszeit 20 Stunden pro Woche) oder der Makler arbeitet im Namen eines Unternehmens, welches über die Berechtigung verfügt.

Kontroll- und Weisungsmöglichkeiten unterscheiden sich je nach gewähltem Modell. Der Selbständige, der an keinerlei Weisungen gebunden ist, und der Dienstnehmer, der Anordnungen befolgen muss, stellen die beiden Extrempunkte dar. Urlaubsansprüche und Krankenstände müssen bei der Auswahl des Modells der Zusammenarbeit ebenfalls mit in Betracht gezogen werden.

Im Wesentlichen erfolgt eine Einteilung in die vier Hauptgruppen Dienstnehmer, Selbständiger, freier Dienstnehmer und neuer Selbständiger. Die wesentlichen Merkmale eines Dienstverhältnisses sind die persönliche Arbeitspflicht (im Gegensatz zur Vertretungsmöglichkeit), die zeitlich abgestimmte Arbeitspflicht, die disziplinäre (weisungsgebundene) Einordnung in das Unternehmen, die Fremdbestimmtheit der Aufgaben und die organisatorische Eingebundenheit. Die Entlohnung kann mit einem fixen und einem provisionsabhängigen Anteil erfolgen.

Gewerbliche Selbständige müssen einen eigenen Gewerbeschein nachweisen. Für sie gelten die Bestimmungen des GSVG und sie erhalten eine vierteljährliche Vorschreibung der Sozialversicherungsanstalt der Selbständigen (SVS). Die Höhe wird auf Basis des Einkommensteuerbescheides festgelegt.

Ein freier Dienstvertrag liegt vor, wenn sich jemand ohne Vorliegen eines persönlichen Abhängigkeitsverhältnisses verpflichtet, Dienstleistungen zu erbringen. Es gibt keine Erfolgsgarantie, keine Weisungsgebundenheit und keine vorgegebenen Arbeitszeiten. Freie Dienstnehmer sind vom Arbeitgeber ASVG-versichert, es gibt Kranken-, Unfall- und Pensionsversicherung, jedoch besteht keine Beitragspflicht zur Arbeitslosenversicherung. Freie Dienstnehmer haben in der Regel keinen Anspruch auf Krankengeld, bezahlten Urlaub sowie Urlaubs- und Weihnachtsgeld.

Neue Selbständige arbeiten im Rahmen eines Werkvertrages und gelten sozialversicherungsrechtlich als Selbständige. Sie müssen sich, wie gewerbliche Selbständige, selbst um ihre Versicherung kümmern.

Bei der Anstellung von Bürokräften sind die „normalen" Regelungen des Arbeitsrechts zu beachten.

Das Thema Arbeitsrecht ist umfangreich und komplex, bei Bedarf sollte jedenfalls ein Spezialist beigezogen werden.

3.6.4. Marketing – ausgewählte Themen

Der Abschnitt Marketing beleuchtet ausgewählte Themen dieses Geschäftsbereichs, die wichtig erscheinen oder derzeit aktuell sind. Er bezieht sich auf allgemeine, d.h. nicht objektbezogene Maßnahmen. Die Auswahl ist willkürlich, der Katalog könnte beliebig erweitert werden.

3.6.4.1. Homepage, Social Media

Waren in der ersten Auflage dieses Buches Homepage und Social Media „neue" Themen, gehören sie bereits zum Standard und werden immer bedeutender.

Homepages sind ein erster und einfacher Einstieg für Kunden, um sich über das Unternehmen zu informieren. Sie enthalten grundlegende Inhalte zur Information sowie mehrere rechtlich notwendige Angaben. So finden sich neben dem Immobilienangebot auch Beschreibungen des Unternehmens und des Teams. Jedenfalls vorhanden sollte auch ein Akquise-Bereich sein (Leistungsdarstellung).

Viele Homepages können über verschiedene Tools (z.B. Wordpress) einfach selbst erstellt werden. Die meisten Anbieter von Datenbanken für Makler bieten ebenfalls bereits vorgefertigte Strukturen speziell für Vermittlungsunternehmen an. Zeitloses Design und aktuelle Inhalte sind wichtige Eckpfeiler einer Homepage. Aufbau und Inhalt sollen derart gewählt werden, dass Suchmaschinen die Seite gut finden (Suchmaschinenoptimierung, Fachbegriff: SEO).

Ein vollständiger Webauftritt umfasst auch zusätzliche Online-Kanäle. Die bekanntesten sind Facebook, Instagram oder Twitter. Auch Whatsapp-Gruppen können zur Kommunikation genutzt werden.

Neben einem Basiswissen über diese Kommunikations-Kanälen ist es ratsam, sich die eigene Zielgruppen-Definition zu überlegen und danach die passenden Methoden zu wählen.

Sämtliche genannten Kanäle sind auch bewerbbar (Google Ads, Facebook-Werbung etc.), auch hier gibt es eine große Anzahl an Möglichkeiten und Optimierungsparametern.

Diese Themen füllen eigene Bücher und Ausbildungslehrgänge und können daher hier nicht weiter im Detail behandelt werden. Aus Sicht des Autors sollte aber bei all den verschiedenen Möglichkeiten zur Kundenkommunikation niemals auf den persönlichen Kontakt und das individuelle Service vergessen werden.

3.6.4.2. Formulare und Checklisten

Der Arbeitsalltag wird durch systematische Arbeit erleichtert – eine gute Hilfestellung für die Organisation sind Formulare oder Checklisten. Sie sparen Zeit, dienen der Qualitätssicherung und erleichtern die Kommunikation. Fallweise sind sie auch gesetzlich verpflichtend und sichern den Provisionsanspruch. Viele Formulare werden von Wirtschaftskammern, Vereinen oder Netzwerken angeboten. Eine Anpassung an die eigene Corporate Identity ist empfehlenswert. Es folgt eine beispielhafte Auflistung von häufig angewendeten und sinnvollen Unterlagen:

- Nebenkostenübersicht
- Alleinvermittlungsauftrag
- Kaufanbot
- Mietanbot
- Informationsblatt Energieausweis
- Objekt-Aufnahme-Datenblatt
- E-Mail-Anfrage-Antwort
- Suchkunden-Fragebogen
- Checkliste Objektunterlagen
- Übergabe Checkliste
- Aktivitätenübersicht
- Marketing-Unterlagen objektspezifisch
- Besichtigungsmappen
- Listingmappen

3.6.4.3. PR und Bekanntheit

Regionale Bekanntheit ist eine wesentliche Voraussetzung, um die eigenen Dienstleistungen für Kunden interessant zu machen und sie von der eigenen Stärke zu überzeugen. Durch zielgerichtete Aussagen wird Image vermittelt und ein positives Unterscheidungsmerkmal zum Mitbewerb gesetzt. Höchste Seriosität und Verlässlichkeit, umfassendes Marketing oder der größte Kundenstock sind Aussagen, die für Kunden anziehend wirken. Dieses allgemeine Marketing kann mit verschiedenen Aktivitäten erreicht werden.

Ein Newsletter informiert über aktuelle Ereignisse oder Neuigkeiten. Es kann auf Veranstaltungen hingewiesen werden, Informationen über Preise in der Region können veröffentlicht, Neuigkeiten aus dem Büro mitgeteilt oder rechtliche Themen erläutert werden. Jedenfalls zeigt man neue Objekte. Newsletter werden elektronisch oder gedruckt verteilt. Je nach Art unterscheiden sich auch der Aufbau und die Gestaltung – so besteht z.B. die Möglichkeit, mit der eigenen Homepage zu verlinken. Newsletter erscheinen regelmäßig in sinnvollen Abständen, um in der Erinnerung des Adressaten präsent zu sein, ohne ihm das Gefühl zu vermitteln, permanent mit Infos „zugemüllt" zu werden.

Beispiel: Newsletter

NEWSLETTER November

Großzügig in Bestlage - 1130 Wien

Wohnfläche: ca. 240 m²
Preis: € 649.000,-
www.homepage.at/1619-4044

ERSTBEZUG! - 1150 Wien

Fläche: ca. 66,39 m²
Preis: € 219.000,-
www.homepage.at/1619-4042

DG-WHG mit Terrasse - 1200 Wien

Fläche: ca. 104 m²
Preis: € 565.000,-
www.homepage.at/1619-4065

VORTRAG: Immobilien und Steuern

Am 01. Oktober fand ein Vortragsabend zum Thema „Immobilien & Steuern statt. Den Besuchern wurde von Steuerberater Mag. S. Teuer die kommende Steuerreform und deren Auswirkungen auf das Thema Immobilien nähergebracht. Darüber hinaus gab es wertvolle Marktinformationen von Fachbuchautor S. Klug.

Im Anschluss daran gab es bei Getränken in entspannter Atmosphäre noch die Möglichkeit sich auszutauschen bzw. noch mit den Vortragenden ein oder andere spezifische Frage zu besprechen.

Wir möchten uns recht herzlich bei allen Teilnehmenden für den Besuch bedanken und freuen uns schon auf das nächste Mal.

Immer die neuesten Objekte! Besuchen Sie unsere Facebook-Seite!
KLICKEN SIE HIER → facebook

GEWINNSPIEL Kutschker

Lust auf altbekannte Klassiker oder neu gewagte Kombinationen? Mit etwas Glück gibt es 2x ein 3 Gänge Menü inkl. Aperitif für zwei Personen im Kutschker 44 zu gewinnen.

Einem Restaurant im 18. Bezirk, das dafür bekannt ist die traditionelle Wiener Küche mit Witz und neuen Variationen zu verfeinern. Lassen Sie sich diese köstliche Chance nicht entgehen!

Für die Gewinnspiel-Teilnahme senden Sie eine Mail an office@homepage.at mit dem **Kennwort „Kutschker 44“.** Die Gewinner werden per E-Mail verständigt.

Eigene Zeitschriften oder Infoblätter stellen eine weitere Möglichkeit der allgemeinen Vermarktung dar. „Immo-Zeitungen“ vereinen Objektpräsentation mit allgemeinen Informationen und Werbung. Sie bieten eine gute Gelegenheit, Listingchancen vorzubereiten, und können Interessierte dazu bringen, mit dem Makler Kontakt aufzunehmen. Die Kosten richten sich je nach Umfang, Inhalt, Gestaltung, Auflage und Verteilung. In die gleiche Richtung gehen Inserate in Zeitungen und Zeitschriften – auch hier trifft man häufig eine Kombination aus allgemeiner Werbung und Objektwerbung.

Beispiele für Inserate, eigene Zeitung (Innenteil)

Infoveranstaltungen locken ebenfalls Interessierte ins Büro und vermitteln ein Image von Kompetenz und Seriosität. Die Themen sind vielfältig und können sowohl Immobilien direkt als auch verwandte Bereiche betreffen. Empfehlenswert sind Informationen zu Rechtsthemen (etwa: Kaufvertragsabwicklung, Grundbuch verstehen, die wichtigsten Punkte im Mietrecht) oder zu Abläufen (Was Sie beim Immobilienkauf beachten müssen, Investment in Immobilien). Angrenzende Bereiche betreffen die Finanzierung, Sanierungen oder Umbau und Ähnliches. Feiern und Veranstaltungen bei Festen sind beliebte und emotionale Marketingchancen. Das jährliche Straßenfest oder die Mittsommer-Party sind ein Anziehungspunkt für viele Passanten und eine großartige Präsentationsplattform für das Unternehmen. Weitere Ideen sind Vernissagen, Lesungen oder Musikveranstaltungen. Neben selbst organisierten Veranstaltungen gibt es natürlich auch die Möglichkeit des Sponsorings.

Beispiel: Flyer Infoveranstaltung

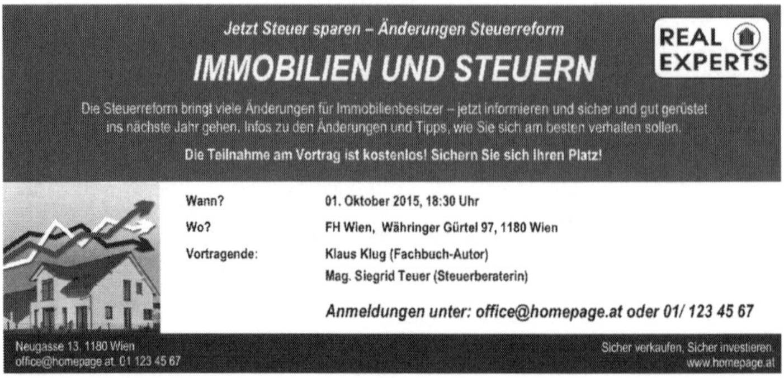

Um die Kosten für alle diese Aktivitäten zu reduzieren, holt man zusätzliche Sponsoren mit an Bord. Dies sind Kooperationspartner wie Anwälte oder Finanzierungsberater oder auch lokale Unternehmen anderer Branchen, die ebenfalls ein Interesse an Marketing haben. Dadurch entstehen zusätzliche Kontakte und intensivieren sich die Kontakte mit Geschäftspartnern.

3.6.5. Kooperationspartner

Umfassender Service bedeutet, den Kunden nicht nur im eigenen Fachbereich optimal zu betreuen, sondern ihm auch für verwandte Bereiche verlässliche Ansprechpartner nennen zu können. Dies führt zu einer positiven Wahrnehmung und bindet den Kunden zusätzlich an das eigene Unternehmen. Viele Konsumenten sind wenig informiert und unsicher, welche Professionisten gute Arbeit leisten und wem sie vertrauen können. Sie werden sich für die Hinweise erkenntlich zeigen und Ihr Unternehmen weiterempfehlen.

Die kooperierenden Unternehmen ihrerseits werden aber das eigene Unternehmen empfehlen – somit entstehen mehr Geschäftsmöglichkeiten und ein Netzwerk zum gegenseitigen Vorteil.

Liste verwandter Branchen, mit denen Kooperationen sinnvoll sind

- Anwalt
- Notar
- Architekt
- Baumeister/Baubranche
- Gartengestaltung
- Möbel und Einrichtung
- Umzugsservice
- Räumungsservice
- Energielieferanten
- Reinigungsfirmen

3.6.6. IT-Organisation

Die Organisation eines Unternehmens bestimmt die Struktur der Verwaltung. Die hier angeführte Systematik ist beispielhaft und dient vor allem der Veranschaulichung. Mit Kernthemen wie Finanzen, Personal, Marketing, Verwaltung und Leistungserbringung muss sich jedes Unternehmen befassen. Die beschriebene Struktur zeigt einen möglichen Aufbau.

Ein für die Abwicklung und Koordination essentielles Element stellt die IT-Organisation dar. Sie ermöglicht strategische Tätigkeiten sowie regelmäßiges und koordiniertes Vorgehen. In der Hektik des Makleralltages können einzelne Aufgaben leicht vergessen werden. Ein funktionierendes IT-System erinnert an Termine, vereinfacht Abläufe und verbessert das Auftreten auch nach außen.

Wiedervorlagesysteme und Erinnerungen optimieren die laufende Betreuung von Kunden. So werden Geburtstage, Jahrestage oder abgelaufene Vermittlungsverträge nicht vergessen. Die Versendung von Glückwunschkarten, Exposés oder Angeboten kann standardisiert werden. Der Makler spart Zeit und kann diese für andere Aktivitäten, wie zum Beispiel aktive Akquise, verwenden. Die einheitliche Abwicklung sichert bei Unternehmen mit mehreren Maklern eine einheitliche Schnittstelle bzw. Arbeitsabläufe. Qualität kann vereinheitlicht und überprüft werden. Bei großen Maklerunternehmen sind diese Vereinheitlichungen und Kommunikationsregelungen unerlässlich, um produktiv zu arbeiten. Eine gute IT-Organisation ermöglicht auch eine bessere Kundenbetreuung, da Unterlagen sofort gefunden und die Reaktionszeiten verkürzt werden.

Für die Verwaltung der einzelnen Daten und Dokumente muss ein einheitliches und durchdachtes System vorhanden sein. Die Bezeichnungen der Dateien und der Ordner der IT sollten von gleich bleibender und eindeutiger Art sein. Eine möglichst objektive Bezeichnung, bei der sich also auch andere Personen als der Ersteller eine Vorstellung über den Inhalt der Datei machen können, ist sinnvoll. Dies ist mittels der handelsüblichen IT-Ausstattung (z.B. Windows und Office-Programm) und eigener Einteilung möglich oder man verwendet eines der zahlreichen am Markt angebotenen Spezialprogramme.

Drei Bereiche gilt es zu organisieren: die Objektverwaltung, die Kundenverwaltung und die allgemeine Verwaltung. Da sich diese überschneiden, sind Schnittstellen notwendig.

In der Objektverwaltung finden sich sämtliche Unterlagen und Angaben zu einer speziellen Liegenschaft. Vom Grundbuchsauszug über Pläne und Fotos bis hin zu Ausstattungsbeschreibung und Vertragsentwürfen wird dort alles archiviert. Regelmäßig verwenden Makler eine marktgängige Software als Schnittstelle für Immobilienplattformen und verwalten über diese auch die Objektdaten und Aktivitäten.

Die Kundenverwaltung umfasst sämtliche persönlichen Daten, insbesondere die Kontaktdaten wie Telefonnummer, E-Mail- und Wohnadresse. Informationen zu den Kunden betreffend Aktivitäten sind sinnvoll – hier gilt es die letzten Gespräche, deren Inhalt, Besichtigungen udgl. aufzuzeichnen. Jahresdaten wie Geburtstag oder Kaufvertragsdatum werden für Folgebriefe eingegeben. Bei Suchkunden wird das Suchprofil gespeichert. Die Kunden werden häufig mit demselben Programm verwaltet wie die Objekte, dies ergibt auch Synergieeffekte.

Die allgemeine Verwaltung betrifft v.a. die Geschäftsbereiche Finanzen, Marketing, Verwaltung, Personal und Recht. Die Rechnungserstellung und der Eingang der Zahlungen sowie der Rechnungen werden hier abgewickelt, in Kombination damit erfolgt auch die Führung der Buchhaltung. Systematisch findet sich in diesem Bereich auch das Controlling. Im Bereich Marketing verwaltet man die Aktivitäten, die nicht speziell einem Objekt zugeordnet sind. Als Beispiele sind hier Büro-Flyer, Veranstaltungen und die Corporate-Identity-Unterlagen und Logos zu nennen. Im Personalordner werden die Dienst- und Werkverträge gespeichert, Arbeitszeiten aufgezeichnet sowie Führungs- oder Mitarbeitergesprächsaufzeichnungen verwaltet. Im Rechtsbereich werden sämtliche Stammdaten und Verträge aufbewahrt. Der Bereich Verwaltung umfasst die bürorelevanten Tätigkeiten – vom Schreibmaterial über Drucker und Küche bis hin zum Schriftverkehr. Auf diese Organisationseinheit wird hier nur oberflächlich eingegangen, da sie branchenübergreifend ähnlich ist und nicht speziell für den Immobilienmakler gilt.

Übersichts-Beispiele für Systematik in der IT und in der physischen Ordnerstruktur

Ein Maklerunternehmen mit einem Eigentümer als Geschäftsführer, einer Assistentin des Geschäftsführers und einer weiteren Assistentin. Es gibt zwei „Senior"-Makler, vier „Junior"-Makler und einen Jungmakler in Ausbildung.

Aufteilung in Laufwerke nach Objekten und Verwaltung: Auf das Laufwerk „Verwaltung" haben nur der Geschäftsführer und seine Assistentin Zugriff. Dort werden alle allgemeinen für das Büro wichtigen Daten gesammelt, wie Buchhaltung, Personal, Marketing und allgemeine Verwaltung. Am Laufwerk „Objekte" gibt es einen Ordner, in dem die Unterlagen zu den einzelnen Objekten gesammelt werden, einen mit Vorlagen und einen für die persönlichen Daten.

Laufende Dateien werden mit dem Datum + zuordenbarer Name/Objekt und aussagekräftiger Bezeichnung benannt, Vorlagen und allgemeine Dateien mit der Bezeichnung und der Verwendung.

Beispiel: Aufbau einer Ordnerstruktur

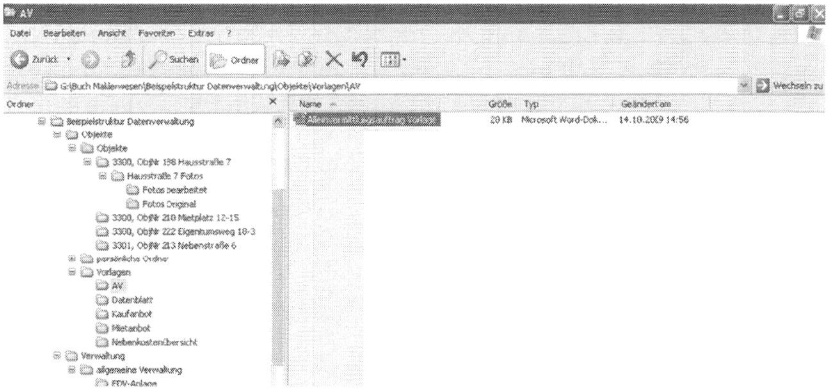

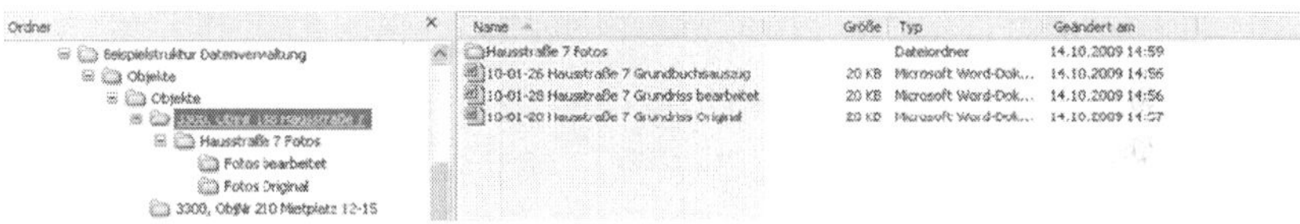

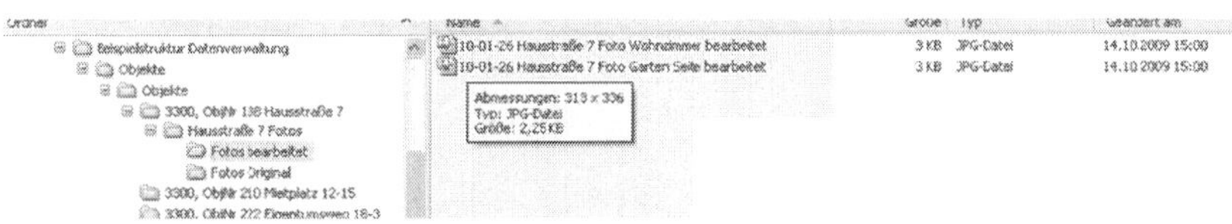

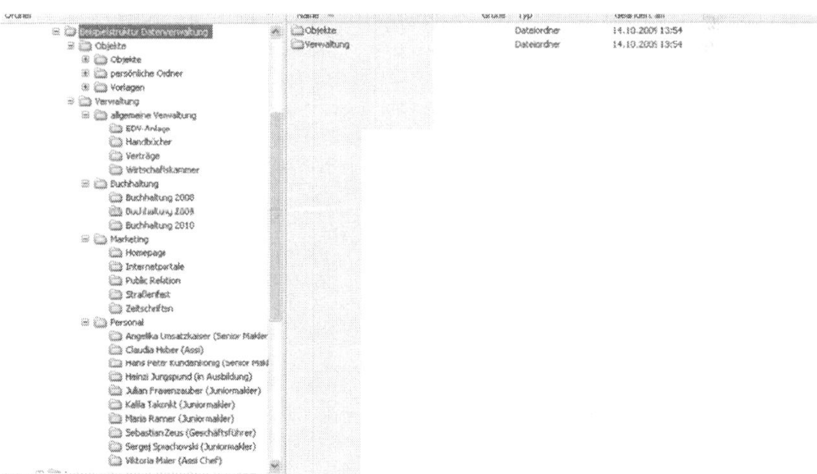

Vollständig, geordnet und jederzeit zugriffsbereit: Diese Faktoren zeichnen eine gelungene Organisation der Datenverwaltung aus. Werden diese Kriterien erfüllt, können Anfragen rasch beantwortet werden – die Informationen sind umfassend und die Zeit für die Sammlung der nachgefragten Daten hält sich in Grenzen und artet nicht in ein stundenlanges Ordnerblättern aus. Kunden genießen so einen raschen Service, der wiederum dafür sorgt, dass sie die Dienstleistung als hochwertig einschätzen und Vertrauen in die Qualität des Maklers aufbauen.

Die Art, wie diese Notwendigkeiten ermöglicht werden, ist nebensächlich. Manche schwören auf vollständige Papierorganisation, andere auf eine Mischung zwischen IT und Papier und wieder andere auf reine IT-Verwaltung. Eine kombinierte Ordnung, bei der möglichst alle Dokumente zumindest IT-technisch erfasst sind und auch ein physischer Ordner existiert, in dem die Originale und erhaltenen Papierdokumente zusammengefasst sind, ist wohl die optimale Lösung.

Der Zugriff und die Verfügbarkeit auf die Daten müssen ebenfalls klar geregelt sein: Wer ist für die Wartung zuständig und wer für den Fall, dass Unterlagen abhandenkommen oder nicht auffindbar sind? Hier ist die Festlegung von klaren Kompetenzen und Verantwortlichkeiten wichtig. Dies gilt sowohl in der IT als auch für physisch vorliegende Dokumente.

Dem Datenschutz muss bei allen digitalen wie physischen Dokumenten eine entsprechende Aufmerksamkeit geschenkt werden. Es gelten weitreichende gesetzliche Regelungen zur Sammlung, Verwaltung und Aufbewahrung von Daten. Diese sind großteils in der Datenschutz-Grundverordnung (DSVGO) geregelt.

3.6.7. Vermögensschadenhaftpflichtversicherung, Sachverständigenhaftung

Wer das Gewerbe des Immobilienmaklers ausüben möchte, muss eine entsprechende Versicherung nachweisen können. Laut § 117 Abs. 7–10 GewO muss bei der Anmeldung des Gewerbes auch der Abschluss einer Vermögensschadenhaftpflichtversicherung nachgewiesen werden. Ein Wegfall der Versicherung führt direkt zum Entzug der Gewerbeberechtigung. Die Versicherungssumme muss mindestens 100.000 Euro pro geschädigtem Versicherungspartner betragen. Der Selbstbehalt des Maklers darf fünf Prozent nicht übersteigen.

Makler gelten als Sachverständige in ihrem Bereich. Die Folge ist, dass bei ihnen strengere Haftungsregelungen insbesondere für Auskünfte und für das Thema der Fahrlässigkeit angewendet werden. Dies ist ein weiterer Punkt, warum besondere Sorgfalt sehr wichtig ist.

Vgl z.B. OGH 4 Ob 186/10x:

> … Der Immobilienmakler ist Sachverständiger iSd § 1299 ABGB, weshalb von ihm erwartet werden kann, über einschlägige Probleme Bescheid zu wissen und richtige Auskünfte zu erteilen (RIS-Justiz RS0109996 [T7]) …

Achtung
Davon zu unterscheiden ist die Funktion als gerichtlich beeideter Sachverständiger, die eine Prüfung voraussetzt.

3.7. Spezialthemen

3.7.1. Die Provision

Eine besondere Bedeutung und deshalb auch besondere Erwähnung kommt dem Thema der Provision zu. Die Provision stellt die Einkommensgrundlage des Maklers dar und ist der Gegenwert seiner Dienstleistung. Sie ist das Gleiche wie der Preis bei Waren – und wer dauerhaft Produkte unter dem Einstandspreis verkauft, wird wirtschaftlich nicht überleben. Leider kommt dieses Phänomen in der Maklerbranche häufig vor. Meiner Einschätzung nach ist es ein Ergebnis der schwierigen Kalkulierbarkeit der Einstandskosten und des fehlenden betriebswirtschaftlichen Bewusstseins für diese Bewertung. Würde es nur den Einzelnen betreffen, käme diesem Thema keine große Bedeutung zu. Leider hat die Fehlkalkulation von einzelnen Maklern übergreifend negative Auswirkungen auf die Mitbewerber. Es entsteht ein Preiskampf, der die Provisionshöhe auf eine kaum darstellbare Ebene drückt. Durch die geringen Margen kann keine hochwertige Leistung erbracht werden und die Kunden sind unzufrieden. Die aktuelle Marktsituation spiegelt diese Thematik wider.

Um diesem dramatischen Kreislauf zu entgehen, ist eine gute und nachvollziehbare Argumentation dem Kunden gegenüber notwendig. Es muss, vor allem den Abgebern gegenüber, unmissverständlich und klar zum Ausdruck kommen, dass die Provision eine wesentliche Voraussetzung für die Erzielung des maximal möglichen Preises ist. Jeder Makler muss die Begründung für sein Einkommen perfekt argumentieren können.

Eine Besonderheit stellt auch die Tatsache dar, dass in vielen Fällen die Provision nur oder zum Großteil vom Abnehmer verlangt wird. Dieser sieht, wenn auch nicht gerechtfertigt, den Gegenwert zur erbrachten Leistung nicht und betrachtet den Makler als „Abkassierer", der für wenig Leistung viel verlangt. Durch das „Bestellerprinzip" im Bereich der Miete wird dieser Faktor seit 1.7.2023 deutlich verändert. Eine Änderung der Situation in Richtung Verrechnung oder Einpreisung der Provision in den Kauf- bzw. Mietpreis (soweit gesetzlich möglich) und Verrechnung an den Abgeber wird in Zukunft häufiger anzutreffen sein. Diese Systeme sind international bereits häufig anzutreffen.

Um eine überzeugende Argumentation den Kunden gegenüber liefern zu können, ist die Kenntnis der eigenen Kalkulation und des notwendigen Provisionssatzes vonnöten. Sämtliche Kostenfaktoren müssen berücksichtigt werden. Als Erstes ist die direkt dem Objekt zuzurechnende Arbeitszeit zu berücksichtigen, aber ebenso die Arbeitszeit für allgemeine Tätigkeiten der Verwaltung und Akquisition. Leerbesichtigungen oder nicht erfolgreiche Listingtermine dürfen nicht vergessen werden. Gibt es Dienstnehmer oder Geschäftspartner (Steuerberatung etc.), sind diese anteilig zu berücksichtigen. Wie bei der Arbeitszeit sind auch die direkten und die indirekten Marketingkosten ein Faktor. Verwaltungskosten, Beiträge und Steuern müssen ebenfalls eingerechnet werden. Häufig vergessen wird ein Zuschlag für Haftungen oder Risikokomponenten der Provision im Vergleich zu einem fixen Gehalt. Je nach Rahmenbedingungen und persönlichen Gegebenheiten ergibt sich ein interner Satz, der mittelfristig jedenfalls erreicht werden muss, um dauerhaft aktiv sein zu können. Jeder Makler ist gut beraten, diese Kalkulation genau zu kennen und sich auch hierbei nicht selbst zu belügen.

Beispiel: Kalkulation Mindestprovision

Unten angeführt ist eine Beispielkalkulation, bei der sich eine notwendige Mindestprovision von 2,98 % pro Geschäftsfall ergibt. Die Daten können je nach Makler und Situation abweichen, zielführend ist es jedenfalls, die eigenen Gegebenheiten zu berechnen und so einen internen Wert zu erhalten.

Anzahl Stunden Monat	173,2
abzgl. Zeit Verwaltung	–65
maximale direkte Arbeitszeit	108
direkte Arbeitszeit pro Objekt	65
Anzahl mögliche Objekte	1,7
direkte Kosten Objekte	666
Gemeinkosten	2.700
Summe Kosten	**3.366**
geplantes Nettoeinkommen	2.000
Haftungszuschlag	200
Risikozuschlag	200
Summe netto	2.400
Steuern und Sozialversicherung	1.680
Bruttoeinkommen	**4.080**
Summe Kosten gesamt	**7.446**
ergibt Summe Provisionsumsatz Monat	
pro Objekt	**4.471**
durchschnittlicher Kaufpreis	150.000
durchschnittlich notwendiger Provisionssatz	**2,98 %**

		Stunden	Betrag
direkte Kosten pro Objekt	direkte Arbeitszeit Akquisition	10	
	Arbeitszeit Objektaufbereitung	10	
	Arbeitszeit Marketing	10	
	Arbeitszeit Besichtigung	20	
	Arbeitszeit Anbot und Nachbetreuung	15	
	Objekt Marketing Kosten		400
	Summe	**65**	**400**
Gemeinkosten	Arbeitszeit Verwaltung pro Monat	65	
	Löhne und Gehälter		600
	Steuerberatung etc.		400
	Kosten allgemeines Marketing		600
	Kosten Verwaltung (inkl. Miete etc.)		1.000
	Finanzierungskosten etc.		100
	Summe	**65**	**2.700**

In Verhandlungen mit Kunden weist der Makler auf den Umstand hin, dass der Provisionsbetrag nur zu einem geringen Teil sein Einkommen bleibt und der Rest für Marketing, Verwaltung und Steuern verwendet wird.

Anzuführen ist hier auch die Bedeutung der Abgeberprovision für Gemeinschaftsgeschäfte. Wie dargestellt, benötigt jeder Makler einen gewissen Mindestprovisionssatz, um erfolgreich tätig zu sein. Fehlt die Abgeberprovision und muss die Abnehmerprovision geteilt werden, ergibt sich meist ein zu niedriger Wert.

3.7.2. Gemeinschaftsgeschäft

Das Gemeinschaftsgeschäft wird als Zusammenarbeit von zwei oder mehreren Maklern bei der Vermittlung eines Objektes verstanden. In der Praxis werden die Begriffe „Gemeinschaftsgeschäft" oder „A-Meta-Geschäft" häufig unterschiedlich verwendet. Um sprachliche Einheitlichkeit zu erzielen, wird hier ausschließlich der Begriff „Gemeinschaftsgeschäft" verwendet.

In hoch entwickelten Immobilienmärkten sind Gemeinschaftsgeschäfte und die Zusammenarbeit von Maklern tägliches Geschäft. Sie ermöglichen einen raschen Umschlag der Objekte und reduzieren die Vermarktungskosten sowie den Zeitaufwand. Kunden sind mit der Leistung des Maklers aufgrund der höheren Anzahl von potentiellen Käufern und der schnellen Vermarktung in hohem Grad zufrieden und bereit für Empfehlungen oder Folgeaufträge. Durch die Zusammenarbeit wird es für Suchkunden unzweckmäßig, mehrere Makler zu kontaktieren und die eigene sowie die Zeit des Maklers zu verschwenden. Der Dienstleistungscharakter bei Käufern wird gesteigert und es wird einfacher, die Provision zu argumentieren. In Ländern oder Regionen, in denen MLS (Multiple

Listing Service) existiert, sind Gemeinschaftsgeschäfte häufig verpflichtend. Mehr zu diesem Thema finden Sie in Kapitel 4.4.2.

In Österreich hat sich bisher die Umsetzung des Gemeinschaftsgeschäfts noch nicht vollständig durchgesetzt. Viele Makler denken zu kurzfristig und versuchen Geschäfte mit Kollegen zu meiden. Damit einher gehen jedoch ein schlechteres Image und ein hoher Anteil von Privatverkäufern sowie häufige Unzufriedenheit der Käufer mit der Provisionshöhe (Makler als „Abzocker", der für eine Besichtigung 3,6 % Provision bekommt).

Die Zusammenarbeit kann auf verschiedenen Ebenen und auf mehrere Arten erfolgen.

Als Varianten des Gemeinschaftsgeschäftes sind in der Praxis insbesondere Folgende anzutreffen:

- **Kundenseite:** Jeder mitwirkende Makler erhält die Provision seines Kunden (also einer die des Abgebers und der andere die des Abnehmers) – eine sehr einfache und korrekte Methode, da hier jeder seines Geschäftes „eigener Herr" ist. Jeder Makler kann natürlich auf seiner Seite zusätzliche Gemeinschaftsgeschäfte (Empfehlung, Zusammenarbeit etc.) vereinbart haben.
- **Verteilung:** Die Gesamtprovision von Abgeber und Abnehmer wird mit einem bestimmten Schlüssel auf die beteiligten Makler aufgeteilt. Am häufigsten anzutreffen ist die Variante 50:50, bei der jeder Makler die Hälfte der Gesamtprovision erhält. Eine Verteilung ist aber auch üblich, wenn mehr als zwei Makler bei einer Vermittlung tätig sind.
- **Empfehlung:** Die Empfehlungsprovision stellt eine Möglichkeit dar, ohne aktive Vermittlungstätigkeit einen Anteil an der Provision zu erhalten. Geschäftskontakte und Informationen werden genutzt, um diese an andere Makler weiterzugeben, die sich um die Abwicklung der Vermittlung kümmern. Diese Art der Zusammenarbeit ist häufig bei überregionalen Geschäften oder bei Geschäften außerhalb des Spezialbereichs eines Maklers anzutreffen. Auch private Tippgeber fallen unter diese Art des Gemeinschaftsgeschäftes. Üblich ist hier ein Anteil zwischen zehn und fünfundzwanzig Prozent der Vermittlungsprovision.
- **Zusammenarbeit:** Innerhalb von Maklerbüros kann es die unterschiedlichsten Formen und Aufteilungen zwischen den kooperierenden Maklern geben. Poolmodelle, hierarchische Aufteilungen, Arbeitsteilungen, Beteiligungen an den Umsätzen, Stufenregeln udgl. mehr sind anzutreffen. Hierzu gibt es keine eindeutige Übersicht und diese Vereinbarungen werden üblicherweise gesondert und langfristig in Dienst- oder Kooperationsverträgen geregelt.

Für jede Art von Gemeinschaftsgeschäften ist eine vorhergehende (genaue!) schriftliche Festlegung unbedingt zu empfehlen. Missverständnisse und Streitigkeiten, die auch ohne bösen Willen entstehen können und Geschäftsbeziehungen auf Jahre zerstören, werden damit von vornherein vermieden. Um Unklarheiten zu beseitigen, sollte in der Vereinbarung auch der Berechnungsprozentsatz jeder Kundenseite vermerkt werden (z.B.: „Es wird vereinbart, dass die Teilung von einer Abgeberprovision von 1,5 % und einer Abnehmerprovision von 3 % berechnet wird.“).

3.7.3. Bewertung von Immobilien

Für die Bewertung von Liegenschaften existieren genormte Wertermittlungsverfahren. Sie werden für offizielle Gutachten verwendet. Die Preisermittlung in der Praxis orientiert sich an diesen Verfahren, wobei keine schriftlichen Gutachten erstellt werden. Über vergleichbare Objekte am Markt und in der jüngeren Vergangenheit verkaufte Immobilien legt der Makler eine wahrscheinliche Preisspanne fest. Länger tätige Makler setzen zusätzlich ihr Wissen und ihre Erfahrung ein. Verschiedene Anbieter stellen Anwendungen zur Verfügung, die eine Marktwert-Einschätzung verbessern und erleichtern.

Es gibt unterschiedliche Wertbegriffe. Der Verkehrswert *„entspricht dem Betrag, der in dem Zeitpunkt, auf den sich die Ermittlung bezieht, im gewöhnlichen Geschäftsverkehr nach den rechtlichen Gegebenheiten und tatsächlichen Eigenschaften, der sonstigen Beschaffenheit und der Lage der Liegenschaft ohne Rücksicht auf ungewöhnliche oder persönliche Verhältnisse, bei einer Veräußerung zu erzielen wäre“* (*Kranewitter*, Liegenschaftsbewertung, 2002, 20). Der Kaufpreis ist jener Preis, der zwischen Käufer und Verkäufer vereinbart wird; er kann vom Verkehrswert abweichen. Der Einheitswert wird vom Finanzamt aufgrund des Bewertungsgesetzes ermittelt und dient steuerlichen Zwecken, wie der Berechnung der Grundsteuer.

Es gibt bei Gutachten drei wesentliche Wertermittlungsverfahren: das Vergleichswertverfahren, das Sachwertverfahren und das Ertragswertverfahren. Beim Vergleichswertverfahren werden gleichartige Objekte verglichen und so ein Wert ermittelt. Das ist die in der Maklerpraxis am häufigsten verwendete Methode. Das Sachwertverfahren stellt auf den Boden- und den Bauwert ab. Der Bauwert ist der Herstellungswert abzüglich der bisherigen Abnützung. Beim Ertragswertverfahren wird der Ertrag einer Liegenschaft mit einem Bewertungsfaktor hochgerechnet und ergibt auf diese Weise einen Wert für das Objekt.

Jedem Makler ist es empfohlen, sich eingehend mit den Methoden und der praktischen Umsetzung von Bewertungen zu beschäftigen. Dazu gibt es zahlreiche Literatur und ein breites Angebot an Schulungen. Eine Besichtigung des Objektes steht am Anfang der Tätigkeit. Während dieses Termins erfährt der Vermittler im Gespräch weitere Besonderheiten vom Eigentümer und kann diese in die Einschätzung mit einfließen lassen. Wieder im Büro, sucht er nach vergleichbaren Objekten und listet diese auf. Die Preise werden auf eine vergleichbare Einheit (meistens Preis pro Quadratmeter) umgerechnet. Jedes Vergleichsobjekt wird mit Zuschlägen für den Wert erhöhende bzw. Abschlägen für diesen senkende Eigenschaften ergänzt. Es ergibt sich eine Preisspanne, die den aktuellen Nachfrageverhältnissen entspricht.

Als Hilfsmittel können auch allgemeine Statistiken über Kauf- und Angebotspreise in einer Region dienen.

Infos zu Preisübersichten

Verschiedene Unternehmen bieten digitale Anwendungen, die eine Erstellung einer Marktwerteinschätzung massiv erleichtern. Diese können in Form eines Gutachten-Entwurfs oder einer Vergleichspreisanalyse passende Einschätzungen liefern. Eine individuelle Anpassung an das spezielle Objekt ist meist möglich und sollte unbedingt vorgenommen werden. Neben der Zeitersparnis bringt die umfangreiche Aufbereitung häufig auch Vorteile bei der Argumentation der Preiseinschätzung beim Kunden.
Die Digitalisierung hat ein breites Spektrum an Bewertungshilfen geschaffen. (Teil-)automatisierte Preisanalysen durch Vergleiche von Angebotspreisen auf Plattformen oder aus Grundbuchsdaten sind eine hilfreiche Variante. Auch Lösungen, die auf Preisberechnungs-Algorithmen beruhen, erfreuen sich großer Beliebtheit.

Wirtschaftskammer

Der Immobilienpreisspiegel der Wirtschaftskammer stellt auf Basis von Daten der Mitglieder seit 2000 die österreichweiten Durchschnittspreise für Immobilien auf Bezirksebene fest. Für folgende Objektkategorien werden die Daten erhoben und ausgewertet:
- Baugrundstücke für freistehende Einfamilienhäuser
- Grundstücke Betriebsansiedlung
- Eigentumswohnungen – Erstbezug
- Gebrauchte Eigentumswohnungen
- Reihenhäuser
- Einfamilienhäuser
- Mietwohnungen gem. § 1 Abs. 4 MRG (frei vereinbarter Mietzins)
- Büroflächen Mieten
- Geschäftslokale Mieten

Plattformen

Über die verschiedenen gängigen Plattformen kann eine Preisspanne des Angebots erhoben werden. Die Preise sind jedoch mit einem Abschlag zu versehen, da die angegebenen selten erzielt werden.

Empfehlenswert ist es, keinen fixen Preis zu nennen, sondern eine Spanne, innerhalb derer sich die Preise bewegen. Dies erlaubt es, auf die (meist) höhere Preiserwartung des Verkäufers einzugehen; gleichzeitig weist man auch auf den möglichen niedrigeren Marktpreis hin. Es muss mit aller Klarheit festgehalten werden, dass nicht die Preisvorstellung des Abgebers oder die Einschätzung des Maklers den richtigen Preis festlegen, sondern ausschließlich der Markt über Angebot und Nachfrage. Selbst das am genauesten gerechnete Gutachten gilt weniger als das tatsächlich erzielte Kaufanbot.

3.7.4. Weiterbildung

Eine fundierte Ausbildung verliert an Wert, wenn man die laufende Weiterbildung unterlässt. In jeder Zeitplanung eines Immobilienvermittlers sollte ein fixer Block für die Erweiterung des Wissens oder das Üben von Gesprächstechniken vorgesehen sein. Die meisten erfolgreichen Makler trainieren täglich – und wenn es auch nur zehn bis fünfzehn Minuten sind – verschiedene alltägliche Situationen mit Kunden. Sie frischen ihr Wissen auf, bereiten sich auf mögliche Fragen oder Einwände vor und können so rasch und kompetent reagieren. Je fester diese Techniken verankert sind, desto freier bleibt der Geist für andere Gedanken. Eine bessere Beobachtung des Kunden und damit verstärkte Betreuung des Kunden wird möglich. Es ist wie beim Autofahren: Beim Führerscheinkurs muss man sich vollständig auf die Straße und die Bedienung des Wagens konzentrieren – hat man eine gewisse Übung und Erfahrung, könnte man daneben telefonieren, das Navigationssystem bedienen oder dergleichen (wenn es nicht verboten wäre). Routinen helfen uns, immer wiederkehrende Situationen zu bewältigen und den Kopf trotzdem freizuhaben. Kundengespräche können morgens unter der Dusche genauso geübt werden wie auf dem Weg zu einem Termin oder in der Pause zwischen zwei Terminen. Hilfreich ist es auch, mit Kollegen oder Freunden zu trainieren. Direktes und offenes Feedback durch den Blick von außen hilft, eingefahrene, vielleicht nicht mehr gängige Muster zu erkennen.

Skripten, wie häufige Gesprächsverläufe auch genannt werden, können alle Bereiche des Immobiliengeschäfts betreffen. In den bisherigen Kapiteln wurden einige beispielhaft angeführt, so etwa der Kaltanruf. Aufzeichnungen darüber – auch über neue Erfahrungen – helfen, sich daran zu erinnern und für die Zukunft gerüstet zu sein. Es gibt auch zahlreiche Seminare und Veranstaltungen, die derartige Weiterbildung anbieten. Bücher sind eine Alternative, die Inhalte sollten aber praktisch geübt werden. Es kommt insbesondere auf Übung und Interaktivität an. Eine günstige und flexible Methode sind auch Videos, viele davon finden sich gratis im Internet.

Tipp

Geben Sie einfach bei Youtube im Internet den Suchbegriff: „sales scripts real estate" oder „verkaufsgespräch immobilien" ein: Sie finden viele englischsprachige und einige deutschsprachige Videos zu diesem Thema.

Aber nicht nur Skripten sind ein Thema für Weiterbildung, auch in allen anderen Bereichen der Maklertätigkeit finden sich Verbesserungsmöglichkeiten. Dies kann Marketingaktivitäten oder organisationsbezogene Fragen betreffen. Häufig ist Fortbildung im Bereich der gesetzlichen Bestimmungen. Einerseits gibt es eine Vielzahl an Vorschriften und Urteilen, die man sich zu Gemüte führen kann, andererseits ändern sich auch laufend Gesetze. Es ist wichtig, auch hier am Ball zu bleiben und den neuesten Stand zu kennen. In diesem Bereich bieten sich schriftliche Unterlagen an. Von Gesetzestexten oder Kommentaren über Fachzeitschriften bis hin zu Newslettern reichen die Möglichkeiten. Insbesondere Fachzeitschriften (elektronisch oder Print) halten kurzweilig auf dem Laufenden. Für spezielle Fragen bieten sich Seminare an, bei denen auf die individuelle Situation eingegangen wird und Fallbeispiele bearbeitet werden.

Tipp

Abonnieren Sie Zeitschriften oder Blogs (physisch oder digital), um laufend über Gesetzesänderungen oder Gerichtsentscheidungen informiert zu bleiben. Nutzen Sie Services der Wirtschaftskammer oder von Immobilien-Verbänden.

Bei all den verschiedenen Methoden muss auch die passende Variante für den Einzelnen gefunden werden – je nach Lerntyp, denn die einen lernen am besten, wenn sie die Inhalte lesen, andere, wenn sie sie hören, wieder andere, wenn sie sie gleich praktisch anwenden können.

3.7.5. Visitenkarte, Handschlag, Benehmen und Kleidung

Die Basis jedes Kontaktes sind Höflichkeit und gutes Benehmen. Man erfährt leider immer wieder, dass diese Selbstverständlichkeit doch nicht so selbstverständlich ist. Unpünktliches Eintreffen ist ein schlechter Beginn und vermittelt keine besondere Qualität oder Seriosität. Lieber zehn Minuten zu früh als eine zu spät, muss die Devise lauten. Und falls es einmal zu einer Verspätung kommt, ist ein Anruf beim Kunden mit einer Entschuldigung und einer ungefähren Zeitangabe der Verspätung das Mindestmaß an Benehmen.

Folgende Punkte sind bei jedem Termin unerlässlich: Eine höfliche Begrüßung mit der Vorstellung des eigenen Namens, die Hand wird zum Gruß gereicht. Es gibt Augenkontakt und die Visitenkarte wird überreicht. Die Kleidung sollte authentisch bleiben, jedenfalls aber geschäftstauglich sein und sollte Vertrauen vermitteln. Es muss wohl nicht unbedingt ein Anzug und Krawatte bzw. ein Designerkostüm sein, was aber auch keinesfalls schadet. Zu vermeiden ist jedenfalls zu nachlässige Freizeitkleidung (kurze Hosen, zerrissene Jeans, T-Shirts, ärmellose Oberteile ...).

3.7.6. Anleger, Investoren und Händler

Immobilien waren seit jeher und sind besonders seit der Wirtschaftskrise 2008 eine beliebte Form für die Veranlagung von Vermögen. Waren es bis 2008 vor allem Vermögende und Spezialisten, die sich im Bereich der Immobilienanlage bewegt haben, ist seither die anhaltende Entwicklung eingetreten, dass auch eine breitere Masse sich für diese Anlageform interessiert. Die steigende Nachfrage und niedrige Zinsen und steigende Preise haben dazu geführt, dass der Immobilien-Anlagemarkt immer mehr Zulauf findet.

Die meisten Anleger wählen Immobilien, weil sie von einer stabilen Rendite und laufenden Wertsteigerungen ausgehen. Immobilien bieten eine vergleichsweise hohe Verzinsung des investierten Kapitals, die Erträge sind regelmäßig inflationsgesichert und die Anlage gilt als wertstabil. Von dieser langfristigen und auf Sicherheit ausgerichteten Strategie lassen sich Händler unterscheiden, die kurzfristig agieren. Sie kaufen Wohnungen, um sie zu sanieren und weiterzuverkaufen. Auch dieser Bereich hat in den vergangenen Jahren immer stärker zugenommen und zeigt eine hohe Dichte an Marktteilnehmern.

Makler, die sich im Bereich der Anlageimmobilien spezialisieren, bieten oft ein umfassendes Dienstleistungspaket an. Neben der Vermittlung beim Kauf bieten Sie auch die Vermietung und die Verwaltung bzw. Betreuung des Mieters an. Durch diese Aktivitäten wird eine regelmäßige Geschäftsbeziehung geschaffen, die über die einmalige Vermittlung eines Kaufs hinausgeht. Auch ein Teilaspekt ist die Kooperation mit Handwerkern, sofern bei einer gebrauchten Bestandswohnung Sanierungen durchzuführen sind.

Besondere Kenntnisse sind im Anlagebereich bei Finanzierungs- und Steuerfragen wichtig. Bei der Finanzierung werden steuerrechtliche Fragen berücksichtigt und die Steuerbelastung optimiert. Ein umfassendes Wissen um die Bewertung von Immobilien und die Berechnung von Renditen und Zahlungsflüssen ist ebenso notwendig, um die Nachhaltigkeit des Investments sicherzustellen. Nebenkosten, mögliche Mietzinsausfälle oder Leerstandskosten sind zu beachten, genauso wie die tatsächliche Liquidität aus den Mietumsätzen nach Abzug von laufenden Kosten, Erhaltungsbeiträgen und Steuerabgaben. Nicht zuletzt sind Themen des Mietrechts in diesem Bereich der Immobilienbranche wichtig.

Will man die verschiedenen Formen von Immobilien-Investments (im privaten Bereich) kategorisieren, so bietet sich folgende Einteilung an:

Zunächst gibt es „Großinvestoren“, die ganze Zinshäuser oder Grundstücke kaufen. Das ist ein Bereich mit hohen Beträgen, der jedoch mittlerweile hoch spezialisiert ist, und die Anzahl der Transaktionen ist vergleichsweise gering. Makler in diesem Bereich benötigen ein gutes Netzwerk, um an Abgeber zu kommen. Die Bewertung, Aufbereitung und Vermarktung unterscheiden sich ebenfalls deutlich von jenen einzelner Wohnungen. Die Vermittlung von dieser Form von Immobilien wird meist durch erfahrene Makler, die bereits länger in der Branche tätig sind, durchgeführt.

Ein eigener Zweig der Immobilienwirtschaft hat sich für die Errichtung und Vermittlung von einzelnen Neubau-Anlegerwohnungen entwickelt. Insbesondere in Ballungsräumen, wo das Bevölkerungswachstum stark und die Nachfrage nach Mietwohnungen hoch ist, finden sich derartige Projekte. Makler in diesem Bereich haben oft Kooperationen mit Bauträgern und verfügen über hohes Finanzierungs- und Steuerrechtswissen.

Bestandsimmobilien zur Anlage sind freier zugänglich, da diese meist von Privaten verkauft werden und daher am Markt breiter zugänglich sind. Neben den Kenntnissen, die schon bei Neubau-Immobilien wichtig sind, gilt es hier besonders auf den bautechnischen Zustand der Wohnung und des Gebäudes zu achten.

3.7.7. Digitalisierung

Den nächsten großen Umbruch in der Immobilienbranche bringt das Thema Digitalisierung. War in den späten 1990er-Jahren und Anfang 2000 die Einführung von Immobilienplattformen ein Thema, erweitern sich aktuell die Themen der Digitalisierung der Branche (sowie in allen anderen Branchen) laufend. Manche Themen bestehen bereits seit einigen Jahren, andere stecken noch in den Kinderschuhen und weitere sind zu erwarten.

Digitalisierung bietet zahlreiche Möglichkeiten, um den Maklerberuf zu verbessern, birgt allerdings auch für jene, die sich nicht anpassen, die Gefahr des Scheiterns. Vieles wird digital abbildbar sein, Abläufe werden optimiert und neue Kommunikations-, Marketing- und Vertriebskanäle werden entstehen. Bei all diesen Veränderungen werden aber der persönliche Kontakt, die Pflege des persönlichen Netzwerkes und eine emotional angepasste Dienstleistung der wesentliche Kern bleiben. All diejenigen, die sich dieser Kombination bewusst sind und sie zu nutzen wissen, werden in Zukunft erfolgreich sein.

Im Folgenden sollen einzelne aktuelle Themen kurz beleuchtet werden. Jedes Thema würde ein eigenes Buch füllen, daher sollen die wesentlichen Eckpunkte angeführt und auf eine detaillierte Beschreibung verzichtet werden.

3.7.7.1. Kundenbeziehungsmanagement

Die Pflege der Kundenbeziehungen ist seit jeher ein wesentliches Thema im Bereich der Dienstleistungen. Auch im Bereich des Maklerwesens, in dem die Häufigkeit der Transaktion pro Kunde tendenziell niedriger ist als in anderen

Bereichen, sind eine nachhaltige Betreuung sowie die Pflege des Netzwerkes ein wesentlicher Faktor. Erfolgte die Datenverwaltung früher über physische Karteikarten, bieten moderne Kundenbeziehungsmanagement-Systeme einfache und zahlreiche Möglichkeiten. Im Weiteren wird die (geläufige) Abkürzung für die englischsprachige Übersetzung von Kundenbeziehungen, also Customer Relationship Management, kurz CRM, verwendet werden.

Es gibt am Markt zahlreiche CRM-Systeme, von einfachen Gratis-Tools bis hin zu Software für Konzerne. Einen Überblick findet man, wenn man in einer Suchmaschine die Suchanfrage „CRM Tools Vergleich" eintippt. Manche Datenbank-Anbieter bieten ebenfalls integrierte Lösungen an. Ein Tipp: Verwenden Sie Lösungen, die auf Ihr Anforderungsprofil passen. Ein Zuviel an Funktionen und Einstellungsmöglichkeiten kann dazu führen, dass die Anwendung kompliziert und im Alltag schwer zu verwenden ist.

Die Kernelemente eines CRM-Systems sind folgende: Die Basis bildet die Datenverwaltung. Es können neben Namen, E-Mail-Adresse und Telefonnummer auch weitere Daten gespeichert und verwaltet werden. Ausgehend von dieser Basis, die auch erstellt und gepflegt werden will, werden zusätzliche Prozesse angeboten.

Ein Bereich kann eine eigenständige oder integrierte Lösung für die (laufende) Kommunikation sein. E-Mails und Kalenderfunktionen können mit bereits in Verwendung stehenden Programmen (Outlook, Gmail o. dgl.) vernetzt werden.

Manche Tools setzen den Schwerpunkt bei der Aufgabenverwaltung. Hier wird insbesondere der Bereich der Lead-Gewinnung und der Akquise abgebildet. Es können aber auch sämtliche anderen Aufgaben organisiert werden. Verwendet werden häufig grafische Oberflächen, die eine gute Übersicht und eine intuitive Verwendung begünstigen. So können Aufgaben übersichtlich und einfach eingeteilt, in andere Aufgabenbereiche verschoben oder abgeschlossen werden. In einem Kernbereich von klassischen CRM-Programmen kommt dies besonders bei Lead-Generierung und Akquise zur Anwendung. Kontaktchancen finden sich in einer Spalte, die erfolgten Kontakte werden in Ablehnung, Wiedervorlage oder Auftrags-Termin verschoben. Im Bereich der Akquise-Termine lassen sich kommende Termin, Folgetermine und erfolgreiche Abschlüsse darstellen. Aus den Abschlüssen ergeben sich die Aktivitäten im Bereich der Vermittlung, beginnend bei der Aufbereitung der Daten bis hin zur Verwaltung der Besichtigungen und der Abschluss- und Nachbetreuungsaufgaben. Die Zuordnung von Dateien, E-Mails oder Kommentaren hilft, langfristig einen Überblick zu bewahren. Durch die Prozessgestaltung zu Beginn können Abläufe gut strukturiert werden. Dies führt zu höherer Qualität, weniger Fehleranfälligkeit und in Summe zu mehr Erfolg.

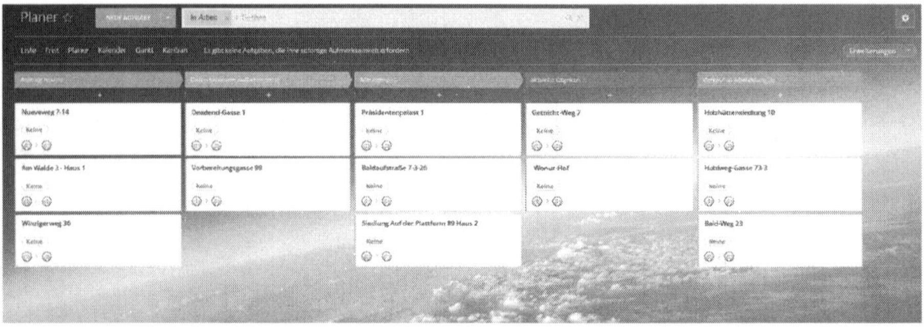

Je nach Tool finden sich auch Möglichkeiten für Marketing. Möglichkeiten für die Erstellung von Newslettern oder Gruppen-(Akquise-)E-Mails schaffen auf einfache Art eine Kommunikationsmöglichkeit, die sowohl für die Akquise als auch für die Kundenbindung auf anderen Wegen schwierig zu erreichen ist.

Ein wesentlicher Vorteil von CRM-System ergibt sich auch aus der gemeinsamen Datenbank und den Anwendungen, die eine einfache Verknüpfung und Übersichtlichkeit bieten. Daten müssen nicht mehr verschoben oder kopiert werden und Notizen sind anwendungsübergreifend verfügbar.

3.7.7.2. Lead-Vermittlung

Die Gewinnung von Akquise-Terminen fällt manchen schwer oder es werden zu wenige potentielle Kunden erreicht. Im Rahmen der Digitalisierung haben sich spezialisierte Unternehmen entwickelt, die durch systematische Vorgehensweise Abgeber-Termine vereinbaren und diese verkaufen.

In der Regel werben diese Unternehmen online, kontaktieren die Abgeber, die auf diese Werbung reagieren, und vereinbaren Akquise-Termine. Diese Termine werden an einen oder mehrere Makler verkauft. Die Werbung für die Lead-Akquise erfolgt häufig über Online-Preiseinschätzungen („Was ist Ihr Haus wert?", „In dieser Region werden hohe Preise erzielt" usw.) und die darauffolgende Rückmeldung von potenziellen Verkäufern. Spezialisierte und ausgebildete Telefonverkäufer vereinbaren Termine.

Falls diese Dienstleistung in Anspruch genommen wird, ist auf mehrere Punkte zu achten. Zunächst ist die Vergütung für die Vermittlung der Termine zu klären. Es kommen Fixpreismodelle und Provisionsanteilsmodelle zur Anwendung. Bei beiden Modellen ist geraten, eine genaue Kosten-Nutzen-Analyse durchzuführen. Passt das Preis-Leistungs-Verhältnis, so ist diese Form der Termin-Gewinnung ein gutes Tool, um zusätzlich Auftragsmöglichkeiten zu gewinnen. Passt es nicht, so ergeben sich entweder eine Belastung durch Fixkosten oder/und ein geringer verbleibender Anteil an der Vermittlungsprovision. Beides kann Makler in finanzielle Schwierigkeiten bringen.

Die Qualität der vermittelten Termine ist ein weiteres Kriterium, das geprüft werden muss. Zum einen ist die tatsächliche Bereitschaft des vermittelten Kontaktes zum Verkauf einer Liegenschaft klärenswert, zum anderen muss hinterfragt werden, an wie viele Kollegen dieser Termin ebenfalls verkauft wurde. So finden sich häufig zumindest zwei bis drei andere Makler, die sich ebenfalls um den Auftrag bewerben. In diesem Fall ist meist auch Geschwindigkeit gefragt, denn derjenige, der den potenziellen Abgeber zuerst kontaktiert, erhält meist den Termin.

In Summe zeigt sich, dass Lead-Kauf eine gute Sache sein kann, wenn man selbst zu wenige Leads generiert und die Konditionen beim Kauf wirtschaftlich sinnvoll sind.

3.7.7.3. Visualisierungen

Leistungsfähigere Grafikkarten und neue Produkte haben den Bereich der Visualisierung besonders interessant gemacht. Obwohl schon viel passiert, steht dieses Thema erst am Anfang der Entwicklung und wird in Zukunft an Bedeutung gewinnen. Aus Grund- und Aufriss sowie der Baubeschreibung werden 3D-Modelle der Immobilien erstellt. Diese Modelle sind ein „digitaler Zwilling" der Immobilie und bieten sämtliche (und mehr) Möglichkeiten der Darstellung wie eine Aufnahme vor Ort. Bei immer besseren Leistungen sind die Preise bereits für alltägliche Objekte leistbar. Visualisierungen geben Menschen einen besseren Einblick in eine Immobilie, die Erfahrung wird emotionaler, das Vorstellungsvermögen entlastet und damit die Unsicherheit reduziert. Gut gemachte Visualisierungen lassen sich kaum noch von realen Fotos unterscheiden.

Die meistverwendeten Visualisierungen sind Grundrisse. Bis 2015 waren (unschöne, unleserliche) Bestandsplan-Fotos die Regel. Seither hat sich viel geändert, aufbereitete Grundrisse sind ab wenigen Euro zu kaufen und sollten bei jeder Vermarktung Standard sein. Ein Bestandsplan wird neu gezeichnet und grafisch aufbereitet. Varianten sind einfach oder detaillierte 2D-Darstellungen und realitätsnahe 3D-Bilder von Immobilien.

Ein starker Preisrückgang hat sich für Bilder ergeben. Besonders im Neubaubereich zeigen viele Bauträger und Makler nicht nur Pläne, sondern auch, wie die Räume aussehen können. Besonders im Vorverkauf, also vor Fertigstellung des Bauwerkes, helfen diese Bilder, einen besseren Eindruck von der künftigen Immobilie zu erhalten.

Videos und 360°-Touren geben einen bewegten bzw. interaktiven Eindruck. Eine Besichtigung vor Ort wird simuliert und Interessenten können sich durch die Wohnungen und Häuser bewegen. Beide Typen können sowohl für bestehende und noch nicht bestehende Räumlichkeiten genutzt werden. 360°-Kameras und die zugehörige Software bieten Online-Besichtigungsmöglichkeiten an.

VR-Rundgänge sind Besichtigungen in der virtuellen Realität. Die Nutzer setzen eine Brille auf und befinden sich in der Wohnung oder dem Haus. Das menschliche Gehirn unterscheidet nicht zwischen realem und virtuellem Bild und so entsteht beim Nutzer das Gefühl, direkt in den Räumlichkeiten zu sein. Er kann sich frei bewegen und beliebig umsehen. Eine gut gemachte VR-Besichtigung kann einer realen schon sehr nahekommen. Die bisher noch gewöhnungsbedürftigen Brillen erfahren laufende Verbesserungen. Es ist zu erwarten, dass alltagsfähige Brillen diesem Bereich einen weiteren Anwendungsschub bringen werden.

Neben den offensichtlichen Vorteilen bei noch nicht gebauten Immobilien bieten Visualisierungen auch im Bestand neue Möglichkeiten. Neben der bloßen Abbildungsmöglichkeit durch Fotos können Räume saniert oder neu eingerichtet werden (Home Staging). Aus leeren Räumen werden gemütliche Zimmer, aus sanierungsbedürftigen Bauten Erstbezugsräumlichkeiten. Diese Möglichkeiten bieten mehr Aufmerksamkeit und besser Vermarktungschancen. Das Thema Home Staging ist bei realen Einrichtungsgegenständen bereits ein wachsender Bereich, mit den Möglichkeiten der Digitalisierung öffnen sich hier viele weitere Türen.

Wichtige Themen werden auch die Möglichkeit der interaktiven Einrichtung, das Verändern von Bodenbelägen, Wandfarben und der Auswahl und Platzierung von Möbeln werden. Sonnenstände können simuliert und so der Lichteinfall gezeigt werden. Programme bieten die Möglichkeit, mittels Tablet Häuser vor Ort auf das Grundstück zu projizieren und zu begehen.

Neben den bereits niedrigen Kosten für die meisten Anwendungsfälle werden digitale Präsentationsmöglichkeiten die „Zeit-Kosten" massiv senken. (Erst-)Besichtigungen sind ein großer Kostenfaktor im Bereich der Maklertätigkeit, diese können massiv reduziert und die Zeit besser investiert werden. Kunden können verschiedene Wohnungen von zu Hause oder im Büro des Maklers besichtigen, die Beratung erfolgt persönlich (im Büro oder digital). Den Sprung, den 2020 für digitale Konferenzen und Besprechungen gebracht hat, können Makler auch für die eigenen Präsentationen und Beratungen nutzen.

Digitale Modelle werden nicht nur zur Besichtigung genutzt werden, sie werden auch als Basis für Handwerkerleistungen (Flächen- und Kostenbestimmungen, Darstellung der umgesetzten Leistung, d.h. des künftigen Zustands) dienen.

3.7.7.4. Bewertungstools

Preiseinschätzungen von Liegenschaften stellen eine Kernkompetenz von Maklern dar. War es vor vielen Jahren die Marktkenntnis (Angebotspreise und Transaktion) in einem intransparenten Markt, die dem Makler einen Vorteil verschafft hat, waren die Voraussetzungen danach weniger gut. Die öffentlich zugänglichen Immobilien-Plattformen zeigten den Angebotsmarkt recht einfach und selbst Konsumenten konnten sich einen Überblick über die Angebotspreise verschaffen. In den letzten Jahren schlägt das Pendel wieder mehr in Richtung Makler. Auswertungen durch Datenbanken und Zugänge zu Kaufpreisdaten bieten für Makler die Möglichkeit, Informationen zu nutzen, die Privaten meist verwehrt sind. Drei Wege sind üblich:

Zunächst bietet sich die selbständige Auswertung von Informationen anhand des Durchsuchens von Datenbanken und der Analyse von Vergleichsobjekten an. Es ergibt sich eine Übersicht über die Angebotspreise. Diese Möglichkeit steht Privaten ebenso offen. Über Kaufpreisdatenbanken kann der Makler aber zusätzlich tatsächliche Kaufpreise erheben und erhält so einen besseren Einblick in die tatsächlichen Kaufpreise, die von den Angebotspreisen meist abweichen.

Ein zweiter Weg ist die Nutzung von Datenbanken, die eine automatische Auswahl an Vergleichsobjekten anbieten. Hier sucht der Algorithmus der Datenbank automatisch nach vergleichbaren Liegenschaften und listet diese auf. Der Makler wählt selbständig die passenden aus und kommt damit zu einem Marktpreis. Diese Tools bieten häufig auch die Möglichkeit vorbereiteter Dokumente für Gutachten an.

Das dritte Modell ähnelt dem zweiten, wobei die Preiseinschätzung aus einem Algorithmus erstellt wird und die Auswahl nicht mehr beim Makler direkt liegt. Es werden Informationen über die Transaktionen, die Angebotssituation und die Anzahl der Abschlüsse miteinander verknüpft und daraus ein Preis ermittelt (hedonisches Preismodell).

Obwohl die meisten Tools kostenpflichtig sind, empfiehlt es sich, diese zu nutzen, da eine marktgerechte Preiseinschätzung sowohl für die Akquise als auch die Vermarktung eine wesentliche Voraussetzung ist.

3.7.7.5. Digitale Makler

Die Digitalisierung hat eine neue Form des Maklers, genauer der Beratung, geschaffen, den digitalen Makler. Dieses System versucht, die Tätigkeiten des Maklers möglichst digital abzubilden, um die Komponente der menschlichen Arbeit zu reduzieren. Sämtliche Tätigkeiten werden analysiert und auf Digitalisierungsmöglichkeit geprüft.

In den häufigsten Fällen wird insbesondere das „Matching", der Abgleich zwischen Suchprofil des Käufers oder Mieters und den Immobilieneigenschaften, digital erledigt. Suchende geben ein umfangreiches Profil ein und die Anbieter eine detaillierte Beschreibung der Immobilie. Über den Vergleich des Angebots und der Suchprofile werden Objekte angeboten.

Die Praxis zeigt, dass die weiteren Aufgaben der Immobilienvermittlung aktuell jedoch noch immer personenabhängig umgesetzt werden. Besichtigungen und Abklärungen werden durch Makler (manchmal nur ungelernte Hilfskräfte) durchgeführt. Gleiches gilt für Besichtigungen.

3.7.7.6. Digitale Angebotsverfahren und digitaler Notar

Neue Möglichkeiten ergeben sich im Bereich der Anbotslegung, Preisfindung und Kaufvertragsabwicklung. Digitale Angebotsverfahren schaffen Transparenz und Sicherheit für Abgeber und Abnehmer.

Bei digitalen Angebotsverfahren werden in der Regel sämtliche kaufrelevanten Unterlagen nach einer Registrierung des Anbotslegers digital zur Verfügung gestellt. Der Abgeber erhält die Sicherheit, zu wissen, wer auf seine Unterlagen zugreift. Der Anbotsleger erhält sämtliche Unterlagen, die für eine Kauf- und Preisentscheidung notwendig sind. Unklarheiten und Streitigkeiten, die im allgemeinen Verfahren zwischen Anbot und Kaufvertrag auftreten können, werden beseitigt. Bei Interesse wird digital ein Anbot gelegt und je nach Form kann es der Abgeber sofort annehmen, einen Stichtag abwarten oder ablehnen. Es gibt eine klare Übersicht über die Angebotspreise und gelegten Angebote. Die Kaufabwicklung ist strukturiert und verlangt nur mehr nach formaler Umsetzung.

Die Verbreitung ist aktuell noch überschaubar, eine weitere Entwicklung könnte hier zusätzliche Vereinfachung bringen. Durch digitale Signaturen können die notariellen Beglaubigungen der Unterschriften ersetzt werden. Der Kaufabschlussprozess vereinfacht und beschleunigt sich dadurch erheblich, und das bei reduzierten Kosten. Das Thema des digitalen Notars steckt allerdings noch in den Kinderschuhen.

3.7.7.7. Digitale Kommunikationskanäle

Schon in der Antike gab es geregelte Formen des Nachrichtenaustausches durch Schriftstücke und Boten. In den letzten zwanzig oder sogar nur zehn Jahren hat sich mehr verändert als in diesen tausenden Jahren zuvor. Vieles entwickelte sich zum Einfacheren, manches wurde aber auch kompliziert.

Nachrichtenübermittlung ist so schnell, günstig und einfach wie nie zuvor. Es gilt allerdings auch eine Vielzahl an Kommunikationskanälen zu berücksichtigen und zu strukturieren. Die Einführung der elektronischen Post (E-Mail) war der Beginn, heute haben wir verschiedene E-Mail-Hoster, E-Mail-Server, soziale Medien und SMS, MMS und Kommunikationsapps am Mobiltelefon. Bei diesem babylonischen Kommunikationsgewirr ist es wichtig, klar zu planen, welche Kanäle verwendet werden sollen und wie die eigenen Kunden am besten zu erreichen sind. Die beiden Ziele müssen Erreichbarkeit und Kontinuität heißen – Erreichbarkeit, um den Kommunikationsverlauf nicht abreißen zu lassen, Kontinuität, um Kommunikation vollständig und wieder auffindbar zu verwahren. Bei E-Mails bieten sich Weiterleitungen an eine Adresse oder Einstellungen im E-Mail-Programm an, um die Übersichtlichkeit zu gewährleisten. Bei anderen Tools ist eine zentrale Speicherung und Datenverwaltung (Anhänge) wichtig.

Manche CRM-Programme bieten bereits zusammenführende Lösungen an.

4. Marktsituation

Dieser Abschnitt informiert über die Rahmenbedingungen und interessante Daten zur Immobilienwirtschaft.

4.1. Österreich

Das Immobilienmaklergewerbe in Österreich ist ein reglementiertes Gewerbe. Um die Tätigkeit aufnehmen zu können, müssen verschiedene Voraussetzungen erbracht werden.

Immobilienbüros sind klein strukturiert, der Anteil an Unternehmen mit weniger als fünf Dienstnehmern ist hoch. Aktuell sind etwa 40 Prozent aller Betriebe als Ein-Personen-Unternehmen registriert. Dieser Anteil erscheint hoch, liegt aber verglichen mit ähnlichen Berufsgruppen im Bereich Information und Consulting im unteren Bereich: Bei Finanzdienstleistern beträgt der Anteil ca. 75 %, bei technischen und Ingenieurbüros knapp 50 % und bei Versicherungsmaklern ebenso knapp 50 %.

Etwa ein Fünftel aller aktiven Makler (laut Wirtschaftskammer) sind in Wien (ca. 1.500) gemeldet, die wenigsten im Burgenland (ca. 100). Insgesamt führt die Wirtschaftskammer über 4.000 aktive Immobilienmaklerbüros. Bei der Betrachtung der Betreuung der Bevölkerung zeigt sich auch in Wien die höchste Dichte. Pro 10.000 Einwohner gibt es in Wien etwa 8 Makler. Salzburg weist die nächsthöhere Zahl mit knapp über 6, gefolgt von Tirol mit um die 5,5 aus. Die geringste Dichte gibt es im Burgenland mit ca. 2,5 und in Oberösterreich mit ca. 3. Im österreichischen Schnitt sind es etwa 5 Makler pro 10.000 Einwohner. Beachtenswert ist, dass sich zwischen 2010 und 2014 der Anteil der Makler (gemessen an der Gesamtanzahl) in Ober- und Niederösterreich stark erhöht, in Wien jedoch stark verringert hat. Bezogen auf die Einwohnerzahl hat sich die Dichte in allen Bundesländern erhöht.

Bestimmte allgemeine Eckdaten und Kosten sind immer wieder Themen in Gesprächen und Beratungen. Um auch diesen Fragen gerecht werden zu können, folgen einige interessante Zahlen aus der Immobilienwirtschaft.

Vorerst Informationen zum Thema der Mietkosten und hier zu den Richtsätzen laut Mietrechtsgesetz (MRG). In den §§ 15 ff. MRG sind die maßgeblichen Höchstsätze festgehalten, die aktuellen Werte dazu betragen:

Richtwerte (seit 1.4.2023):

Burgenland:	6,09 Euro	Kärnten:	7,81 Euro
Niederösterreich:	6,85 Euro	Oberösterreich:	7,23 Euro
Salzburg:	9,22 Euro	Steiermark:	9,21 Euro
Tirol:	8,14 Euro	Vorarlberg:	10,25 Euro
Wien:	6,67 Euro		

Kategoriebeträge pro m² Nutzfläche (bei Neuverträgen wirksam seit Juli 2023) in Euro:

Kategorie:	Euro	
A	4,47	100 %
B	3,35	75 %
C und D brauchbar	2,23	50 %
D	1,12	25 %

Die aktuellen Zahlen sind zum Beispiel auf der Homepage der Wirtschaftskammer zu finden.

Weitere interessante und hilfreiche Statistiken zum Thema Wohnen finden Sie auf der Homepage der Statistik Austria (Statistiken – Wohnen; https://www.statistik.at/statistiken/bevoelkerung-und-soziales/wohnen; Stand 23.5.2023. Dort gibt es unter anderem Informationen zu Betriebskosten, Hauptwohnsitzen, Gebäudebestand und Neubautätigkeit.

Österreichweit befindet sich etwa die Hälfte der Hauptwohnsitze im Eigentum. Wien zeigt sich als das Bundesland mit der höchsten Mietquote (beinahe vier Fünftel), in den anderen Bundesländern variiert diese zwischen 20 % im Burgenland und 38 % in Salzburg. Im Bereich der Mietwohnungen werden vier von zehn als Genossenschaftswohnung bewohnt. Ebenfalls ca. 40 % sind private Mietwohnungen und beinahe 20 % werden von Gemeinden vermietet.

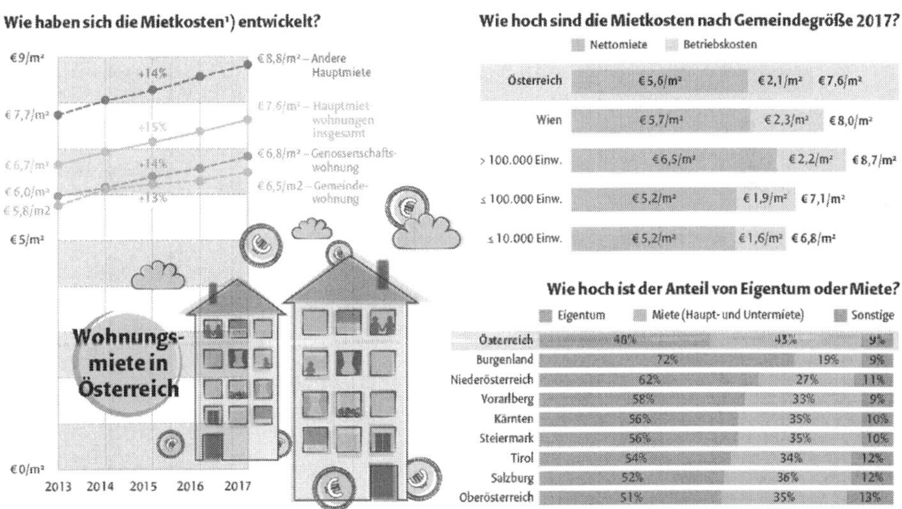

Quelle und Grafik: STATISTIK AUSTRIA, Mikrozensus. – Hauptwohnsitzwohnungen. – 1) Miete inkl. Betriebskosten.

Im ersten Quartal 2023 betrug die durchschnittliche Miete 611,19 Euro inklusive Betriebskosten (156,90), was gerundet einer Nettomiete von 6,80 Euro pro m² und 2,40 Euro Betriebskosten pro m² entspricht. Die Hälfte der österreichischen Privathaushalte gibt bis zu 16% ihres Haushaltseinkommens für das Wohnen aus, ein Viertel muss 27% oder mehr für das Wohnen aufwenden. Die höchste Wohnkostenbelastung haben Haushalte in privaten Hauptmietwohnungen – der Wohnkostenanteil gemessen am

Haushaltseinkommen beträgt in diesem Segment 27% (Median).

Hauseigentümer wohnen durchschnittlich auf 139 m², Mieter zwischen 60 und 70 m². Im Gesamtdurchschnitt stehen jeder Person 45 m² Wohnfläche zur Verfügung. (Vgl. Statistik Austria, Publikation Wohnen 2014, S. 11 ff.)

Rechtsverhältnis der Hauptwohnsitzwohnungen nach Bundesland
Tenure status of dwellings (main residences) by provinces

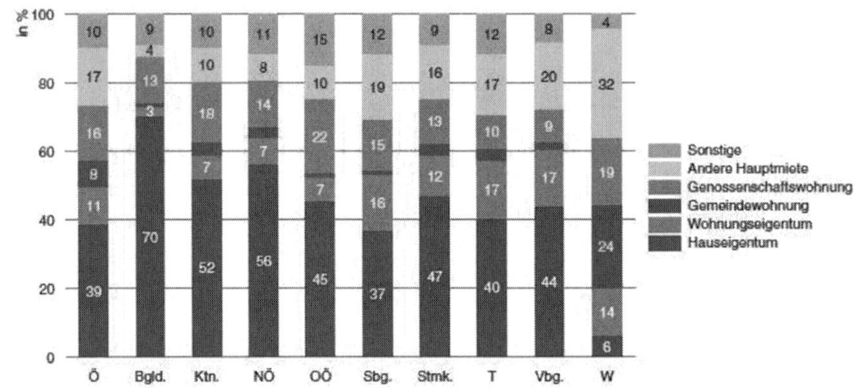

Q: STATISTIK AUSTRIA, Mikrozensus 2014. - Neues Hochrechnungsverfahren ab 2014. - Gemeindewohnung: erhöhte Schwankungsbreite für Burgenland und Oberösterreich.

Durchschnittliche Wohnkosten von Hauptmietwohnungen (2007 bis 2014)
Average housing costs of rented dwellings (2007 to 2014)

	Hauptmiet-wohnungen insgesamt in 1.000 ¹)	Miete inkl. Betriebskosten in Euro		(Netto-)Miete ohne Betriebskosten in Euro		Betriebskosten in Euro		Betriebs-kostenanteil an der Miete in %	Garagen-/Abstellplatz-kosten in Euro pro Woh-nung
		pro Wohnung	pro m²	pro Wohnung	pro m²	pro Wohnung	pro m²		
2007	1.350,4	367,0	5,6	256,9	3,9	112,7	1,7	33,2	36,3
2008	1.379,9	378,4	5,7	267,2	4,0	113,2	1,7	32,5	35,6
2009	1.412,5	393,3	5,9	280,3	4,2	114,6	1,7	31,8	36,6
2010	1.438,9	405,1	6,0	289,5	4,3	117,0	1,8	31,7	36,0
2011	1.457,3	419,5	6,2	302,7	4,4	118,4	1,8	31,1	36,4
2012	1.475,1	435,4	6,4	312,7	4,6	124,3	1,9	31,4	37,3
2013	1.499,1	449,3	6,7	325,1	4,8	125,7	1,9	30,9	38,1
2014	1.522,1	465,3	6,9	338,0	5,0	128,4	2,0	30,5	39,7
				prozentuelle Veränderung zum Vorjahr					
2008		3,1	2,3	4,0	2,9	0,4	0,3	-2,0	-1,8
2009		3,9	3,7	4,9	4,7	1,2	1,0	-2,2	2,9
2010		3,0	2,2	3,3	2,4	2,1	1,5	-0,3	-1,7
2011		3,6	3,2	4,5	4,2	1,2	1,1	-2,0	1,2
2012		3,8	3,7	3,3	3,3	5,0	4,8	1,1	2,4
2013		3,2	3,3	4,0	3,9	1,1	1,6	-1,7	2,0
2014		3,6	4,1	4,0	4,5	2,2	2,7	-1,2	4,2

Q: STATISTIK AUSTRIA, Mikrozensus. - Neue Hochrechnung ab 2014, Werte bis 2004 zurück revidiert. - 1) Anzahl der Hauptmietwohnungen mit Nettomiete > 0 Euro.

Bauperiode der Hauptwohnsitzwohnungen nach Bundesland

Construction period of dwellings (main residences) by provinces

	Haupt-wohnsitz-wohnungen insgesamt in 1.000	Bauperiode							
		vor 1919	1919 bis 1944	1945 bis 1960	1961 bis 1970	1971 bis 1980	1981 bis 1990	1991 bis 2000	2001 und später
		in %							
Österreich	**3.768,9**	**15,0**	**7,0**	**11,4**	**14,4**	**14,8**	**10,9**	**12,2**	**14,2**
Burgenland	119,6	6,0	7,2	13,0	13,9	15,9	12,8	12,3	18,9
Kärnten	245,4	9,6	5,1	14,5	16,1	16,0	11,5	12,8	14,4
Niederösterreich	696,9	13,1	7,0	9,9	13,0	15,2	12,0	13,6	16,3
Oberösterreich	607,4	12,8	6,2	11,5	14,1	15,4	12,4	13,8	13,8
Salzburg	231,0	5,6	4,7	12,7	16,4	19,1	13,4	13,9	14,2
Steiermark	525,1	13,0	6,3	12,1	15,5	16,8	11,0	11,9	13,3
Tirol	308,8	9,5	5,0	12,2	14,3	15,0	11,6	12,1	20,3
Vorarlberg	157,8	10,1	5,3	10,6	11,9	15,8	12,1	15,1	19,2
Wien	876,9	27,4	10,0	10,6	14,8	10,9	7,4	9,0	9,8

Q: STATISTIK AUSTRIA, Mikrozensus 2014. - Neues Hochrechnungsverfahren ab 2014.

Gebäudegröße der Hauptwohnsitzwohnungen nach Bundesland (Haushalte und Personen)

Dwellings (main residences) by number of dwellings in the building and provinces (households and persons)

	Hauptwohnsitz-wohnungen insgesamt in 1.000	Gebäudegröße				
		1 Wohnung	2 Wohnungen	3 bis 9 Wohnungen	10 bis 19 Wohnungen	20 und mehr Wohnungen
		in %				
				Haushalte		
Österreich	**3.768,9**	**35,3**	**12,4**	**19,4**	**17,4**	**15,6**
Burgenland	119,6	71,3	9,7	12,8	4,9	(1,3)
Kärnten	245,4	44,2	17,8	21,4	10,8	5,8
Niederösterreich	696,9	54,9	13,5	15,9	10,5	5,1
Oberösterreich	607,4	38,8	21,4	20,2	13,4	6,3
Salzburg	231,0	30,4	16,3	26,3	14,6	12,4
Steiermark	525,1	43,6	12,1	21,4	14,0	8,9
Tirol	308,8	29,3	17,9	31,9	13,3	7,6
Vorarlberg	157,8	38,5	15,7	28,7	12,2	4,8
Wien	876,9	7,6	(0,8)	12,8	34,2	44,5
				Personen		
Österreich	**8.415,1**	**41,8**	**12,9**	**17,3**	**14,7**	**13,3**
Burgenland	284,2	76,2	9,2	10,1	3,5	(0,9)
Kärnten	549,1	52,2	17,2	17,6	8,6	4,3
Niederösterreich	1.611,1	60,7	13,9	13,5	7,9	4,1
Oberösterreich	1.409,8	46,2	21,1	17,2	10,5	4,9
Salzburg	527,6	36,2	16,8	24,7	12,2	10,1
Steiermark	1.199,6	51,3	12,5	18,1	11,4	6,7
Tirol	713,7	35,3	18,6	28,5	11,0	6,6
Vorarlberg	372,6	45,5	14,7	25,5	10,4	3,9
Wien	1.747,3	8,9	0,8	13,0	33,8	43,4

Q: STATISTIK AUSTRIA, Mikrozensus 2014. - Neues Hochrechnungsverfahren ab 2011. Klammersetzung siehe "Methodische Hinweise".

Rechtsverhältnis der Hauptwohnsitzwohnungen insgesamt und nach ausgewähltem Haushalts- bzw. Familientyp
Tenure status of dwellings (main residences) by type of household

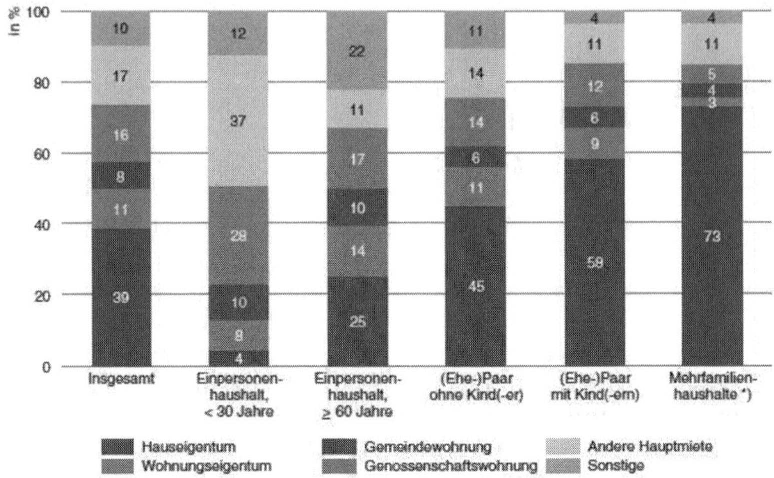

Q: STATISTIK AUSTRIA, Mikrozensus 2014. - Neues Hochrechnungsverfahren ab 2014. *) Mehrfamilienhaushalte: erhöhte Schwankungsbreite.

4.1.1. Verbände

In der Wirtschaftskammer findet sich der größte Verband von Immobilienmaklern in Österreich. Jeder, der diesen Beruf gesetzmäßig korrekt ausüben will, muss Mitglied sein. Sie ist die gesetzlich vorgesehene Interessenvertretung der Immobilientreuhänder und damit eine Körperschaft öffentlichen Rechts. Neben den Maklern sind auch die Hausverwalter, die Bauträger und die Inkassoinstitute mit umfasst. Der Fachverband ist eine Teilorganisation der Wirtschaftskammer Österreich und der Bundessparte Information und Consulting zugeordnet. Neben der Bundesorganisation gibt es auch in allen neun Bundesländern Fachgruppen, welche die Aufgabe der regionalen Betreuung haben. Die Organe der Bundessparte sind der Fachverbandsobmann und seine zwei Stellvertreter sowie der Fachverbandsausschuss.

Das Berufsbild des Immobilienmaklers nach der Definition der Wirtschaftskammer

> Die Immobilienbranche ist in der Wirtschaftskammer in der Berufsgruppe der Immobilien- und Vermögenstreuhänder organisiert. Diese wiederum umfaßt die drei wesentlichen Berufsgruppen der Immobilienverwalter, Immobilienmakler und gewerblichen Wohnbauträger.
>
> Die Aufgabe des Immobilienmaklers besteht in der Zusammenführung von Angebot und Nachfrage; der Immobilienmakler vermittelt Kauf-, Miete und Firmenanteile bzw. ganze Unternehmen.
>
> Um zum Nutzen aller Kunden und der Wirtschaft optimal zu arbeiten, bedarf es einer umfassenden beruflichen Ausbildung:

So etwa muß der Immobilienmakler neben den Grundbegriffen des bürgerlichen Rechtes und des Handelsrechtes Spezialkenntnisse des Grundbuchsrechtes, der Widmungs- und Bebauungsbestimmungen, über die Gestaltung und Beachtung der rechtlichen Rahmenbedingungen (Kauf/Verkauf, Miete/Vermietung, Pacht, Baurecht und Fruchtgenußbegründung) nachweisen.

Spezielle Kenntnisse muß der Immobilientreuhänder (Makler) hinsichtlich der Bewertung von Immobilien mitbringen; umfassende Marktkenntnis aufgrund von Vergleichsobjekten, Berücksichtigung der aktuellen Marktlage sowie Prüfung allfälliger förderungsrechtlicher Möglichkeiten gehören zu seinem Aufgabengebiet.

Der Immobilienmakler hat die Kunden in schriftlicher Form über voraussichtlich erwachsende Nebenkosten zu informieren, er muß einen Alleinauftrag in schriftlich und zeitlich limitierter Form abfassen, er hat die Kunden über die Provision (Honorar) vorher zu informieren und natürlich auch den Preis sowie allfällige Nebenbedingungen zu fixieren.

Der Immobilienmakler muß dem Kunden eine Verkaufsstrategie vorlegen, kundenorientierte Unterlagen vorbereiten und alle Bemühungen unternehmen, um zum gewünschten Erfolg (Kauf/Verkauf, Miete/Vermietung, etc.) zu kommen.

Der Immobilientreuhänder (Makler) bietet freibleibend die Objekte seinen Kunden an, beratet die Interessenten, führt Verkaufs- und Vermietungsgespräche, ist bei der Finanzierung behilflich und klärt den Kunden über Nebenspesen auf.

Der Immobilienmakler nimmt Kauf- oder Mietangebote entgegen bzw. ist jedenfalls dabei behilflich.

Der Immobilienmakler begleitet den/die Kunden bis zur Vertragsunterfertigung, wobei die Erstellung der Verträge nahezu ausnahmslos durch Notar oder Anwalt des Kunden erfolgt.

Ganz allgemein hat der Immobilientreuhänder genauere Kenntnisse über Baupläne und Benützungsbewilligungen, über allenfalls vorliegende Sachverständigen-Gutachten, Veräußerungsverbote sowie mietrechtliche Bestimmungen mitzubringen.

Weiters sollten tiefergehende Kenntnisse über die Eigenheiten des österr. Mietrechtes und über das Wohnungseigentumsrecht vorhanden sein, um die Kunden gut beraten zu können. Kenntnisse im Vermessungswesen, aus der Land- und Forstwirtschaft, Bonitätsauskünfte und Kenntnisse über Standortfragen sollten den guten Immobilienmakler auszeichnen.

(Quelle: http://www.wkimmo.info/i/wko/service/berufsbild_makler.pdf)

Der ÖVI (Österreichischer Verband der Immobilientreuhänder) ist eine freiwillige Vereinigung von Bauträgern, Verwaltern sowie Maklern und weist über 400 Mitglieder auf. Ziel ist die Vertretung und Interessenwahrung der Mitglieder.

Auszug aus den Statuten des ÖVI

§ 2 Zweck des Vereins

(1) Zweck des Vereines ist die gesamtösterreichische standespolitische Vertretung der fachlichen und wirtschaftlichen Interessen der Vereinsmitglieder, die Hebung des Ansehens des Berufsstandes der österreichischen Immobilientreuhänder, die Erstattung von Vorschlägen und Gutachten über wirtschaftliche Vorgänge und Bedürfnisse dieses Berufsstandes an Behörden, gesetzgebende Körperschaften und sonstige Institutionen, sowie die Förderung und Organisation von Fachveranstaltungen in Zusammenarbeit

mit nationalen und internationalen Institutionen, Vereinigungen und Forschungsstellen auf dem Gebiet des Immobilientreuhandwesens.

(2) Zweck des Vereines ist weiters die bundesweite Vertretung der Interessen der Vermieter, insbesondere der Wohnungs- und Hauseigentümer, auch vor Behörden, um eine möglichst einheitliche Interessenswahrung zu sichern.

(3) Zweck des Vereines ist ferner die Einhaltung und Förderung der guten Sitten im geschäftlichen Verkehr.

(4) Bei Verfolgung der Vereinszwecke ist eine möglichst enge Kooperation mit den zuständigen Gliederungen der Wirtschaftskammer Österreich anzustreben.

(5) Die Tätigkeit des Vereines ist gemeinnützig und nicht auf Gewinn gerichtet.

§ 3 Maßnahmen zur Erreichung des Vereinszweckes

Der Vereinszweck wird insbesondere erreicht durch die

a) Sammlung, Weiterleitung und Verbreitung einschlägiger Informationen über das gesamte Immobilientreuhandwesen, insbesondere in Druckschriften, sowie Erstellung von Gutachten und Erstattung von Vorschlägen an Institutionen und Behörden,
b) Anregung und Förderung von Forschungs- und Entwicklungsprojekten sowie Publikationen,
c) Mitwirkung bei nationalen und internationalen Fachvereinigungen,
d) Beteiligung an sonstigen Vereinigungen, sofern die Beteiligung den Vereinszwecken förderlich ist,
e) Abhaltung von und Mitwirkung an Fachveranstaltungen (Tagungen, Vorträgen, Arbeitskreisen, Weiterbildungskursen etc.),
f) Behandlung von Studien-, Ausbildungs- und Nachwuchsfragen,
g) Öffentlichkeitsarbeit,
h) Gründung und Auflösung von Kapitalgesellschaften sowie die Beteiligung an Kapitalgesellschaften, deren Unternehmensgegenstand Maßnahmen zur Erreichung des Vereinszweckes umfasst.

4.1.2. Netzwerke

Dem internationalem Trend folgend schließen sich auch in Österreich immer mehr Maklerunternehmen einem Netzwerk an. Die Vorteile von Netzwerken sind ein gemeinsamer Marktauftritt und so eine größere Bekanntheit und Markenstärke. Dies lässt sich nutzen, um einfacher und mehr Kunden zu gewinnen und damit die Umsätze zu steigern. Der Austausch innerhalb eines Netzwerkes bringt zusätzliche Erfahrungen und Wissen, ohne dass man als einzelner Makler alle negativen Erlebnisse selbst durchmachen muss. Bei offenen Fragen oder schwierigen Situationen steht ein Pool an Wissen und Erfahrungen zur Verfügung. Synergieeffekte im Einkauf ermöglichen bessere Preise bei Lieferanten. Häufig werden erprobte Geschäftsmodelle bereitgestellt, die den Einstieg oder die Weiterentwicklung erleichtern. Je nach Netzwerk gibt es weitere Schwerpunkte, zum Beispiel einen besonderer Fokus auf Aus- und Weiterbildung. In Netzwerken sind die Makler üblicherweise selbständig und nutzen gemeinsame Strukturen. Dies betrifft Büroräumlichkeiten und Ausstattung, Sekretariatsdienstleistungen und gemeinsame Vermarktungsplattformen. Im Büroteam unterstützt man sich gegenseitig mit Wissen und Erfahrungsaustausch.

4.1.3. Einzelmakler

Einzeln agierende Maklerbüros weisen teilweise erhebliche Unterschiede auf. Neben einigen großen Büros mit über 15 Mitarbeitern gibt es viele kleine mit unter fünf Beschäftigten. Bei den großen Büros gibt es einen strukturieren Aufbau in verschiedene Abteilungen und Verantwortlichkeiten, bei den kleinen sind häufig nur der Eigentümer und ein Sekretariat vorhanden. Viele Unternehmen sind auch als „One-Man-Show" organisiert.

4.2. International

Im internationalen Vergleich lässt sich feststellen, dass das System der erfolgsabhängigen Provisionsregelung übergreifend vorhanden ist und in den meisten wirtschaftlich entwickelten Staaten eine Struktur von Maklerunternehmen vorhanden ist. Der Anteil der über Makler vermittelten Objekte ist allerdings sehr unterschiedlich. In den USA oder Kanada etwa beträgt dieser zwischen 90 % und 95 % (in Österreich etwa 45 %). In diesen Regionen sind das Ansehen und das Image von Maklern (und Verkäufern allgemein) deutlich besser. Betrachtet man Nordamerika, das einen sehr hohen Anteil an Maklergeschäften aufweist, stellt man fest, dass die dort vor etwa 30 Jahren anzutreffende Struktur der heutigen Situation in Österreich und Europa entspricht. Es gab viele Privatverkäufer und bankennahe Maklerunternehmen. Insbesondere in den 1970er Jahren wurden die aktuell größten Netzwerke gegründet und haben den Markt erobert: REMAX im Jahr 1973, ERA 1972, Century 21 1971. Coldwell Banker, das vierte große international vertretene Unternehmen, wurde bereits 1906 gegründet. In den meisten Ländern ist die Provision frei vereinbar und gesetzlich nicht beschränkt. Die Provision wird häufig nur dem Abgeber verrechnet und bei Gemeinschaftsgeschäften zwischen den Maklern geteilt. Gemeinschaftsgeschäfte sind in höherem Maße vorhanden, in vielen Ländern mit hohem Makleranteil gibt es Multiple-Listing-Services-Systeme (MLS-Systeme). Das sind Datenbanken von und für Makler, in die alle (!) Objekte eingegeben werden müssen; Gemeinschaftsgeschäfte sind verpflichtend einzutragen. In den USA ist eine Nichteinhaltung dieser Regelung ein Grund für einen Entzug der Maklerberechtigung.

4.3. Ausbildung – Ausübungsberechtigung

In den letzten Jahren hat sich erfreulicherweise die Tendenz zur Professionalisierung der Branche verstärkt, was sich auch anhand der steigenden Zahl der Möglichkeiten im Ausbildungsbereich zeigt. Es gibt aktuell zwei wesentliche Grundlagen für Immobilienmakler, die im Kundenkontakt stehen. Die Zertifizierung gemäß ONR 43001-1 (Maklerassistent) und die Gewerbeberechtigung.

Die Ausbildung zum Maklerassistenten vermittelt die rechtlichen, wirtschaftlichen und technischen Grundlagen, die zur Ausübung der Tätigkeit notwendig sind. Die Kompetenzen umfassen die Mitarbeit an der Vermittlung von Immobilientransaktionen, die Mitarbeit an der Erstellung und Aufbereitung der Unterlagen und die Betreuung der am Immobiliengeschäft beteiligten Personen. Dazu sind Grundkenntnisse in folgenden Bereichen notwendig:

Immobilienmarkt	Volkswirtschaftliche Zusammenhänge	Steuer- u. Abgabenrecht + Immobilienwirtschaft
Liegenschaftsbewertung	Immobilien-bewirtschaftung	Bautechnik
Flächenwidmung + Bauordnung	Planlesen	Immobilienmarketing
Standesrecht	Wohnrecht	Maklerrecht
Bauträgervertragsrecht	Grundbuchsrecht + Grundverkehrsrecht	Verbraucherschutz im Immobilienbereich

Die Ausbildung muss zumindest 60 Stunden umfassen und mit einer Prüfung abgeschlossen werden. Durch laufende Weiterbildung im Ausmaß von acht Stunden pro Jahr ist sicherzustellen, dass die Qualifikationen am aktuellen Stand sind. Nach Ablauf von fünf Jahren ist eine Rezertifizierung durchzuführen.

Um die Gewerbeberechtigung (Konzession) für das Gewerbe des Immobilienmaklers zu erlangen, ist neben einem Praxisnachweis auch eine Prüfung zu absolvieren, die folgende Inhalte hat:

- **Modul 1, schriftliche Prüfung:**
  Berufsspezifische, rechtliche Grundlagen für Immobilientreuhänder
  - Abgaben- und Steuerrecht für Immobilientreuhänder
  - Arbeits- und Sozialrecht für Immobilientreuhänder
  - Baurecht einschließlich Raumordnungsrecht, Denkmalschutz
  - Grundzüge des Facility Managements
  - Grundzüge der Bautechnik für Immobilientreuhänder
  - Grundzüge Betriebs- und Volkswirtschaftslehre
  - Gewerberechtliche Vorschriften für Immobilientreuhänder einschließlich Standesrecht und Organisation der Wirtschaftskammern
  - Grundverkehrsrecht
  - Unternehmens- und Gesellschaftsrecht für Immobilientreuhänder
  - Öffentliches Recht und Verfahrensrecht, insbesondere Behördenorganisation und Verwaltungsverfahren
  - Plan- und Vermessungswesen
  - Vertragsrecht einschließlich Konsumentenschutzrecht für Immobilientreuhänder
  - Wohnbauförderungsrecht
  - Wohnrecht (wie zum Beispiel Mietrechtsgesetz, Wohnungseigentumsgesetz, Wohnungsgemeinnützigkeitsgesetz einschließlich Nebenbestimmungen)
  - Zivilrecht für Immobilientreuhänder (wie z.B. Bauträgervertragsgesetz).

Berufsspezifische Fächer für Immobilienmakler

- Bau- und Raumordnung für Immobilienmakler
- Bautechnik für Immobilienmakler
- Betriebs- und Volkswirtschaftslehre für Immobilienmakler
- Fälle der beruflichen Praxis unter besonderer Berücksichtigung zivilrechtlicher, abgabenrechtlicher und verwaltungsrechtlicher Vorschriften und wirtschaftlicher Aspekte
- besondere Finanzierungsmodelle (wie zum Beispiel Leasing, Miet-Kauf-Modelle)
- Formulierung von Vertragsbestandteilen für Kauf- und Bestandverträge
- Maklerrecht (zivilrechtliche, gewerberechtliche und wettbewerbsrechtliche Vorschriften)
- Erstellung und Beurteilung eines Maklervertrages einschließlich des einschlägigen Schriftverkehrs, Beurteilung eines Provisionsanspruches
- Objektaufbereitung, insbesondere im Hinblick auf die Pflichten des Immobilienmaklers
- Standort- und Unternehmensbewertung
- Schema bzw. Berechnung einer Wertermittlung, eines Finanzierungsplanes und einer Rentabilitätsberechnung zur Beratung der Auftraggeber
- Erstellung eines Verwertungskonzeptes einschließlich des einschlägigen Schriftverkehrs
- zivilrechtliche, abgabenrechtliche, verwaltungsrechtliche, agrarrechtliche und grundverkehrsrechtliche Vorschriften für den Liegenschaftsverkehr.

- **Modul 2, mündliche Prüfung:**
  Mündliche Prüfung in den oben angeführten Bereichen
- **Modul 3, Unternehmerprüfung:**
  Unternehmerprüfung gemäß der Unternehmerprüfungsordnung, BGBl. Nr. 453/1993, in der jeweils geltenden Fassung
- **Modul 4, Ausbilderprüfung:**
  Das Modul 4 besteht in der Ausbilderprüfung gemäß § 29a Berufsausbildungsgesetz.

Diese Inhalte können grundsätzlich im Selbststudium erarbeitet werden; aufgrund der Komplexität und des Umfangs der Inhalte empfiehlt es sich aber, sie über Lehrgänge zu erlernen.

An erster Stelle ist hier die Ausbildung an der FH Wien, Studium der Immobilienwirtschaft, zu nennen. In einem Bachelor-Lehrgang wird in sechs Semestern der juristische und praktische Hintergrund gelehrt, der Abschluss gilt gleichzeitig als Bestehen der Berechtigungsprüfung der Kammer. Weitere Lehrgänge finden sich an der FH Wiener Neustadt (Immobilienmanagement) und an der FH Kufstein (Facility Management und Immobilienwirtschaft). Die Donau-Uni Krems bietet einen Lehrgang zum Thema Immobilien- und Facility Management an.

Private Institute bieten Kurse sowohl für die Gewerbeberechtigung als auch für den Makler-Assistenten an – hier sind OVI, WIFI, bfi, ews und andere zu erwähnen. An diesen Instituten findet man auch eine Vielzahl an einzelnen Kursen zu den verschiedensten Spezialbereichen. Immobiliennetzwerke bieten praxisnahe Ausbildungsmöglichkeiten an.

4.4. Ausblick

Wie überall im Leben ist die Veränderung die einzige Konstante. Sowohl in rechtlichen Bereichen als auch in wirtschaftlichen gab es in den letzten Jahren einige Veränderungen und es ist zu erwarten, dass es diese auch in Zukunft geben wird.

Das Thema „Besteller-Prinzip", lange diskutiert und in Deutschland seit einigen Jahren in Anwendung, ist seit 1. Juli 2023 Gesetz geworden.

Änderungen im Wohnrecht sind aufgrund der besonderen Situation der Immobilienwirtschaft immer zu erwarten.

Die stärksten Veränderungen in wirtschaftlicher Sicht ergeben sich durch die voranschreitende Digitalisierung. Neben den existierenden, sich aber rasch verändernden Themen von Social Media und digitaler Werbung werden sich auch in neuen Bereichen neue Situationen ergeben. Eine digitale Abwicklung von Kaufverträgen (digitaler Notar) ist ebenso denkbar wie eine weitgehende Implementierung von digitalen Kundenbetreuungs-Tools (CRM – Customer Relationship Management). Bereits am Markt und in Zukunft sicher auch ein wachsender Bereich sind Big-Data-Analysen, von Preisfindung bis hin zur Kundenanalyse. Akquise findet ebenfalls vermehrt digital statt, Lead-Generierungs-Unternehmen sind bereits jetzt stark vertreten. Auch in der Darstellung von Immobilien für die Vermarktung und Besichtigung werden sich Änderungen ergeben. Die aktuellen Möglichkeiten der Aufbereitung (Virtual Staging, virtuelle Rundgänge) sind erst der Beginn einer massiven Veränderung bei Präsentation und Besichtigung.

Dazu einige vertiefende Betrachtungen:

4.4.1. Das Bestellerprinzip

Seit 1. Juli 2023 gilt das sogenannte „Bestellerprinzip" auch in Österreich – und zwar für nahezu alle Formen von Mietwohnungen; Vermittlung im Bereich von Kauf/Verkauf ist davon nicht betroffen. Zu Beginn werde ich auf die rechtlichen Punkte eingehen. Die neuen gesetzlichen Regelungen sind nicht gleich, aber vergleichbar zu Deutschland. Die Auswirkungen werden ähnlich sein, daher in der Folge ein Blick nach Deutschland. Im Zuge einer lösungsorientierten Vorgehensweise werden Möglichkeiten des Umgangs mit der neuen Situation gezeigt und Beispiele gebracht.

4.4.1.1. Der Weg zum Bestellerprinzip

Dem Bestellerprinzip liegt das klassische Maklerprinzip (Achtung: nicht Immobilienmakler) zugrunde. Eine Person oder ein Unternehmen beauftragt einen Makler mit der Vermittlung eines Geschäfts. Im Maklergesetz ist in § 5 ausdrücklich festgehalten, dass der Makler ohne Einwilligung des Auftraggebers nicht gleichzeitig für den Dritten tätig werden darf. Das Bestellerprinzip ist also nichts anderes als die Einzelvertretung, die Standard-Regelung im Maklergesetz. Die Ausnahme dazu ergibt sich aus dem zweiten Teil im ersten Absatz: „..., *wenn nicht für den betreffenden Geschäftszweig ein abweichender Gebrauch besteht.*“ Diese Ausnahme ist für den Immobilienmakler die Regel.

Die Doppelmaklertätigkeit (d.h. für beide Seiten des Vermittlungsgeschäfts) als Regelfall hat sich in der Immobilienbranche schon gewohnheitsmäßig festgesetzt. Es ist vielen nicht bewusst, dass es sich dabei um eine Sonderform des Vermittlungsgeschäfts handelt. Diese Situation hat zur Entwicklung von Rahmenbedingungen und Gebräuchen geführt.

Der Makler ist zu einem Interessenausgleich verpflichtet. Sobald er für beide Geschäftsparteien tätig wird, muss er für einen fairen Mittelweg sorgen. Dies betrifft sowohl die Informationspflichten als auch die Preisgestaltung. Das Ergebnis muss also gesetzesbedingt ein Kompromiss für beide Seiten sein – weder der maximal erzielbare Preis für den Verkäufer/Vermieter noch der bestmögliche Preis für den Käufer/Mieter. Der Makler haftet sowohl dem Abgeber als auch dem Abnehmer für alle Informationen, die vorliegen. Aus dieser Mittelstellung können sich einige Schwierigkeiten für den Makler ergeben. Verkäufer geben nicht alle Informationen an den Makler weiter und es ist nicht genau definiert, bis zu welchem Ausmaß der Makler selbst Nachforschungen erheben muss. Erfährt er von einem Sachverhalt, den ihm der Verkäufer nicht mitgeteilt hat, ist er in der unangenehmen Situation, diese Frage mit seinem Auftraggeber klären zu müssen. Noch unangenehmer ist es, wenn sich eine Aussage des Verkäufers als falsch herausstellt. Gegenüber dem Käufer wiederum ist er verpflichtet, alle geschäftswesentlichen Umstände mitzuteilen. Bei Fehlern oder Unterlassungen kommt es zu Provisionsminderung oder sogar Schadenersatz.

Schwierig zu beurteilen ist in der Praxis, wo sich der exakte Punkt für den Interessenausgleich findet. Eine Übervorteilung einer Seite kann weder rechtlich noch emotional genau definiert werden und lässt damit eine gewisse Rechtsunsicherheit entstehen. Ein – zumindest theoretischer – Vorteil liegt bei der Doppelvertretung im erwähnten Interessenausgleich. Die beiden Geschäftsseiten erhalten zwar nicht das beste, aber ein faires Ergebnis. Besonders schwierig gestaltet sich der Interessenausgleich in ausgeprägten Käufer- oder Verkäufermärkten oder in Bereichen, in denen gesetzliche Regelungen in den freien Entscheidungsprozess der Vertragsparteien eingreifen.

In einem Markt, in dem es wenig Angebot gibt und Makler sich um Aufträge duellieren, ist die Wahrscheinlichkeit eines fairen Interessenausgleichs unwahrscheinlich. Die wirtschaftliche Notwendigkeit bringt jedenfalls eine ethische Grenzsituation. Gibt es beispielsweise Preisregelungen, die dem marktwirtschaftlichen Prinzip von Angebot und Nachfrage widersprechen (z.B. Mietobergrenzen), befindet sich der Makler in der Zwickmühle. Der Abgeber verlangt einerseits die Vermittlung zu möglicherweise nicht gesetzeskonformen Preisen, dem Abnehmer ist der Makler zur korrekten Aufklärung über die rechtlichen Rahmenbedingungen verpflichtet.

Besonders im städtischen Bereich, wo die Nachfrage nach Mietwohnungen und der Wettbewerb zwischen den Maklern um Vermittlungsaufträge hoch sind, hat dies zu einer, sagen wir, beachtenswerten Situation geführt: Die Vermittlungsprovision wird häufig nur von der Mieterseite bezahlt, die Interessenvertretung liegt jedoch schwerpunktmäßig beim Vermieter. In diesem Bereich finden sich auch der Ursprung und die ständige Verstärkung des negativen Bildes über den Makler. Will man das Image des Maklers verbessern, ist hier einer der wichtigsten Punkte, bei denen man ansetzen kann.

Die Einzelvertretung (nur Abgeber oder nur Abnehmer) löst viele dieser Probleme. Warum sie nicht besonders beliebt ist, ist in der Möglichkeit der doppelten Provisionsvergütung (d.h. von beiden Seiten) begründet. Vielfach verhindern auch schlichte Vermittlungsverträge (mit Befürchtungen wie Umgehungen durch Auftraggeber oder Kollegen) oder fehlende Provisionsvereinbarungen die Umsetzung der Einzelvertretung.

Insbesondere die Ausprägungen im Mietbereich haben seit vielen Jahren zu politischen Diskussionen und rechtlichen Veränderungen (z.B. Reduktion der maximalen Mieterprovision) geführt. Seit 1. Juli 2023 nun auch mit der Einführung des „Bestellerprinzips“ oder „Erstauftraggeberprinzips“. Nur mehr derjenige Vertragsteil soll Provision zahlen, der die Leistung des Maklers (als Erster) veranlasst hat.

4.4.1.2. Der rechtliche Rahmen

Mit BGBl. Nr. I 24/2023 wurde der neue § 17a in das Maklergesetz eingeführt; dort sind alle Inhalte zu finden.

Die neue Regelung gilt für alle Mietwohnungsverträge ausgenommen Verträge mit Dienstgebern, die Dienstnehmern eine Dienst-, Natural- oder Werkswohnung zur Verfügung stellen. Auch als Mietwohnung gelten Mietverträge für Ein- oder Zweifamilienhäuser. Nicht umfasst sind Geschäftsflächen.

Es wird festgehalten, dass einem Wohnungssuchenden keine Provision verrechnet werden darf, wenn bereits ein Vermittlungsauftrag mit dem Vermieter besteht oder der Makler ein Naheverhältnis zum Vermieter hat. Dezidiert geregelt ist, dass dies der Fall ist, wenn der Makler eine zu vermietende Wohnung inseriert oder auf andere Weise bewirbt. Hier sind in den Erläuterungen beispielsweise Newsletter oder E-Mail-Aussendungen angeführt.

Bei einer Provisionsverrechnung an einen Wohnungssuchenden hat er diesem darzulegen, dass keine der angeführten Situationen vorlagen. Wie dies in der Praxis funktionieren soll, wird sich weisen. Möglicherweise mit einem Nachweis, dass die Wohnung erst nach einem Suchauftrag bei Kollegen oder Vermietern angefragt wurde. Bei Suchaufträgen ist diese Regelung jedenfalls mitzubedenken.

Im Absatz 5 werden Vereinbarungen für ungültig erklärt, die Wohnungssuchende zu Leistungen an Makler, Vermieter, Vormieter oder Dritte verpflichten, falls sie im Zusammenhang mit der Vermittlung oder dem Abschluss eines Mietvertrags stehen. Vermieden werden sollen durch diese Bestimmung Umgehungen der Provisionspflicht. Vermutlich nicht beabsichtigt ist eine Unklarheit, die eine (in der Höhe gerechtfertigte) Ablöse für Einrichtungsgegenstände des Vermieters damit unwirksam machen würde.

Sämtliche Bestimmungen sind zwingendes Recht, d.h. andere vertragliche Regelungen sind gegenüber dem Wohnungssuchenden nichtig.

Wer gegen die Bestimmungen verstößt, begeht eine Verwaltungsübertretung, die mit Geldstrafen zu bestrafen ist. Zivilrechtliche Ansprüche (Provisionsentfall, Schadenersatz u.a.) sind ohnehin von Mieterseite möglich.

4.4.1.3. Bestellerprinzip in Deutschland

In Deutschland wurde Mitte 2015 bereits eine Form eines Bestellerprinzips eingeführt. Vorangegangen waren Diskussionen über leistbares Wohnen und in diesem Zusammenhang auch über die Provisionsregelungen für Makler. Die Thematik und Situation in Deutschland vor der Einführung waren mit denen in Österreich durchwegs vergleichbar. Die Makler erbringen die Leistung hauptsächlich im Sinne des Vermieters, wobei der Mieter die Provision (bis zu 2,38-fache Kaltmiete) zu begleichen hat.

Die Regelungen führten zu deutlichen Änderungen in der Branche. Die Erfahrungen zeigen folgende Tendenzen:

Viele Makler haben ihre Tätigkeiten im Mietgeschäft eingestellt. Die Überwälzung auf den Abgeber funktioniert nicht durchgehend, eine wirtschaftlich sinnvolle Ausübung ist deshalb nicht mehr möglich. Große Maklerunternehmen finanzieren den Mietbereich quer oder versuchen zumindest kostendeckend zu arbeiten, um mit den Abgebern in Kontakt zu bleiben und über Folgegeschäfte im Verkauf Deckungsbeiträge zu erwirtschaften.

Bei den Maklern im Vermietgeschäft haben sich Pauschalmodelle oder Leistungsmodelle nach differenzierten Aufgaben eingebürgert.

Über den gesamten Markt geblickt haben sich die Umsätze seit der Einführung des „Bestellerprinzips" jedoch deutlich gesenkt: von der üblichen 2,38-fachen Kaltmiete auf eine bis 1,5-fache Kaltmiete. Das Angebot an Mietwohnungen am freien Markt ist deutlich gesunken und damit ist es für Mietinteressenten noch schwieriger geworden, (sozial leistbare) Wohnungen zu finden.

Eine weitere Folge war die Entstehung von vielen digitalen Vermietungs-Start-ups, die sich vergleichbar mit Immobilien-Portalen auf virtuelle Vermittlung zwischen Vermieter und Mieter spezialisieren.

4.4.1.4. Lösungsansätze

Jede Veränderung fordert neue Wege und Anpassungen. Im Folgenden werden verschiedene Möglichkeiten gezeigt, wie die aktuelle Situation gelöst werden kann. Ein wesentlicher Faktor ist die Betrachtung der Prozesse und Leistungen, die im Rahmen der Vermittlung für einen Vermieter erbracht werden.

Abgeberpakete

Nichts Neues, aber nicht überall angewendet ist das System der Provisionsvereinbarung mit dem Vermieter. Diese Vorgehensweise muss künftig zur Basis im Vermietungsgeschäft werden. Wie bisher dürfen bis zu drei Bruttomonatsmieten vereinbart werden. Besondere Leistungen können nach Vereinbarung zusätzlich verrechnet werden.

Um die Zahlungswilligkeit des Vermieters zu erreichen, wird es notwendig sein, die für ihn erbrachten Leistungen darzustellen. Wie in jedem Listing-Gespräch ist die Darstellung der eigenen Tätigkeiten und Aufwendungen die Grundlage für einen Vermittlungsvertrag.

Leistungen lassen sich beispielsweise in folgende Bereiche einteilen.

- Analyse: rechtliche und wirtschaftliche Einschätzung der Wohnung
- Aufbereitung: Erhebung der notwendigen Daten zur Wohnung, Fotos, Grundrissaufbereitung udgl.
- Marketing: sämtliche Marketingaktivitäten
- Besichtigungen: Qualifizierung, Terminabstimmungen, Besichtigungen mit Interessenten
- Abschluss: Bonitätsprüfung, Anbotsverhandlungen, Abschluss
- Abwicklung: Mietvertragsabwicklung, Übergabe und Dokumentation
- Nebenleistungen: Koordination Handwerker bei Umbauarbeiten, Übernahme Vormieter udgl.

Die aufgewendete Zeit und direkte Kosten (z.B. Inseratkosten) müssen intern bewertet werden, um so die notwendige Provisionshöhe zu kalkulieren. Darstellbar sind Leistungen in Paketform, also gruppierte Leistungen zu einem Pauschalpreis oder einzeln buchbare Leistungen zu fixen Preisen. Dazwischen sind verschiedene Kombinationen möglich.

Analyse: rechtliche und wirtschaftliche Einschätzung der Wohnung	**Analyse: rechtliche und wirtschaftliche Einschätzung der Wohnung**	**Analyse: rechtliche und wirtschaftliche Einschätzung der Wohnung**
• Mietrechtliche Einordnung der Wohnung (insb. hinsichtlich erlaubter Miethöhe)	• Mietrechtliche Einordnung der Wohnung (insb. hinsichtlich erlaubter Miethöhe)	• Mietrechtliche Einordnung der Wohnung (insb. hinsichtlich erlaubter Miethöhe)
• Baurechtliche Einordnung der Wohnung (Vorschriften wie z.B. Elektrotechnikverordnung)	• Baurechtliche Einordnung der Wohnung (Vorschriften wie z.B. Elektrotechnikverordnung)	• Baurechtliche Einordnung der Wohnung (Vorschriften wie z.B. Elektrotechnikverordnung)
• Preiseinschätzung	• Preiseinschätzung	• Preiseinschätzung
• Zielgruppenanalyse	• Zielgruppenanalyse	• Zielgruppenanalyse
• Eindruck und Verbesserungsmöglichkeit in der Erscheinung der Wohnung	• Eindruck und Verbesserungsmöglichkeit in der Erscheinung der Wohnung	• Eindruck und Verbesserungsmöglichkeit in der Erscheinung der Wohnung
Aufbereitung: Erhebung der notwendigen Daten zur Wohnung, Fotos, Grundrissaufbereitung udgl.	**Aufbereitung: Erhebung der notwendigen Daten zur Wohnung, Fotos, Grundrissaufbereitung udgl.**	**Aufbereitung: Erhebung der notwendigen Daten zur Wohnung, Fotos, Grundrissaufbereitung udgl.**
• Wohnungsdaten (Größe, Ausstattung, Ausrichtung etc.)	• Wohnungsdaten (Größe, Ausstattung, Ausrichtung etc.)	• Wohnungsdaten (Größe, Ausstattung, Ausrichtung etc.)
• Dateneingabe und -verwaltung	• Dateneingabe und -verwaltung	• Dateneingabe und -verwaltung
• Grundriss vorhanden	• Grundriss ausheben bzw. gestalten (2D)	• Grundriss ausheben bzw. gestalten (3D)
• Energieausweis und andere rechtlich notwendige Unterlagen	• Energieausweis und andere rechtlich notwendige Unterlagen	• Energieausweis und andere rechtlich notwendige Unterlagen
• Text Exposé	• Text Exposé	• Text Exposé
• Fotos	• Fotos	• Fotos
• Betriebskosten	• Betriebskosten	• Betriebskosten
		• 360°-Fotos
		• Video

Marketing: sämtliche Marketingaktivitäten	**Marketing: sämtliche Marketingaktivitäten**	**Marketing: sämtliche Marketingaktivitäten**
• Plattformen	• Plattformen	• Plattformen
• Eigene Website	• Eigene Website	• Eigene Website
• Auslagen	• Auslagen	• Auslagen
• Newsletter	• Newsletter	• Newsletter
• Flyer	• Flyer	• Flyer
• Zu-mieten-Schild	• Zu mieten Schild	• Zu-mieten-Schild
• Social Media	• Social Media	• Social Media
• Vormerkkunden	• Vormerkkunden	• Vormerkkunden
• Maklerdatenbank	• Maklerdatenbank	• Maklerdatenbank
• Aushänge	• Aushänge	• Aushänge
Besichtigungen: Qualifizierung, Terminabstimmungen, Besichtigungen mit Interessenten	**Besichtigungen: Qualifizierung, Terminabstimmungen, Besichtigungen mit Interessenten**	**Besichtigungen: Qualifizierung, Terminabstimmungen, Besichtigungen mit Interessenten**
• Anfragebeantwortung	• Anfragebeantwortung	• Anfragebeantwortung
• Terminvereinbarungen	• Terminvereinbarungen	• Terminvereinbarungen
• Ersttermin – Gruppenbesichtigung	• Ersttermin – Gruppenbesichtigung	• Ersttermin – Gruppenbesichtigung
		• Openhouse
• Folgetermine	• Folgetermine	• Folgetermine
• Termine zu üblichen Geschäftszeiten	• Wochenend- und Tagesrandtermine (z.B. nach 18 Uhr)	• Wochenend- und Tagesrandtermine (z.B. nach 18 Uhr)
• Abklärungen und Abstimmungen mit Interessenten	• Abklärungen und Abstimmungen mit Interessenten	• Abklärungen und Abstimmungen mit Interessenten
Abschluss: Bonitätsprüfung, Anbotsverhandlungen, Abschluss	**Abschluss: Bonitätsprüfung, Anbotsverhandlungen, Abschluss**	**Abschluss: Bonitätsprüfung, Anbotsverhandlungen, Abschluss**
	• Bonitätsprüfung Basis (Unterlagen)	• Bonitätsprüfung Basis (Unterlagen)
		• Bonitätsprüfung Auskuftei
• Angebotsverhandlungen und Anbot-Abschluss	• Angebotsverhandlungen und Anbot-Abschluss	• Angebotsverhandlungen und Anbot-Abschluss

		Abwicklung: Mietvertragsabwicklung, Übergabe und Dokumentation
		• *Mietvertragsvorbereitungen und -erstellung*
		• *Mietvertragsunterschrift*
		• *Übergabe und Dokumentation*
		• *Vermietungsgarantie innerhalb von 15 Monaten*
Zusätzlich buchbare Leistungen	**Zusätzlich buchbare Leistungen**	**Zusätzlich buchbare Leistungen**
• Virtueller Rundgang (360-Tour)	• Virtueller Rundgang (360-Tour)	• Virtueller Rundgang (360°-Tour)
• Virtuelles Homestaging	• Virtuelles Homestaging	• Virtuelles Homestaging
• Zeitung/Zeitschriften Inserate	• Zeitung/Zeitschriften Inserate	• Zeitung/Zeitschriften Inserate
• Mietvertragsvorbereitungen und -erstellung	• Mietvertragsvorbereitungen und -erstellung	
• Mietvertragsunterschrift	• Mietvertragsunterschrift	
• Übergabe und Dokumentation	• Übergabe und Dokumentation	
• Andere Leistungen nach Aufwand	• Andere Leistungen nach Aufwand	• Andere Leistungen nach Aufwand
Provision 1,5 BMM	**Provision 2 BMM**	**Provision 3 BMM**

Suchkunden – Kooperationsgeschäfte

Die gesetzlichen Rahmenbedingen lassen einen Auftrag mit Wohnungssuchenden bei Provisionspflicht ausdrücklich zu, auch wenn diese Variante sehr eingeschränkt ist. Dazu muss ein Suchauftrag erteilt werden und es darf weder ein Naheverhältnis noch ein Auftrag mit dem Vermieter bestehen. Keinesfalls darf die Wohnung auch selbst inseriert oder beworben gewesen sein.

Hat ein Makler einen Suchauftrag und findet er am Markt oder bei anderen Kollegen eine passende Wohnung, darf er Provision verlangen. Es bestehen bereits technische Lösungen („Marktplatz"), bei denen nur Makler auf eine gemeinsame Datenbank mit Immobilienangeboten zugreifen können. Dieses System ist vergleichbar mit dem „MLS“ (multiple listing service), bei dem Daten nur zwischen Maklern ausgetauscht werden.

Da man bei Verrechnung einer Provision an einen Wohnungssuchenden auch darlegen muss, dass kein (Erst-)Auftrag mit dem Vermieter bestanden hat, muss eine derartige Suche auch schriftlich festgehalten und dem Wohnungssuchenden gegenüber dokumentiert werden.

4.4.1.5. Allgemeine Maßnahmen

Kosten einsparen

Sind die Margen knapp, spielen die Kosten eine wichtige Rolle. Eine genaue Betrachtung der Notwendigkeit und der Wirtschaftlichkeit aller Teile des Vermittlungsprozesses hilft Deckungsbeiträge zu optimieren.

Im ersten Schritt gilt es, die Unterlagensammlung und -aufbereitung möglichst effizient zu gestalten. Da die Datenaufbereitung ein wesentlicher Teil ist, gibt es wenig Punkte, die ausgelassen werden können. Möglichst wenige Termine und eine klare Kommunikationsstruktur helfen hier Zeit zu sparen.

Bei der Aufbereitung der Daten können manche Leistungen nur gegen höhere Provision oder Kostenübernahme durch den Auftraggeber erbracht werden.

Auch im Marketing können einzelne (kostenpflichtige) Positionen ausfallen. Eine stufenweise Vermarktung ist eine Variante, bei der Marketingkosten eingespart werden können. Wohnungen werden zuerst Vormerkkunden angeboten und auf der eigenen Webseite angeführt. Betreibt man Social-Media-Kanäle, kann auch auf diesen vorab das Angebot gezeigt werden. Kostenpflichtige Inserate folgen erst nach einer gewissen Zeit. Die Nutzung einer gemeinsamen Datenbank mit anderen Maklern kann zu Gemeinschaftsgeschäften führen.

Besonderes Augenmerk verdient der Bereich der Besichtigung, da dieser zeitaufwendig sein kann. Die Qualifizierung von Wohnungssuchenden ist von hoher Bedeutung. Im optimalen Fall weisen die Interessenten bereits vorab nach, dass das Einkommen für die laufenden Mietkosten ausreicht (Einkommensnachweis) und das Interesse an der Wohnung hoch ist. Dies kann mit einem umfangreichen Qualifizierungs-Telefonat abgeklärt werden. Eine möglichst realistische Darstellung der Wohnung, sei es durch Fotos, Beschreibung oder 360°-Touren hilft, Leerläufe (unnötige Erstbesichtigungen) zu reduzieren. Besichtigungstermine sollten, wenn nicht als Gruppenbesichtigung organisiert, jedenfalls geblockt sein. Terminerinnerungen und -bestätigungen helfen, dass die Interessenten auch tatsächlich Termine einhalten. An welchen Tagen (Wochenende) und zu welchen Zeiten (Abend) Besichtigungen durchgeführt werden, kann ebenfalls wichtig sein.

Der Abschluss in Form des Mietanbots beendet die Tätigkeit des Maklers offiziell. Bei weiteren Leistungen, die bisher oft ohne Verrechnung erbracht wurden, sollten diese auf Kosten und Zeitaufwand geprüft werden. Dazu gehören beispielsweise die Unterstützung bei der Mietvertragserrichtung oder die Übergabe. Nach Vereinbarung mit den Parteien können diese zusätzlichen Dienste auch verrechnet werden.

Besondere Leistungen oder Leistungen, die man extern vergibt, können auch gesondert verrechnet werden. Hier finden sich beispielsweise besondere Marketing- oder Dienstleistungen.

Hilfreich für eine optimierte Ablaufstruktur sind Digitalisierungsmaßnahmen. Diese können von automatisierter Anfragebeantwortung über Terminbuchungstools bis hin zu einem elektronischen Mietanbotsabschluss reichen.

Hinweis – Keine Doppelmaklertätigkeit

Da bei Immobilienmaklern die Doppelmaklertätigkeit als Regelfall gilt, ist bei einer Einzelvertretung gesondert darauf hinzuweisen. Falls Wohnungssuchende keine Gegenleistung für die erbrachte Dienstleistung (d.h. keine Provision) bezahlen, sollte man auch die Haftungen möglichst gering halten. Daher ist ein nachweisbarer Hinweis auf die Einzelvertretung unbedingt empfehlenswert.

Der Makler gilt als Verhandlungsgehilfe des Vermieters und muss dessen Interessen wahren. Daher muss er alle Informationspflichten, die auch der Vermieter hätte, einhalten. Hierbei handelt es sich um vorvertragliche Aufklärungs- und Sorgfaltspflichten. Darüber hinausgehende Pflichten (wie bei der Doppelvertretung) sind nicht argumentierbar. Bei wissentlichen Falschinformationen haftet der Makler dennoch unmittelbar.

Derartige Hinweise können beispielsweise im Inserat, auf Unterlagen oder im Schriftverkehr angeführt werden und sollten jedenfalls dokumentiert sein.

Abschließend muss erwähnt werden, dass sich Makler jedenfalls um eine gute Dienstleistung auch gegenüber dem Wohnungssuchenden bemühen sollten. Zum einen, um den Auftraggeber (den Vermieter) bestmöglich zu bedienen zum anderen, um ein gutes Bild bei den Wohnungssuchenden als Geschäftspartner bzw. möglicher künftiger Kunde zu hinterlassen. Auch im Sinne der Branche ist ein professionelles Auftreten und Verhalten wünschenswert.

4.4.2. Multiple Listing System (MLS)

Vor über hundert Jahren trafen sich in Nordamerika regelmäßig Immobilienmakler, um sich gegenseitig über ihre Angebote und ihre Suchaufträge zu informieren und die Möglichkeiten für gemeinsame Geschäfte auszuloten. Dies war der Beginn des Multiple Listing Systems (oder auch Multiple Listing Service), kurz MLS. In den 1980ern erschien dieser Austausch in Buchform und war oft mehrere hundert Seiten dick. Heutzutage funktioniert die Zusammenarbeit über digitale Datenbanken, die sämtliche Immobilien der teilnehmenden Unternehmen anzeigen.

Organisiert und verwaltet wird diese Datenbank von (regionalen) Verbänden, die ausschließlich aus teilnehmenden Unternehmen bestehen. Diese Verbände stellen Regeln für die Teilnehmer (d.h. sich selbst) auf, die einen fairen Umgang und ein Mindestmaß an Qualität vorgeben. Verstoßen einzelne Mitglieder (wiederholt oder bewusst) gegen diese Vereinbarungen, können sie von der Teilnahme ausgeschlossen werden. Da die Mitgliedschaft für die meisten Unternehmen eine Geschäftsgrundlage darstellt, ist eine qualitative Zusammenarbeit die Regel.

Zugriff auf diese Datenbank haben ausschließlich die teilnehmenden Mitglieder, Privatverkäufer oder unqualifizierte Makler sind ausgeschlossen. In den meisten Regionen werden über 90 % aller Immobilientransaktionen über das MLS abgewickelt.

In diese Datenbank werden alle relevanten Daten über die Immobilie eingetragen, ebenso die Daten zur Provisionsteilung für Gemeinschaftsgeschäfte. In den USA und Kanada ist es üblich, dass der Abgeber die gesamte Provision zahlt (meist zwischen 5 % und 6 %) und der Käufermakler einen Prozentsatz davon erhält, in der Regel wird 50:50 geteilt. Es folgt aus dieser Situation auch, dass es Makler gibt, die sich auf Abgeber konzentrieren, und andere, die nur Suchkunden betreuen.

Mehrere Vorteile ergeben sich aus diesem System. Die Kosten für Vermarktungsplattformen (wie in Europa üblich) sind gering bis nicht vorhanden, da die Abnehmer nicht selbst über die Plattformen suchen, sondern ihren Suchwunsch beim Makler hinterlegt haben. Der Abnehmer- (oder Such-) Makler durchforstet manuell oder mittels eines digitalen „Suchagenten" die Datenbank und sendet dem Interessenten passende Angebote. Im Vergleich zu Österreich (wo die Interessenten selbst suchen) leistet der Makler einen wesentlichen Beitrag. Er übernimmt die Arbeit des Interessenten und bietet ihm zusätzlich Objekte an, die dieser sonst nicht gefunden hätte. Dadurch werden Image und Provisionsbereitschaft positiv beeinflusst.

Durch die umfassenden Daten über den Immobilienmarkt übernehmen die Makler die Themenführerschaft in der öffentlichen Wahrnehmung. Der Verband oder die einzelnen Makler können Informationen über Preisentwicklung, Verkaufsdauer oder Trends bekanntgeben und steigen so in der allgemeinen Wahrnehmung auf. Zusätzlich sind diese Daten für die Teilnehmer am MLS verfügbar, es herrscht dadurch eine Transparenz über Marktpreise, die eine Festlegung des (marktfähigen) Angebotspreises mit dem Abgeber erleichtert.

Da durch das MLS (neben der Provisionsfreiheit für Käufer) in Nordamerika nahezu alle Immobiliensuchenden zu Maklern gehen, fällt ein Großteil der Marketingkosten (insbesondere die Insertionskosten auf Plattformen) weg und jeder Makler verfügt über eine bessere Kostenstruktur.

Da Privatverkäufer keinen Zugang zur Datenbank haben, ist es für diese ungleich schwieriger, Käufer zu finden. Abgeberprovision und Alleinvermittlungsvertrag sind viel einfacher zu argumentieren.

Schwierigkeiten der Umsetzung dieser Vorteile bereiten in Österreich einige Besonderheiten des gelebten Marktes. Es müsste mit dem Abgeber das Verbot des „Selbstverkaufs" (und damit die Provisions-Umgehungsmöglichkeiten) durchgängig umgesetzt werden. Zwischen den Maklern selbst könnten die Schriftlichkeit des Maklervertrages und die Eingabe in die Datenbank mögliche Diskussionen regeln. Aber selbst die Schriftlichkeit des Vertrages ist, obwohl gesetzlich vorgesehen, nicht durchgehend gewährleistet. Datenbank- und Plattformunternehmen sträuben sich aus (berechtigten) Existenzsorgen gegen eine Einführung. Die vertraglichen Rahmenbedingungen für Gemeinschaftsgeschäfte sind zwar schon festgelegt, die Konsequenzen bei Fehlverhalten sind aber noch nicht vorhanden. Und solange niemand mit Konsequenzen rechnen muss, ist die Sorge vor Missbrauch berechtigt.

5. Rechtliche Rahmenbedingungen

Der Immobilienmakler muss einerseits über bestimmte rechtliche Voraussetzungen/Bedingungen informieren können, andererseits geben gesetzliche Bestimmungen auch seine beruflichen Rahmenbedingungen vor. Im Folgenden soll ein grundsätzlicher Überblick über dieses Thema gegeben werden, der aber keinen Anspruch auf Vollständigkeit erhebt. Die Ausführungen orientieren sich nicht an einer juristischen Genauigkeit, die im Einzelfall notwendig ist, sondern sollen nur die Systematik im Groben beschreiben. So wie es in der Praxis im Detail wichtig ist, zu wissen, wo gewisse Themen nachzulesen sind, so soll hier ein Grundwissen dargestellt werden, welches jedenfalls vorhanden sein sollte. Insbesondere im Mietrecht gibt eine Vielzahl an Entscheidungen des OGH, die einzelne Bereiche klären. Für eine genauere Information zu diesen Fragen gibt es eine Vielzahl an spezieller Literatur.

Es wird zwischen öffentlichem Recht und Zivilrecht (Privatrecht) unterschieden: Im öffentlichen Recht gibt es eine Hoheitsgewalt (Bund, Land, Gemeinde), das Zivilrecht regelt das Verhältnis von Personen untereinander. Typische Beispiele für öffentliche Rechtsvorschriften sind das Gewerberecht, das Baurecht und das Steuerrecht. Die Basis des Zivilrechts ist das Allgemeine bürgerliche Gesetzbuch (ABGB), daneben gibt es viele Spezialgesetze wie das Mietrecht oder das Wohnungseigentumsrecht. Grundsätzlich gilt, dass spezielle Regelungen den Vorrang gegenüber allgemeineren haben. Unterliegt ein Fall dem Mietrecht, gelten diese Vorschriften vor den Bestimmungen des ABGB. Nur wenn sich im Mietrecht keine anwendbare Bestimmung findet, wird auf die Regelungen des ABGB zurückgegriffen.

5.1. Gewerberecht

Die gewerberechtlichen Vorschriften sind in der Gewerbeordnung geregelt. Gewerbsmäßig wird eine Tätigkeit dann ausgeübt, wenn sie selbständig, regelmäßig und in Ertragserzielungsabsicht betrieben wird. Selbständig bedeutet, auf eigene Rechnung und Gefahr tätig zu sein, also Unternehmerrisiko zu tragen. Arbeitnehmer (Dienstvertrag) fallen daher genauso wenig unter diese Verpflichtung wie freie Dienstnehmer, die ihre Leistung in Abhängigkeit vom Arbeitgeber (Kriterien hierfür sind etwa eine Einbindung in die Struktur des Unternehmens, Weisungsunterworfenheit, Anwesenheitsverpflichtung, Arbeitsmittel des Unternehmens) erbringen. Regelmäßig ist eine Tätigkeit, wenn sie wiederholt vorgenommen wird. Und bei der Ertragserzielungsabsicht kommt es auf die Absicht an (d.h. auch bei eventuell entstehenden Verlusten kann diese Absicht vorliegen). Für die Ausübung der Tätigkeit des Maklers sind die Vorschriften für Immobilientreuhänder maßgeblich, hierbei handelt es sich um ein reglementiertes Gewerbe.

Es gibt allgemeine und besondere Voraussetzungen. Um Ersteres zu erfüllen, muss man das 18. Lebensjahr vollendet haben, EU-Bürger (oder durch Aufenthaltstitel berechtigt) sein und es dürfen keine Ausschließungsgründe vorliegen. Ausschließungsgründe sind Vorstrafen und Insolvenzverfahren. Die besonderen Voraussetzungen sind die Vorlage eines Befähigungsnachweises (üblicherweise eine Prüfung durch die Wirtschaftskammer, aber auch die Absolvierung von verschiedenen Lehr- und Studiengängen) oder gleichwertiger Belege (§ 1 Immobilientreuhänder-Verordnung) und der Nachweis von Praxistätigkeit.

§ 117 GewO (Auszug)

(1) Das Gewerbe der Immobilientreuhänder (§ 94 Z 35) umfasst die Tätigkeiten der Immobilienmakler, der Immobilienverwalter und der Bauträger.

(2) Der Tätigkeitsbereich des Immobilienmaklers umfasst

1. die Vermittlung des Kaufes, Verkaufes und Tausches von unbebauten und bebauten Grundstücken und von Rechten an Immobilien einschließlich der Vermittlung von Nutzungsrechten an Immobilien (wie sie zB durch Timesharing-Verträge erworben werden) und der Vermittlung des Kaufes, Verkaufes und Tausches von Wohnungen, Geschäftsräumen, Fertigteilhäusern und Unternehmen;
2. die Vermittlung von Bestandverträgen über Immobilien einschließlich der Vermittlung von Bestandverträgen über Wohnungen, Geschäftsräume und Unternehmen;
3. den Handel mit Immobilien einschließlich des Mietkaufes. Dazu zählt auch die Errichtung von Bauten, die der Makler als Bauherr durch befugte Gewerbetreibende zum Zweck der Weiterveräußerung als Ganzes ausführen lässt;
4. die Vermittlung von Beteiligungen an Immobilienfonds;
5. die Beratung und Betreuung für die in Z 1 bis 4 angeführten Geschäfte. Gewerbetreibende, die zur Ausübung dieser Tätigkeiten berechtigt sind, sind auch zur Vermittlung von Hypothekarkrediten sowie zur Vermittlung von Privatzimmern an Reisende zu vorübergehendem Aufenthalt sowie zur Führung eines Gästezimmernachweises berechtigt;
6. die Durchführung der öffentlichen Versteigerung von Liegenschaften, Superädifikaten und Baurechten nach § 87c NO; § 158 ist anzuwenden. (...)

Immobilientreuhänder sind berechtigt, außer bei Anwaltszwang, ihre Auftraggeber bei Behörden, Fonds, Förderstellen oder Körperschaften und bei Gericht zu vertreten. Hierzu gibt es meist Vorlagen für Bevollmächtigungen, die zum Teil in Vermittlungsverträgen bereits integriert sind.

Sie dürfen formularmäßige Verträge erstellen. Davon sind vor allem Kauf- und Mietanbotsformulare oder Mietvertragsvorlagen umfasst.

Für die Ausübung des Gewerbes ist es notwendig, eine Vermögensschadenhaftpflichtversicherung abzuschließen. Die Versicherungssumme muss zumindest 100.000,– Euro betragen und der Selbstbehalt darf fünf Prozent nicht übersteigen. Die Kammer der Immobilientreuhänder bietet einen entsprechenden Rahmenvertrag an.

Weiteres zu diesem Thema kann in den einschlägigen Bestimmungen nachgelesen werden oder es können Auskünfte in einem Beratungsgespräch mit z.B. der Wirtschaftskammer eingeholt werden.

5.2. Arbeitsrecht

Das Immobilienmaklergewerbe weist eine große Anzahl von atypischen Dienstverhältnissen auf. Im Hinblick auf eine korrekte sozialversicherungsrechtliche Einbindung und die Vermeidung von Schwierigkeiten bei diesbezüglichen Fehlern ist dieses Thema sehr wichtig.

Im Arbeitsrecht wird zwischen regulären Dienstnehmern, Selbständigen, freien Dienstnehmern und neuen Selbständigen unterschieden. Es gilt immer der tatsächliche wirtschaftliche Gehalt und nicht die Bezeichnung des Vertrages. Prüfer klären diesen Punkt im Maklerbereich besonders genau ab.

Die wesentlichen Merkmale eines Dienstverhältnisses sind die persönliche Arbeitspflicht (im Gegensatz zur Vertretungsmöglichkeit), die auf Zeit abgestimmte Arbeitspflicht, die disziplinäre (weisungsgebundene) Einordnung in das Unternehmen, die Fremdbestimmtheit der Aufgaben und die organisatorische Eingebundenheit. Es ist voll sozialversicherungspflichtig nach dem ASVG. Übersteigt das monatliche Entgelt nicht 500,91 Euro (Stand: 2023), liegt eine geringfügige Beschäftigung vor, die begünstigt besteuert ist.

Gewerbliche Selbständige müssen einen eigenen Gewerbeschein nachweisen können. Für sie gelten die Bestimmungen des GSVG und sie erhalten eine vierteljährliche Vorschreibung der Sozialversicherungsanstalt der Selbständigen (SVS). Die Höhe wird auf Basis des Einkommensteuerbescheides festgelegt.

Ein freier Dienstvertrag liegt vor, wenn sich jemand ohne Vorliegen eines persönlichen Abhängigkeitsverhältnisses verpflichtet, Dienstleistungen zu erbringen (Zielschuldverhältnis). Es besteht keine Erfolgsgarantie und auch keine Weisungsgebundenheit, und weiters keine vorgegebenen Arbeitszeiten. Freie Dienstnehmer sind vom Arbeitgeber ASVG-versichert; es besteht Kranken-, Unfall- und Pensionsversicherung, jedoch keine Beitragspflicht zur Arbeitslosenversicherung. Freie Dienstnehmer haben in der Regel keinen Anspruch auf Krankengeld, bezahlten Urlaub und Urlaubs- bzw. Weihnachtsgeld.

Neue Selbständige arbeiten im Rahmen eines Werkvertrages (Werkschuldverhältnis) und gelten sozialversicherungsrechtlich als Selbständige. Sie müssen sich, wie gewerbliche Selbständige, selbst um ihre Versicherung kümmern.

Dienstnehmer können auch auf Basis von provisionsabhängiger Entlohnung angestellt werden. Ein Fixum kann, muss aber nicht vereinbart werden. Häufig werden regelmäßige Provisionsakontozahlungen vereinbart, um die Einkommensschwankungen für Mitarbeiter auszugleichen. Provisionsabhängige Angestellte haben ein Recht auf Urlaub, Kranken-, Urlaubs- und Weihnachtsgeld. Überstunden sind abzugelten. Bei Dienstnehmern sind Regelungen bezüglich des Mindestlohns zu berücksichtigen.

Für den Bereich der Makler besteht kein Kollektivvertrag, sehr wohl aber für Büroangestellte.

5.3. Konsumentenschutzrecht inklusive Verbraucherrechte-Richtlinie-Umsetzungsgesetz

Das Konsumentenschutzgesetz gilt für

> Rechtsgeschäfte, an denen
> 1. einerseits jemand, für den das Geschäft zum Betrieb seines Unternehmens gehört, (im folgenden kurz Unternehmer genannt) und
> 2. andererseits jemand, für den dies nicht zutrifft, (im folgenden kurz Verbraucher genannt) beteiligt sind“ (§ 1 KSchG).

Makler sind jedenfalls Unternehmer. Für die Anwendbarkeit ist daher zu prüfen, ob der Kunde ein Verbraucher ist. Bei den meisten Geschäftsbeziehungen eines Vermittlers wird dies der Fall sein. Vereinbarungen, die entgegen den Bestimmungen des KSchG zu Ungunsten des Verbrauchers getroffen werden, sind unwirksam (zu Ungunsten des Unternehmers darf abgewichen werden).

Verbraucher hatten gemäß § 3 KSchG bereits seit längerem ein Rücktrittsrecht von Vertragserklärungen, wenn diese nicht in den Geschäftsräumlichkeiten des Maklers abgegeben wurden. Seit 13. Juni 2014 gilt nun eine erweiterte Regelung, begründet durch das VRUG (Verbraucherrechte-Richtlinie-Umsetzungsgesetz), welches Änderungen in verschiedenen Gesetzesstellen ausgelöst hat (u.a. im KSchG). Das Kernelement stellt das FAGG (Fern- und Auswärtsgeschäfte-Gesetz) dar.

Hintergrund für das VRUG war eine Vereinheitlichung und Stärkung des Konsumentenschutzes in Europa. Es werden die Informationspflichten von Unternehmern verschärft und die Rücktrittsrechte des Konsumenten gestärkt. Diese Regelungen hatten nicht direkt die Immobilienmakler als Ziel, haben aber Dienstleistungsabläufe deutlich verändert. Vorab ist festzuhalten, dass Maklerverträge den Bestimmungen unterliegen, die zugrundliegenden Immobiliengeschäfte (Kauf, Miete) aber nicht. Im Falle eines Rücktritts ist somit nur der Maklervertrag (inkl. Provisionsberechtigung) hinfällig, nicht aber der Kauf-/Mietvertrag. Die Rücktrittsfrist beträgt 14 Tage (bei korrekter Aufklärung) bzw. zusätzlich zwölf Monate (falsche/keine Aufklärung). Um Missbrauchsüberlegungen von Verbrauchern zu verhindern, ist eine genaue Vorgehensweise ratsam.

Als erster Schritt ist für den Makler zu prüfen, ob ein Vermittlungsvertragsabschluss dem FAGG unterliegt. Dies ist gegeben, wenn ein Vertrag zwischen Unternehmer und Verbraucher nicht in den Geschäftsräumlichkeiten des Unternehmers abgeschlossen wurde. Es werden Außer-Geschäftsraum-Vertrag (AGV) und Fernabsatz-Vertrag (FAV) unterschieden. Ein AGV liegt vor, wenn Unternehmer und Verbraucher bei a) gleichzeitiger Anwesenheit und b) außerhalb des Geschäftsraums des Unternehmers einen Vertrag abschließen (Beispiel: Vermittlungsvertragsunterzeichnung in der Wohnung des Abgebers). Ein Fernabsatz-Vertrag liegt vor, wenn a) keine gleichzeitige Anwesenheit von Unternehmer und Verbraucher vorliegt und b) für das Zustandekommen Fernkommunikationsmittel (Post, Internet, E-Mail, Telefon, Fax) verwendet werden (Beispiel: Übersendung eines Immobilienangebots per E-Mail).

Praktisch gesehen unterscheiden sich die Auswirkungen und Vorgehensweisen zwischen Vermittlungsverträgen mit Abgebern und jenen mit Abnehmern (Interessenten). Bei Abgebern besteht die vorrangige Gefahr darin, bereits Aufwendungen eingegangen zu sein und Leistungen erbracht zu haben und dennoch einen entschädigungslosen Rücktritt zu erleben. Dies betrifft vor allem investierte Zeit und Kosten für Marketingmaßnahmen. Eine besondere Situation stellt auch der Fall dar, dem Abgeber bereits vor Ablauf der 14-tägigen Frist einen Abnehmer namhaft zu machen. Hier ist eine missbräuchliche Vorgehensweise des Abgebers und des Abnehmers nicht auszuschließen. Dieser Fall kann aber durch eine Vereinbarung zum „vorzeitigen Tätigwerden“ (mehr dazu weiter unten) ausgeschlossen werden.

Komplizierter stellt sich die Situation mit Interessenten dar. Wurde bisher weitgehend davon ausgegangen, dass der Maklervertrag mit dem Interessenten schlüssig abgeschlossen wird (z.B. Anfrage, Besichtigungstermin, Vertragsverhandlungen), ist diese Praxis nun nicht mehr möglich. Es ist nun notwendig, gewisse vorvertragliche Informationspflichten zu erfüllen und auch den Zeitpunkt des Vermittlungsvertragsabschlusses genau zu definieren.

Die beiden wesentlichen Regelungen betreffen einerseits die „vorvertraglichen Informationspflichten“ und andererseits die Rücktrittsrechte der Verbraucher.

Die vorvertraglichen Informationspflichten sind in § 4 Abs 1 FAGG aufgezählt. Diese betreffen insbesondere

- die wesentlichen Eigenschaften der Dienstleistung,
- die Firma und deren Kontaktdaten (Anschrift, Telefonnummer, E-Mail-Adresse),
- den Gesamtpreis der Dienstleistung inklusive aller Steuern bzw. die Art der Preisberechnung,
- die Zahlungs-, Liefer- und Leistungsbedingungen,
- die Rücktrittsbedingungen inklusive eines Muster-Widerrufformulars.

Diese Informationen sind üblicherweise in Formularen zusammengefasst. Vorlagen sind über die Wirtschaftskammer, Verbände oder Netzwerke erhältlich. Bei

Außer-Geschäftsraum-Verträgen sind diese Informationen auf Papier auszuhändigen. Die Aushändigung sollte jedenfalls schriftlich bestätigt werden.

Der zweite wesentliche Inhalt des FAGG betrifft die Rücktrittsrechte von Verbrauchern. Die Frist beginnt mit dem Tag des Vertragsabschlusses und beträgt 14 Tage bei Erfüllung der Informationspflichten, ansonsten verlängert sie sich um zwölf Monate. Für den Fall einer schriftlichen Beauftragung zum „vorzeitigen Tätigwerden" erlischt das Rücktrittsrecht mit vollständiger Leistungserbringung. Die vollständige Leistungserbringung ist insbesondere die Vorlage eines gegengezeichneten Anbots. Der notwendige Text ist üblicherweise in den Vorlagen angeführt und gesondert abzuhaken.

Bei allem notwendigen Verwaltungs- und Berichtsaufwand sollten die Auswirkungen auf den Kundenkontakt möglichst gering gehalten werden.

Speziell auf das Immobiliengeschäft bezogen ist die Regelung des § 30a: Legt ein Verbraucher am Tag der Erstbesichtigung ein Anbot für ein Objekt, das für Wohnzwecke geeignet ist und der Deckung eines dringenden Wohnbedürfnisses dient, kann er zurücktreten. Der Tag der Erstbesichtigung wird grundsätzlich als Kalendertag verstanden und nicht mit 24 Stunden festgelegt (Möglichkeit, „noch einmal darüber zu schlafen"). Keine Rücktrittsmöglichkeit besteht also beispielsweise bei einer Erstbesichtigung am 24.3. um 19:00 Uhr und einer Vertragserklärung am 25.3. um 8:00 Uhr. Bedeutend sind auch das dringende Wohnbedürfnis (keine Zweit-, Ferien-, Anlagewohnung etc.) und der Wohnzweck (keine Garagen, Lagerräume etc.).

Diese Regelungen sollen den Verbraucher vor Überrumpelung schützen. In Gerichtsverfahren prüfen Richter diesen Sachverhalt. Die Rücktrittsfrist beträgt eine Woche nach der Vertragserklärung und beginnt mit der Übergabe einer Zweitschrift der Vertragserklärung und der schriftlichen Belehrung über das Rücktrittsrecht; d.h. eine nachweisliche Übergabe ist in diesem Fall notwendig. Einen Monat nach dem Tag der erstmaligen Besichtigung endet die Rücktrittsmöglichkeit spätestens.

§ 30b bestimmt die Aufklärungspflichten des Immobilienmaklers gegenüber einem Verbraucher. Der Makler muss vor Abschluss des Vertrages eine schriftliche Übersicht geben, aus der hervorgeht, dass er als Makler einschreitet, und die sämtliche dem Verbraucher durch den Abschluss des zu vermittelnden Geschäfts voraussichtlich erwachsenden Kosten, einschließlich der Vermittlungsprovision, ausweist. Standardisiert wird dies durch die Übergabe der Nebenkostenübersicht erreicht. Die Höhe der Vermittlungsprovision ist außerdem gesondert anzuführen und auf ein wirtschaftliches oder familiäres Naheverhältnis ebenso wie auf die Doppelmaklertätigkeit ist hinzuweisen. Unterlässt der Makler dies, kann der Verbraucher Minderung der Provision oder sogar Schadenersatz verlangen!

Die Höchstdauer von Alleinvermittlungsaufträgen wird im § 30c behandelt; sie darf bei Bestandverträgen (z.B. Miete) maximal drei Monate, bei Wohnungen, Einfamilienwohnhäusern und einzelnen Grundstücken, die zum Bau eines Einfamilienwohnhauses geeignet sind, maximal sechs Monate betragen. Liegen besondere Umstände vor, die die Vermittlung wesentlich erschweren, darf auch eine längere Frist vereinbart werden.

Folgende Vereinbarungen sind nur rechtswirksam, wenn sie ausdrücklich und schriftlich vereinbart werden (§ 31):

- Vereinbarung des Ersatzes von Aufwendungen auf Grund von zusätzlichen Aufträgen (§ 9 MaklerG)
- Abschluss und Verlängerung von Alleinvermittlungsaufträgen (§ 14 MaklerG)
- besondere Vereinbarungen für Fälle fehlenden Vermittlungserfolgs (§ 15 MaklerG).

Das Konsumentenschutzrecht hat auch Auswirkungen auf viele Rechtsbereiche, die Immobilien betreffen. So waren in den letzten Jahren Auswirkungen auf Mietverträge häufige Themen der Gerichtsbarkeit und der Diskussion. Diese Thematik lässt sich auch auf das Bauträgervertragsrecht übertragen.

5.4. Datenschutzrecht

Seit 2018 gilt die Datenschutz-Grundverordnung (DSGVO, englisch General Data Protection Regulation – GDPR). Sie soll europaweit den Schutz personenbezogener Daten sicherstellen und bildet den gemeinsamen Datenschutzrahmen in der Europäischen Union. Diese europäische Verordnung wurde in nationales Recht übernommen und hat vielfältige Auswirkungen.

Grundsätze

- Rechtmäßigkeit, Verarbeitung nach Treu und Glauben, Transparenz
- Zweckbindung (Verarbeitung nur für festgelegte, eindeutige und legitime Zwecke)
- Datenminimierung („dem Zweck angemessen und erheblich sowie auf das [...] notwendige Maß beschränkt“)
- Richtigkeit („es sind alle angemessenen Maßnahmen zu treffen, damit [unrichtige] personenbezogene Daten unverzüglich gelöscht oder berichtigt werden“)
- Speicherbegrenzung (Daten müssen „in einer Form gespeichert werden, die die Identifizierung der betroffenen Personen nur so lange ermöglicht, wie es [...] erforderlich ist“)
- Integrität und Vertraulichkeit („angemessene Sicherheit der personenbezogenen Daten [...], einschließlich Schutz vor unbefugter oder unrechtmäßiger Verarbeitung und vor unbeabsichtigtem Verlust, unbeabsichtigter Zerstörung oder unbeabsichtigter Schädigung“)

Das Gesetz gilt für alle Unternehmen vom Ein-Personen-Unternehmen bis zu internationalen Konzernen und somit ist auch die Branche der Immobilientreuhänder umfasst. Inhaltlich behandelt die DSGVO die Verarbeitung von personenbezogenen Daten. Das sind alle Informationen, die einer konkreten Person zugeordnet werden können. Neben dem Namen und der Adresse sind hier beispielsweise auch Telefonnummern, E-Mail-Adressen, Kunden- und Mitarbeiternummern oder Lieferantendaten umfasst.

Als „verarbeitend" gelten Tätigkeiten wie die Erfassung, Strukturierung, Speicherung, Abfrage, Verwendung, Weitergabe oder Verbreitung von Daten. Es sind sowohl die analoge („Papierkartei") als auch die digitale (Datenbank-)Verarbeitung umfasst.

Zwar gilt die DSVGVO grundsätzlich nur gegenüber Verbrauchern, allerdings ist auch das Business-to-Business-Geschäft betroffen. Werden Daten von Personen in anderen Unternehmen verarbeitet, gelten die Regeln ebenfalls.

Das Gesetz bestimmt, dass die Verarbeitung personenbezogener Daten grundsätzlich verboten ist. Alle erlaubten Tatbestände sind Ausnahmen. Hier gibt es drei Bereiche: Die Verarbeitung ist erlaubt, wenn eine Einwilligung der Person vorliegt, sie vertraglich geregelt ist oder eine gesetzliche Grundlage sie verlangt.

Für Newsletter oder Werbezusendungen sind beispielsweise explizite Einwilligungen notwendig. Bei der Weitergaben von Kaufvertragsangaben zu Verkäufer und Käufer an einen Anwalt oder Notar muss eine vertragliche Regelung im Anbotsformular vorhanden sein. Ein Beispiel für eine gesetzliche Grundlage ist die Speicherung der Kundendaten auf Rechnungen und der Buchhaltung (Steuergesetze).

Der Unternehmer ist verpflichtet, den Verbraucher zu informieren, welche Daten er verarbeitet. Er muss diese Verarbeitungen in passender Weise dokumentieren und auf Anfrage die Daten ausweisen können.

Praktisch gesehen gilt es, in Unterlagen und im Auftritt entsprechende Informationen zu hinterlegen und darauf hinzuweisen. Diese Informationen finden sich regelmäßig auf Webseiten, in den AGB, in Newslettern oder Aussendungen und auf Formularen und Vertragsvorlagen.

Neben all diesen Themen muss jeder Unternehmer die Aufbewahrungsfristen einhalten (d.h. nach der Frist löschen), benötigt ein Notfallkonzept (wie zu handeln ist, wenn ein „Datenleck" entsteht) und muss einen Datenschutzverantwortlichen benennen.

In der Praxis hat es viel Aufwand bei der Einführung des Gesetzes gegeben, im Alltag sind die Auswirkungen (in allen Branchen) überschaubar geblieben. Jeder ist jedoch gut beraten, sich mit dem Thema zu beschäftigen. Die Branchenvertretung der Wirtschaftskammer bietet sowohl passende Vorlagen als auch Unterstützung und Beratung bei Fragen an.

5.5. Maklerrecht

„Makler ist, wer auf Grund einer privatrechtlichen Vereinbarung (Maklervertrag) für einen Auftraggeber Geschäfte mit einem Dritten vermittelt, ohne ständig damit betraut zu sein." So definiert § 1 des Maklergesetzes den Begriff des Maklers. Das Maklergesetz gilt generell für Makler, es finden sich jedoch Spezialregelungen für Immobilienmakler (§§ 16–18), Handelsmakler inklusive Versicherungsmakler (§§ 19–32) und Personalkreditvermittler (§§ 33–41).

Ein Makler ist ohne ausdrückliche Vereinbarung nicht berechtigt, Unterschriften im Namen des Auftraggebers abzugeben oder Zahlungen entgegenzunehmen (§ 2), und muss dessen Interessen wahren (§ 3 Abs 1). Vertritt ein Makler beide Seiten eines Geschäftes (Doppelmaklertätigkeit), muss er für einen Ausgleich der Interessen sorgen. Die Doppelmaklertätigkeit (eigentlich der Spezialfall) ist beim Immobilienmakler die Regel. Der Auftraggeber hat den Makler bei der Ausübung seiner Tätigkeit zu unterstützen, beide sind verpflichtet, sich gegenseitig die erforderlichen Nachrichten zu geben. Verstöße können Provisionsminderungen auslösen. Bei Pflichtverstößen können Schadenersatzpflichten sowohl für Auftraggeber als auch für den Makler entstehen.

Es gibt grundsätzlich keine Tätigkeitspflicht des Maklers – genauso trifft den Auftraggeber keine Abschlusspflicht (§ 4). Bei anderen Maklern (z.B. Handelsmaklern) ist die Doppelmaklertätigkeit eine Ausnahme, bei Immobilienmaklern die Regel; trotzdem sollte der Makler die Kunden darüber informieren (üblicherweise in den Musterformularen angeführt) (§ 5).

Provision steht zu, wenn ein Geschäft durch *„vertragsgemäße verdienstliche Tätigkeit"* zustande kommt (§ 6). Viele Provisionsstreitigkeiten haben die Verdienstlichkeit zum Thema, darum sollte hier auch auf einen entsprechenden Nachweis geachtet werden. Der Anspruch entsteht auch, wenn ein zweckgleiches Geschäft (typischer Fall: Kauf statt Miete) abgeschlossen wird. Ein Anspruch liegt nicht vor, wenn der Makler selbst Teil des Geschäfts wird. Bei wirtschaftlichem oder familiärem Naheverhältnis muss der Makler unverzüglich darauf aufmerksam machen, ansonsten entsteht kein Provisionsanspruch! Dieses Naheverhältnis liegt auch schon vor, wenn man für einen Kunden zweimal tätig wird. Werden mehrere Makler verdienstlich tätig, muss der Auftraggeber nur einmal bezahlen und die Summe wird unter den Maklern aufgeteilt.

Der Anspruch entsteht bei Rechtswirksamkeit des Geschäfts und ist sofort fällig. Das ist in der Regel das gegengezeichnete Anbot – gibt es aufschiebende Bedingungen (z.B. vorbehaltlich Finanzierung), dann bei deren Wegfall. Der Makler hat kein Vorschussrecht (§ 7). Für den Fall, dass keine Höhe der Provision vereinbart wurde, steht die ortsübliche Höhe zu (§ 8). Die Kosten für den allgemeinen Geschäftsbetrieb dürfen nicht verrechnet werden. Für besondere Aufwendungen kann aber eine Ersatzpflicht vereinbart werden (z.B. für besondere Werbemaßnahmen). Die Ansprüche verjähren nach drei Jahren.

Unbefristete Maklerverträge können jederzeit fristlos gekündigt werden, befristete enden durch Ablauf der Zeit. Bei Vorliegen von wichtigen Gründen können auch befristete Verträge vorzeitig und sofort gelöst werden (§§ 12 f.).

Durch die Einführung des „Bestellerprinzips" gibt es seit 1. Juli 2023 neue Regelungen im Spezialteil (§§ 16–18) für Immobilienmakler. § 17a wurde eingefügt, dort sind die Bestimmungen zur Vermittlung von Wohnungsmietverträgen geregelt. Im Kern, aber mit Ausnahmen, schreibt die Regelung vor, dass der Mieterseite keine Provision verrechnet werden darf (siehe dazu im Detail Kapitel 4.4.1.).

5.6. Standes- und Ausübungsregeln für Immobilienmakler

Die Standesregeln (in der Praxis Immobilienmakler-Verordnung genannt) wurden erstmals 1996 (BGBl. Nr. 297/1996) erlassen und liegen als Verordnung im Aufgabenbereich des Wirtschaftsministers. 2001 und 2010 wurde die Verordnung adaptiert.

Sie ist anzuwenden auf *„die Vermittlung des Kaufes, Verkaufes und Tausches von bebauten und unbebauten Grundstücken, Wohnungen, Geschäftsräumen, Fertighäusern und Unternehmen sowie Unternehmensbeteiligungen, […] die Vermittlung von Bestandverträgen (Miet- und Pachtverträgen) sowie die Vermittlung sonstiger Rechte einschließlich der Vermittlung von Teilzeitnutzungsrechten und Optionsrechten über bebaute und unbebaute Grundstücke, Wohnungen, Geschäftsräume und Unternehmen"*. Ebenfalls umfasst ist die Vermittlung von Hypothekardarlehen und Investments an Immobilienfonds.

Handlungen, die das Ansehen oder die Interessen des Berufsstandes schädigen, sind zu unterlassen. Dies sind jedenfalls die in § 4 Abs. 1 der Standesregeln angeführten Tätigkeiten. Insbesondere

- das Anbieten oder Durchführen von Vermittlungen ohne Einverständnis mit den Verfügungsberechtigten oder
- das Anbieten oder Durchführen von Vermittlungen, ohne auf ihre Eigenschaft als Immobilienmakler, auf die Provisionspflicht des Auftraggebers bei erfolgreicher Vermittlung und auf die Höhe der Provision ausdrücklich hinzuweisen, oder
- der Abschluss eines Maklervertrag, ohne dem Auftraggeber unverzüglich eine schriftliche Bestätigung über den wesentlichen Vertragsinhalt zu geben, oder
- die Annahme von Anzahlungen.

Gegenüber Kollegen sind vor allem folgende Handlungen zu unterlassen:

- Zusammenarbeit mit gewerberechtlich nicht befugten Personen
- Bei Gemeinschaftsgeschäften die direkte Kontaktaufnahme mit dem Auftraggeber des Kollegen
- Abschluss eines Maklervertrages bei einem bestehenden Alleinvermittlungsauftrag
- Unentgeltliche Vermittlung oder Vermittlung zu wirtschaftlich nicht sinnvollen Bedingungen
- Unlautere Abwerbung von Kunden

Leider zeigt sich in der Praxis, dass diese Anforderungen von einigen schwarzen Schafen nicht allzu ernst genommen werden!

Bei Inseraten ist auf die Tätigkeit als Immobilienmakler hinzuweisen, bei Kaufpreisangaben sind im Falle einer Anzahlung die Höhe der laufenden Rückzahlungen sowie die Gesamtbelastung anzuführen. Inserate über Mietwohnungen müssen die monatliche Gesamtbelastung, Angaben über den Hauptmietzins die Betriebs- und Heizkostenakonti und die Umsatzsteuer enthalten.

Die §§ 11 ff. enthalten die Regelungen über die Provisionshöchstsätze. Bei einem Kauf oder Verkauf beträgt dieser bis zu einem Gegenwert von 36.336,42 Euro vier, darüber drei Prozent. Der Gegenwert entspricht dem vereinbarten Kaufpreis für das Objekt und dem Betrag, der den vom Käufer übernommenen Verpflichtungen, den Hypotheken und sonstigen geldwerten Lasten sowie den Haftungsübernahmen entspricht. In den meisten Fällen wird der Kaufpreis die Basis sein.

Beispiel

Eine Wohnung ist hypothekarisch mit 120.000,– Euro belastet. Es wird zwischen Verkäufer und Käufer vereinbart, dass der Käufer das Darlehen übernimmt und zusätzlich 70.000,– Euro an den Verkäufer zahlt. Basis für die Provisionsberechnung sind daher 190.000,– Euro.

Bei Mietwohnungen wird zwischen Geschäftsräumen und Wohnungen bzw. Einfamilienhäusern unterschieden. Die Höchstsätze sind in der folgenden Tabelle zusammengestellt:

	Weniger als zwei Jahre	**zwei bis drei Jahre**	**Mehr als drei Jahre**
Wohnungen/Einfamilienhäuser			
Vermieter	3 BMM	3 BMM	3 BMM
Mieter	1 BMM	1 BMM	2 BMM
Geschäftsräume			
Vermieter	3 BMM	3 BMM	3 BMM
Mieter	1 BMM	2 BMM	3 BMM

(BMM = Bruttomonatsmiete)

Untermietverträge werden mit einem Maximalbetrag von einer Bruttomonatsmiete begrenzt.

Die Berechnung des Bruttomietzinses ist im § 24 geregelt. Er setzt sich aus dem Mietzins, den Betriebskosten und dem Entgelt für vermietete Ausstattung zusammen. Bei Objekten, bei denen der Mietzins (nach den Richtlinien des MRG) frei vereinbar ist, dürfen auch die Heizkosten mit einbezogen werden. Die Umsatzsteuer der Vermietung ist bei der Berechnung der Provisionsbasis nie enthalten! Sie muss jedoch bei der Provisionsrechnung mit dem Regelsteuersatz auf die Provisionssumme aufgeschlagen werden.

Beispiel: Einfamilienhaus, unbefristeter Mietvertrag

Gesamtmietzins: 1.210,– Euro

Hauptmietzins: 1.000,– + 100,– USt (10 %); Betriebskosten 100,– + 10,– USt (10 %);

Provisionsbasis: 1.100,–; Provionshöhe 2 BMM

Provision: 2.200,– + 440,– (20 % USt) ergeben eine Rechnungssumme von 2.640,– Euro

Wird ein bis drei Jahre befristetes Bestandsverhältnis verlängert, darf die Summe bis zur maximalen Provisionshöhe nachverrechnet werden. Gibt es eine Investitionsablöse, so dürfen dem Ver-/Vormieter bis zu fünf Prozent dieser Summe verrechnet werden.

Bei der Vermittlung der Vermietung durch Hausverwalter gibt es eigene Bestimmungen (§ 21).

Eine besondere Vorgehensweise lässt (sowohl bei Kauf als auch bei Miete) folgende Regelung zu:

Wird einer Seite (Abgeber oder Abnehmer) nur ein Teil der maximalen Provisionshöhe (oder keine) verrechnet, darf der Rest der anderen Seite verrechnet werden. Diese Möglichkeit wird insbesondere bei Modellen, bei denen der Käufer keine Provision zahlt, angewendet. Dem Käufer dürfen nur in Ausnahmefällen mehr als drei Prozent verrechnet werden.

Beispiel

Wird dem Käufer keine Provision verrechnet, dürfen dem Verkäufer bis zu sechs Prozent in Rechnung gestellt werden.

Kaufpreis 400.000,–, gesamt Maximalprovision netto: 6 %, d.s. 24.000,–

Zulässig wären u.a.:

Abgeber 6 %, d.s. 24.000,–; Abnehmer 0 %

Abgeber 4 %, d.s. 16.000,–; Abnehmer 2 %, d.s. 8.000,–

Abgeber 3 %, d.s. 12.000,–; Abnehmer 3 %, d.s. 12.000,–

Bei Burgen, Schlössern, Klosteranlagen und Ähnlichem gibt es keine Höchstsätze, die Provision ist frei vereinbar.

Weitere Bestimmungen setzen sich mit Hypothekardarlehen und Baurechten auseinander.

Bei der Vermittlung von Hypothekardarlehen darf der Betrag 2 % der Darlehenssumme nicht überschreiten, wenn das Darlehen mit einer Vermittlung des Objektes in Zusammenhang steht. Ansonsten liegt der Höchstbetrag bei fünf Prozent. Im Falle eines Baurechts beträgt die Basis der Berechnung den Bauzins multipliziert mit der Dauer (maximal 45 Jahre). Bei einer Dauer von bis zu 30 Jahren dürfen drei Prozent dieser Summe, bei über 30 Jahren zwei Prozent verrechnet werden.

Die Maximalbeträge für Pachtverhältnisse oder sonstige Gebrauchsüberlassungen sind in den §§ 25–27 geregelt.

Ergänzend zu diesen gesetzlichen Regeln gibt es „Besondere Standesregeln für Immobilienmakler", welche von der Kammer festgelegt werden. Um eine Verbesserung des Ansehens des Berufsstandes zu erreichen, wurde eine neue Version entwickelt und diese trat mit 1. Oktober 2012 in Kraft.

Diese Regelungen umfassen Folgendes:

- Eine Aus- und Fortbildungsverpflichtung: Alle mit Vermittlungstätigkeiten betrauten Mitarbeiter in Maklerunternehmen müssen eine Mindestausbildung (ON-Regel 43001-1, das ist der Maklerassistent) nachweisen. Es besteht für alle Aktiven eine Fortbildungsverpflichtung.
- Allgemeine Verhaltensregeln: Ein wesentlicher Punkt ist das Verbot, über Provisionsfreiheit udgl. Kunden eines Kollegen bei aufrechtem Auftrag abzuwerben. Im Kundenverkehr wird empfohlen, deutlich auf eine aufrechte Gewerbeberechtigung hinzuweisen (z.B. mit der Immobiliencard).
- Verhaltensregeln gegenüber Auftraggebern: Hier finden sich wesentliche Vorschriften, die in der Praxis nicht immer eingehalten werden, wie etwa Vermittlungen ohne Auftrag durch den Abgeber zu unterlassen sowie bei einem mündlichen Auftrag unverzüglich eine schriftliche Bestätigung über die Inhalte auszufolgen. Interessenten ist innerhalb angemessener Frist zu antworten und Abgeber sind regelmäßig über die Vermittlungsaktivitäten zu informieren. Mit Unentgeltlichkeit der Dienstleistung darf nicht geworben werden, genauso wenig wie zu Bedingungen vermittelt werden darf, die einer ordnungsgemäßen kaufmännischen Geschäftsführung widersprechen (z.B. ohne Abgeberprovision)
- Verhaltensregeln gegenüber Berufskollegen: Es ist verboten, die Berufsangabe gegenüber Kollegen zu unterlassen, mit Personen zusammenzuarbeiten, die dazu nicht befugt sind, und ohne Zustimmung des Kollegen mit dessen Auftraggeber in Kontakt zu treten. Gegenseitig sind alle wichtigen Informationen weiterzugeben. Auch hier wird die unentgeltliche Durchführung von Vermittlungen verboten. Das Verwenden von Plänen oder Fotos eines fremden Objektes ohne Zustimmung des Kollegen ist selbstverständlich ebenfalls verboten.

- Richtlinien für Gemeinschaftsgeschäfte: Ein Makler muss auf eine Gemeinschaftsgeschäftsanfrage innerhalb angemessener Frist reagieren und bei Ablehnung den Grund nennen. Bei Gemeinschaftsgeschäften sind (sofern nicht jeder die Provision von seiner Seite erhält) die Provisionsregelungen gegenseitig offenzulegen. Die Daten eines Gemeinschaftsgeschäft dürfen nicht weiterverwendet werden, insbesondere nicht an Kollegen weitergegeben oder das Objekt beworben werden. Für den namhaft gemachten Interessenten besteht ein Provisionsschutz innerhalb der nächsten sechs Monate. Die bloße Mitteilung von Geschäftsgelegenheiten (oder Personen) begründet noch kein Gemeinschaftsgeschäft, eine Tippprovision ist immer im Vorhinein ausdrücklich zu vereinbaren.

Diese Regelungen sind ein wichtiger Schritt in die Zukunft, die Verknüpfung mit der Immobilienmaklerverordnung setzt auch einen Schritt für eine Sanktionierung im Falle von Übertretungen - ein Mangel der diese Bestimmungen in der Vergangenheit zahnlos erscheinen ließ. Alle Personen, denen Verstöße bekannt werden, sind angehalten, die Kollegen darauf hinzuweisen und gegebenenfalls die Kammer zu informieren. Dies sind wichtige Maßnahmen, um die Branche mittelfristig aufzuwerten und Marktanteile zu gewinnen.

5.7. ABGB

Das Allgemeine bürgerliche Gesetzbuch ist die Basis für alle privatrechtlichen Vorschriften in Österreich. Die Regelungen traten 1812 in Kraft, im Laufe der Zeit gab es zahlreiche Anpassungen (Novellierungen) und es entstanden zusätzliche „Spezialgesetze“ wie das Mietrechtsgesetz oder das Wohnungseigentumsgesetz. Viele im Alltag selbstverständliche Regelungen haben ihren Ursprung im ABGB.

In den §§ 285 ff. ist das Sachenrecht geregelt, § 293 unterscheidet zwischen beweglichen und unbeweglichen Sachen (Immobilien), § 294 enthält Bestimmungen über Zubehör. § 297 definiert die Gebäude:

§ 297

Ebenso gehören zu den unbeweglichen Sachen diejenigen, welche auf Grund und Boden in der Absicht aufgeführt werden, daß sie stets darauf bleiben sollen, als: Häuser und andere Gebäude mit dem in senkrechter Linie darüber befindlichen Luftraume; ferner: nicht nur Alles, was erd-, mauer-, niet-, und nagelfest ist, als: Braupfannen, Branntweinkessel und eingezimmerte Schränke, sondern auch diejenigen Dinge, die zum anhaltenden Gebrauche eines Ganzen bestimmt sind: z.B. Brunneneimer, Seile, Ketten, Löschgeräte und dergleichen.

In den §§ 353 ff. wird das Eigentumsrecht geregelt. In § 361 wird das Miteigentum definiert, das im Immobilienbereich insbesondere bei Wohnungseigentum von Bedeutung ist – diese Regelung wird auch durch das WEG präzisiert.

§ 361

Wenn eine noch ungeteilte Sache mehreren Personen zugleich zugehört; so entsteht ein gemeinschaftliches Eigentum. In Beziehung auf das Ganze werden die Miteigentümer für eine einzige Person angesehen; insoweit ihnen aber gewisse, obgleich unabgesonderte Teile angewiesen sind, hat jeder Miteigentümer das vollständige Eigentum des ihm gehörigen Teiles.

Einschränkungen des Eigentumsrechts, die insbesondere für Nachbarschaftsfragen wichtig sind, finden sich in § 364. Eigentümer benachbarter Grundstücke haben aufeinander Rücksicht zu nehmen; *„Einwirkungen durch Abwässer, Rauch, Gase, Wärme, Geruch, Geräusch, Erschütterung und ähnliche“* können insoweit untersagt werden, als diese das gewöhnliche Maß überschreiten und die ortsübliche Benutzung wesentlich beeinträchtigen.

Der Erwerb von Eigentum kann mittelbar oder unmittelbar erfolgen (§ 314). Unmittelbar ist der Erwerb von Sachen, die in niemandes Eigentum stehen; mittelbar ist der Erwerb, wenn es bereits einen Eigentümer gibt. Der bei weitem häufigere Fall ist ein mittelbarer Eigentumserwerb. Er erfolgt durch Titel, wie einen Vertrag (Kaufvertrag, Schenkungsvertrag), das Erbe oder ein gerichtliches Urteil, und Modus (Übergabe). Die Übergabe ist bei Immobilien die Eintragung in das Grundbuch (§§ 423 ff.). Diese Eintragung wird als Einverleibung (Intabulation) bezeichnet. Die Urkunde (der Vertrag) muss (von einem Notar) beglaubigt werden und genaue Angaben (Name, Anschrift, Geburtsdatum) zu Verkäufer und Käufer enthalten. Die Liegenschaft muss genauso wie der Rechtsgrund der Übergabe („… Ich kaufe, Sie verkaufen …“) bestimmt werden. Ferner müssen Ort und Zeit des Vertragsabschlusses enthalten sein. Unerlässlich ist auch die ausdrückliche Erklärung des Verkäufers, dass er der Einverleibung zustimmt. Der Käufer tritt in die Rechte und Pflichten des Verkäufers ein. Alle Pflichten, die im Grundbuch ersichtlich sind, werden jedenfalls übernommen. Diesbezüglich findet sich auch für das Veräußerungsverbot im § 364c folgende Regelung:

§ 364c

Ein vertragsmäßiges oder letztwilliges Veräußerungs- oder Belastungsverbot hinsichtlich einer Sache oder eines dinglichen Rechtes verpflichtet nur den ersten Eigentümer, nicht aber seine Erben oder sonstigen Rechtsnachfolger. Gegen Dritte wirkt es dann, wenn es zwischen Ehegatten, eingetragenen Partnern, Eltern und Kindern, Wahl- oder Pflegekindern oder deren Ehegatten oder eingetragenen Partnern begründet und im öffentlichen Buche eingetragen wurde.

In § 440 wird das Rangprinzip des Grundbuchs erwähnt. Derjenige, dessen Einverleibung früher erfolgt, ist der rechtmäßige Eigentümer.

In den §§ 447 ff. wird das Pfandrecht behandelt (für den Immobilienbereich als Hypothek bedeutend), In den §§ 472 ff. finden sich die Bestimmungen über Dienstbarkeiten (Servitute) – diese werden in Grunddienstbarkeiten und persönliche Dienstbarkeiten eingeteilt. Die persönlichen Dienstbarkeiten umfassen den

Gebrauch einer Sache, die Fruchtnießung sowie das Wohnrecht und sind auf die Person beschränkt – d.h. sie enden mit deren Tod. Bei Grunddienstbarkeiten sind immer eine herrschende und eine dienende Liegenschaft involviert. Ist die herrschende zur Landwirtschaft bestimmt, spricht man von einem Feldservitut, ansonsten von einer Hausservitut. Erstere betreffen vor allem Wegerechte und Nutzungsrechte am dienenden Grundstück, bei Letzteren wird der Hausbesitzer entweder befugt, etwas auf dem Grund des Nachbarn vorzunehmen (z.B. Wasserableitung, Leitungsführung), was dieser dulden muss, oder der Nachbar wird verpflichtet, gewisse Tätigkeiten (z.B. Aufstockung des Gebäudes) zu unterlassen.

Die gesetzlichen Regelungen vom Vertrag und dem Rechtsgeschäft (§§ 859 ff.) sind in vielen Bereichen anzuwenden, insbesondere im Maklervertrag und auch im Anbot. Abgesehen von den allgemeinen und im Alltag bekannten Regeln sollen hier noch auszugsweise einige besondere Themen erwähnt werden: Bestimmungen in AGB oder Vertragsformblättern sind nichtig, wenn nicht besonders darauf hingewiesen wurde (§ 864a). Dies ist wichtig für Vertragsformulare im Hinblick auf die Nebenkostenübersicht und allgemeine Vertragsbedingungen. Der § 879 Abs. 3 hat in den letzten Jahren aufgrund seiner Anwendung bei Entscheidungen im Mietrecht besondere Popularität erlangt. Es geht dabei um gröbliche Benachteiligungen bei Nebenbedingungen (so ziemlich alles außer Objekt und Preis) in standardisierten Vertragsentwürfen (z.B. Mietverträgen) – diese werden als nichtig gewertet. Im § 885 wird die Punktation beschrieben, diese ist beim Anbot anzuwenden. Die Inhalte des Anbots gelten bereits als vereinbarte Vertragsinhalte und sind verbindlich.

§ 885

Ist zwar noch nicht die förmliche Urkunde, aber doch ein Aufsatz über die Hauptpunkte errichtet und von den Parteien unterfertigt worden (Punktation), so gründet auch schon ein solcher Aufsatz diejenigen Rechte und Verbindlichkeiten, welche darin ausgedrückt sind.

In den §§ 922 ff. wird die Gewährleistung geregelt – diese ist wichtig für den Verkäufer und ebenso für den Makler im Zusammenhang mit seinen Leistungen. Die Kernaussage lautet: „*Wer einem anderen eine Sache gegen Entgelt überlässt, leistet Gewähr, dass sie dem Vertrag entspricht.*“ Hier ist auch auf die Bewerbung der Liegenschaft zu achten, aus der der Kunde Ansprüche ableiten kann. Beispielhaft sind hier eine ungenaue Beschreibung oder falsche Daten im Exposé zu nennen. Der Verkäufer leistet für den Zustand und die Eignung des Objektes laut Vertrag Gewähr. Die Folgen können Nachbesserung, Austausch, Minderung des Preises oder Wandlung (Aufhebung) des Vertrages sein. Wird ein Mangel durch den Vertragspartner verschuldet, spricht man von Schadenersatz.

Die allgemeinen Regelungen zum Mietvertrag (außerhalb des Mietrechtsgesetzes) finden sich in den §§ 1090–1121. § 1090 definiert den Begriff des Bestandvertrages und § 1091 unterscheidet zwischen Miete und Pacht. Diese Abgrenzung ist wichtig, weil bei einem Großteil der Mietverträge das für den Vermieter strengere Mietrechtsgesetz zur Anwendung kommt.

§ 1090

Der Vertrag, wodurch jemand den Gebrauch einer unverbrauchbaren Sache auf eine gewisse Zeit und gegen einen bestimmten Preis erhält, heißt überhaupt Bestandvertrag.

§ 1091

Der Bestandvertrag wird, wenn sich die in Bestand gegebene Sache ohne weitere Bearbeitung gebrauchen läßt, ein Mietvertrag; wenn sie aber nur durch Fleiß und Mühe benützt werden kann, ein Pachtvertrag genannt. Werden durch einen Vertrag Sachen von der ersten und zweiten Art zugleich in Bestand gegeben; so ist der Vertrag nach der Beschaffenheit der Hauptsache zu beurteilen.

Es kommt nicht auf die Bezeichnung des Vertrages, sondern auf den Inhalt an. Auf einen Vertrag, der inhaltlich ein Mietvertrag ist, aber als Pachtvertrag bezeichnet wird, gelangen trotzdem die Regelungen für den Mietvertrag (z.B. im MRG) zur Anwendung. Typische Merkmale der Pacht sind die Fortführung eines lebenden Unternehmens, die Übergabe von Betriebsmitteln (Einrichtung, Warenlager), ein Kundenstock, die Übernahme des Personals und ein umsatzorientierter Bestandszins. Besonders wichtig ist die Betriebspflicht des Bestandnehmers. Werden nur Räumlichkeiten in Bestand gegeben, handelt es sich um Miete. Für die Abgrenzung ist der Einzelfall zu beachten, es gibt dazu eine Menge an gerichtlichen Entscheidungen.

Der Vermieter ist verpflichtet, die Räumlichkeiten in dem Zustand zu erhalten, der den Zweck der Vermietung (*„den bedungenen Gebrauch“*) zu gewährleisten. Ist dies nicht der Fall, hat der Mieter ein Minderungsrecht beim Mietzins. Diese Regelung kann vertraglich nicht abgeändert werden.

Die Mieter haben kein Weitergabe-, wohl aber ein Untermietrecht, falls es nicht ausdrücklich ausgeschlossen wird.

Am Ende des Bestandvertrages muss der Mieter die Liegenschaft wieder so zurückstellen, wie er sie übernommen hat. Eine gewöhnliche Abnutzung ist zulässig. In der Praxis führen Streitigkeiten zu Einzelfallentscheidungen. Als üblich werden vereinzelte Flecken an oder Löcher in der Wand gelten, eine dezent farbig gemalte Wand muss meist nicht neu gemalt werden. Auch vereinzelte Kratzer in den Bodenbelägen sind in der Regel gewöhnliche Abnutzung.

Ein Bestandvertrag gilt für die vereinbarte Zeit; ist diese abgelaufen, kann es zu einer stillschweigenden Erneuerung kommen. Diese gilt wiederum für die gleiche Periode und zu gleichen Bedingungen. Bei unbefristeten Verträgen beträgt die Kündigungsfrist bei Miete 14 Tage und bei Pacht sechs Monate. Der Tod eines Vertragsteils beendet das Vertragsverhältnis nicht. Zahlt der Bestandnehmer nicht oder gebraucht er den Gegenstand erheblich nachteilig, kann der Bestandgeber früher (sofort) das Vertragsverhältnis beenden.

5.8. Immobilienrecht

5.8.1. MRG

Zu Beginn eine Übersicht über die relevanten Bestimmungen des MRG und ihre Inhalte:

Inhalt	**Paragraf**
I. Hauptstück – Miete	
Geltungsbereich	1
Haupt- und Untermiete	2
Erhaltung	3
Nützliche Verbesserung durch bautechnische Maßnahmen	4–6
Wiederherstellungspflicht	7
Umfang des Benützungsrechts	8
Veränderung (Verbesserung) des Mietgegenstandes	9
Ersatz von Aufwendungen	10
Untermietverbote	11
Abtretung Mietrecht	12
Veräußerung und Verpachtung eines Unternehmens	12a
Wohnungstausch	13
Mietrecht im Todesfall	14
Mietzins für Hauptmiete	15
Ausstattungskategorien und Kategoriebeträge	15a
Höhe des Hauptmietzinses	16
Kaution	16b
Anteil an den Gesamtkosten und Nutzfläche	17
Erhöhung der Hauptmietzinse	18–19
Hauptmietzinsabrechnung	20
Betriebskostenabrechnung	21–24
Entgelt für mitvermietete Einrichtungsgegenstände oder sonstige Leistungen	25
Untermietzins	26
Verbotene Vereinbarungen und Strafbestimmungen	27
Auflösung und Erneuerung, Zurückstellung Mietgegenstand	29–36
Entscheidungen im Verfahren außer Streitsachen	37

II. Hauptstück – Bestehende Verträge und Übergangsregelungen

Da Bestandverträge grundsätzlich im ABGB geregelt sind, stellt das MRG eine Spezialisierung auf gewisse Teilbereiche dar. Diese Einschränkung ist in § 1 geregelt und gilt für Wohnungen, Geschäftsräumlichkeiten und Genossenschaftswohnungen. Gewisse Bereiche sind ausgenommen, besonders zu erwähnen sind hier Einfamilienhäuser (nicht mehr als zwei selbständige Wohneinheiten + nachträglicher Dachbodenausbau).

Nur Teile (Mietrecht im Todesfall, Kaution, Auflösung, Wertbeständigkeit Mietzins, Hauptmietzins bei Eintritt, Kündigung Übergangsregelung) gelten für „Neubauwohnungen“ (= Baubewilligung nach dem 30. Juni 1953), Eigentumswohnungen (Errichtung nach dem 8. Mai 1945), Dachgeschoßausbauten (Baubewilligung nach dem 31. Dezember 2001) und Zubauten (Baubewilligung nach dem 30. September 2006).

In § 2 ist die Hauptmiete definiert: Sie wird zwischen Eigentümer und Mieter geschlossen, ansonsten handelt es sich um eine Untermiete. Wichtig hier ist, dass das Rechtsverhältnis auch auf einen Nachfolger des Eigentümers übergeht.

§ 3 verpflichtet den Vermieter zur Erhaltung der allgemeinen Teile und des Mietgegenstandes – allerdings nur, wenn es sich um Ortsüblichkeit, Brauchbarkeit oder Gesundheitsgefährdung handelt. In § 3 wurde mit der Wohnrechtsnovelle 2015 festgelegt, dass das Thema Thermenerhaltung im Pflichtenbereich des Vermieters liegt. Exakt lautet die Formulierung: *„§ 3 (2) 2a. die Arbeiten, die zur Erhaltung von mitvermieteten Heizthermen, mitvermieteten Warmwasserboilern und sonstigen mitvermieteten Wärmebereitungsgeräten in den Mietgegenständen des Hauses erforderlich sind“*. Der Vermieter ist zu nützlichen Verbesserungen verpflichtet (§ 4), wenn die Hauptmietzinsreserve der letzten zehn Jahre diese ermöglicht. Hierunter fallen z.B. Steigleitungen, Aufzug, Fenster und Dämmung und Wohnungskategorieanhebungen.

Das Benützungsrecht im § 8 verpflichtet den Mieter zu regelmäßigen Wartungsarbeiten (u.a. regelmäßige Wartung der Therme) und bestimmt die Möglichkeit der Begehung des Mietgegenstandes durch den Vermieter (insbesondere muss der Mieter eine Begehung für eine künftige Vermietung im üblichen Umfang dulden).

Gemäß § 9 hat der Mieter das Recht, bestimmte Verbesserungen in der Wohnung durchzuführen. Hiervon sind insbesondere Arbeiten betroffen, die den Mietgegenstand auf einen zeitgemäßen Standard (z.B. Strom, Wasser, Heizung) bringen oder Einsparungen ermöglichen, und gemäß § 10 steht ihm dazu ein Recht auf Abgeltung seiner Aufwendungen abzüglich einer jährlichen Abschreibung zu.

Das Untermietverbot ist in § 11 geregelt. Ein Vermieter darf eine Untervermietung nur aus wichtigem Grund verbieten (z.B. gänzliche Untervermietung, zu einem überhöhten Preis oder wenn die Anzahl der Bewohner unüblich hoch werden würde). In § 12 wird das Eintrittsrecht behandelt. Ehegatten und Verwandte in gerader Linie sind zum Eintritt berechtigt, wenn sie eine gewisse Zeit (zwei bzw. fünf Jahre) im gemeinsamen Haushalt gelebt haben. In den folgenden Paragrafen wird dies für Geschäftsräume geregelt und es finden sich Bestimmungen zu Wohnungstausch und Weitergabe im Todesfall.

Die §§ 15 ff. behandeln ein essenzielles Thema: den Mietzins. Der Mietzins besteht aus dem Hauptmietzins (HMZ), den Betriebskosten und öffentlichen Ausgaben, besonderen Aufwendungen und einem angemessenen Entgelt für zusätzliche Leistungen (z.B. mitvermietete Einrichtungsgegenstände). Zusätzlich wird (üblicherweise) die Umsatzsteuer fällig. Bei Wohnungen gilt ein ermäßigter Steuersatz von zehn Prozent. Die Inflationsanpassung des Hauptmietzinses erfolgt durch Verlautbarung des Bundesministers für Justiz. Der Fälligkeitszeitpunkt für die Mietzahlung durch den Mieter ist der fünfte Tag des jeweiligen Monats. Von dieser Regelung kann nur zu Gunsten des Mieters abgewichen werden. § 15a definiert die Ausstattungskategorien und die dafür verrechenbaren Quadratmeterpreise. Die Kategorien werden folgendermaßen definiert:

- A, wenn die Wohnung in brauchbarem Zustand ist, ihre Nutzfläche mindestens 30 m^2 beträgt, sie zumindest aus Zimmer, Küche (Kochnische), Vorraum, Klosett und einer dem zeitgemäßen Standard entsprechenden Badegelegenheit (Baderaum oder Badenische) besteht und über eine gemeinsame Wärmeversorgungsanlage oder eine Etagenheizung oder eine gleichwertige stationäre Heizung und über eine Warmwasseraufbereitung verfügt
- B, wenn die Wohnung in brauchbarem Zustand ist, zumindest aus Zimmer, Küche (Kochnische), Vorraum, Klosett und einer dem zeitgemäßen Standard entsprechenden Badegelegenheit (Baderaum oder Badenische) besteht
- C, wenn die Wohnung in brauchbarem Zustand ist und zumindest über eine Wasserentnahmestelle und ein Klosett im Inneren verfügt
- D, wenn die Wohnung entweder über keine Wasserentnahmestelle oder über kein Klosett im Inneren verfügt oder wenn bei ihr eine dieser beiden Einrichtungen nicht brauchbar ist

Die verrechenbaren Beträge sind pro m^2 Nutzfläche angegeben und werden regelmäßig für die einzelnen Kategorien verlautbart.

§ 16 bestimmt die zulässige Höhe des Hauptmietzinses. Ein angemessener Betrag darf verrechnet werden, wenn es sich um ein Objekt handelt, das nach 8. Mai 1945 bewilligt wurde oder unter Denkmalschutz steht und Kategorie A aufweist. Bei

Wohnungen über 130 m² (und zumindest Kategorie B) darf ebenfalls angemessen festgesetzt werden. Handelt es sich um ein unbefristetes Mietverhältnis und wurde die Höhe schriftlich festgehalten, gilt die angemessene Miete nach Ablauf eines Jahres. Aufgrund der Bedeutung dieser Bestimmungen im Folgenden die Regelungen des Abs. 1 Z 1–5 im Wortlaut:

1. der Mietgegenstand nicht zu Wohnzwecken dient; wird ein Mietgegenstand teils als Wohnung, teils als Geschäftsräumlichkeit verwendet, so darf nur der für Wohnungen zulässige Hauptmietzins angerechnet werden, es sei denn, daß die Verwendung zu Geschäftszwecken die Verwendung zu Wohnzwecken bedeutend überwiegt; ein Unternehmer, der eine Geschäftsräumlichkeit mietet, kann sich auf die Überschreitung des zulässigen Höchstmaßes nach Abs. 8 erster Satz nur berufen, wenn er die Überschreitung unverzüglich, spätestens jedoch bei Übergabe des Mietgegenstandes, gerügt hat;
2. der Mietgegenstand in einem Gebäude gelegen ist, das auf Grund einer nach dem 8. Mai 1945 erteilten Baubewilligung neu errichtet worden ist, oder der Mietgegenstand auf Grund einer nach dem 8. Mai 1945 erteilten Baubewilligung durch Um-, Auf-, Ein- oder Zubau neu geschaffen worden ist;
3. der Mietgegenstand in einem Gebäude gelegen ist, an dessen Erhaltung aus Gründen des Denkmalschutzes öffentliches Interesse besteht, sofern der Vermieter unbeschadet der Gewährung öffentlicher Mittel zu dessen Erhaltung nach dem 8. Mai 1945 erhebliche Eigenmittel aufgewendet hat;
4. der Mietgegenstand eine Wohnung der Ausstattungskategorie A oder
5. B ist und seine Nutzfläche 130 m² übersteigt, sofern der Vermieter eine solche Wohnung innerhalb von sechs Monaten nach der Räumung durch den früheren Mieter oder Inhaber an einen nicht zum Eintritt in die Mietrechte des früheren Mieters Berechtigten vermietet; bei Durchführung von Verbesserungsarbeiten verlängert sich diese Frist um ein Jahr;
6. ein unbefristetes Mietverhältnis vorliegt, seit Übergabe des Mietgegenstandes mehr als ein Jahr verstrichen ist und die Vereinbarung über die Höhe des Hauptmietzinses in Schriftform getroffen wird.

Liegen diese Voraussetzungen nicht vor, darf für Wohnungen der Kategorien A, B, C maximal der Richtwert verrechnet werden. Der Richtwert besteht aus einem fixen Grundbetrag und Zu- und Abschlägen aufgrund von Lage, Ausstattung, Zustand udgl. und der Kategorie (–25 % für B und –50 % für C). Für Kategorie-D-Wohnungen darf maximal der Kategoriebetrag verrechnet werden – gilt die Wohnung als brauchbar, dann der doppelte Betrag. Bei befristeten Verträgen gilt ein Abschlag von 25 %. Die Beträge werden inflationsangepasst.

Werden zu hohe Beträge verrechnet, ist der zu hohe Anteil unwirksam und kann vom Mieter für die letzten drei Jahre zurückgefordert werden.

Für mitvermietete Einrichtungsgegenstände oder zusätzliche Leistungen darf der Vermieter ein angemessenes Entgelt verlangen (§ 25).

In § 16b ist die Kaution geregelt. Der Vermieter darf zur Sicherung seiner künftigen Ansprüche eine Kaution verlangen (üblicherweise zwischen drei und sechs

Bruttomonatsmieten), muss aber dafür sorgen, dass diese marktgerecht verzinst wird, einer bankgemäßen Einlagensicherung unterliegt und eindeutig von seinem Vermögen abgrenzbar ist (d.h. im Falle der Insolvenz des Vermieters nicht darauf zugegriffen werden kann). In der Praxis übergibt der Mieter ein Sparbuch mit der Kaution bzw. veranlagt der Vermieter die Kaution auf ein Sparbuch. Bei der Rückgabe der Kaution hat der Mieter Anspruch auf den Betrag zuzüglich der Zinsen.

Im § 17 wird der Anteil an den allgemeinen Kosten bestimmt. Sind einzelne Kosten mittels Zähler dem Mietgegenstand einfach zuzurechnen, muss dies auch mit einem Zähler erfolgen (z.B. Strom, Gas); ansonsten erfolgt die Verteilung anhand der Nutzfläche des Mietgegenstandes im Verhältnis zu der Nutzfläche aller Mietgegenstände der Liegenschaft. Die Nutzfläche berechnet sich aus der gesamten Bodenfläche abzüglich der Wandstärken und der im Verlauf der Wände befindlichen Durchbrechungen (Ausnehmungen). Keller- und Dachbodenräume, soweit sie ihrer Ausstattung nach nicht für Wohn- oder Geschäftszwecke geeignet sind, sowie Treppen, offene Balkone und Terrassen zählen nicht zur Wohnfläche, sehr wohl aber Loggien (nur eine offene Seite).

Die Regelungen der §§ 18–20 betreffen die vorübergehende Erhöhung des Hauptmietzinses. Dies wird im Wesentlichen dann möglich, wenn die Erhaltungsaufwendungen höher sind als die Einnahmen der vergangenen zehn Jahre – ein komplexes Thema, welches einer Ausführung bedürfte, die den hier gewünschten Überblick überschreiten würde.

Ein sehr praxisrelevantes Thema findet sich in den §§ 21–24: die Betriebskosten. Als Betriebskosten dürfen einem Mieter verrechnet werden:

- Wasserversorgung des Hauses
- Eichung, Wartung und Ablesung vom Messvorrichtungen
- Kosten für den Rauchfangkehrer, die Kanalräumung, Unratabfuhr (z.B. Keller- und Hofräumungen) und die Schädlingsbekämpfung
- Beleuchtung der allgemeinen Teile
- Feuerversicherung
- Haftpflichtversicherung des Hauseigentümers und Versicherung gegen Leitungswasserschäden
- Höchstbetrag für die Verwaltung (§ 22)
- Angemessene Aufwendung für die Hausbetreuung (§ 23)
- Öffentliche Abgaben

Der Höchstbetrag für die Verwaltung errechnet sich aus dem Kategoriemietzins für Kategorie A (siehe § 15a Abs. 3 Z 1) pro Quadratmeter und Jahr.

Angemessene Aufwendungen für die Hausbetreuung umfassen die Reinigung und Wartung der allgemeinen Teile, die Betreuung der zugehörigen Gehsteige, insbesondere die Schneeräumung. Sie kann durch den Vermieter selbst, einen Angestellten oder eine Reinigungsfirma erfolgen.

Der Vermieter darf (auf Basis der Werte des letzten Jahres) die Kosten pauschalieren und monatlich vorschreiben (das in der Praxis übliche Betriebskostenakonto). Die tatsächlichen Kosten sind bis zum 30.6. des Folgejahres abzurechnen (Betriebskostenabrechnung) und den Mietern zur Einsichtnahme an einer geeigneten Stelle im Haus zur Verfügung zu stellen. Mieter haben weiters ein Recht auf Einsichtnahme in die Belege. Ein Überschuss der Akontozahlungen ist zurückzuzahlen, eine Nachforderung darf vorgeschrieben werden.

Kosten für der Gemeinschaft dienende Anlagen der Liegenschaft (insbesondere der Aufzug, aber auch Pflege von Grünanlagen oder Waschküchen, fallweise auch die Zentralheizung) dürfen den Mietern analog vorgeschrieben werden.

Der höchstzulässige Untermietzins wird im § 26 geregelt. Er beträgt im Falle einer unbefristeten Untervermietung maximal 50 % mehr als der (relative, d.h. auf den Anteil an der untervermieteten Fläche zur Gesamtfläche bezogene) Hauptmietzins und im Falle einer befristeten Untervermietung maximal 25 %.

Im § 27 werden verbotene Vereinbarungen angeführt, insbesondere die Ablöse ohne Gegenleistung und Leistungen für einen Kündigungsverzicht des Vermieters. Generell kann gesagt werden, dass sämtliche Leistungen, die ohne Gegenleistung erfolgen, verboten sind. Ausnahmen bilden Beträge, die für einen Kündigungsverzicht für

- Weitergabe oder
- Nutzung ohne dringendes Wohnbedürfnis

vereinbart werden. Maximalbetrag ist der Hauptmietzins für zehn Jahre und der Hintergrund für die Vereinbarung muss bereits bei Mietvertragsabschluss bestanden haben. Verbotene Zahlungen können vom Mieter innerhalb von drei Jahren zurückverlangt werden (Frage des Beweises) und der Vermieter wird mit Verwaltungsstrafen bis zu 15.000,– Euro bedacht. Ebenfalls gibt es Strafbestimmungen für eine Nichterbringung von gerichtlich beauftragten Erhaltungsarbeiten (§ 6 Abs. 1) und schikanöse Ausnutzung der Duldungspflichten des Mieters (§ 8 Abs. 2).

In den §§ 29 ff. wird die Auflösung des Mietvertrages geregelt. Ein Mietvertrag wird gem. § 29 Abs. 1 aufgelöst:

1. durch Aufkündigung,
2. durch den Untergang des Mietgegenstandes, wenn und soweit eine Pflicht zur Wiederherstellung (§ 7) nicht besteht,
3. durch Ablauf der vereinbarten Vertragsdauer, jedoch nur, wenn
   a) im Haupt- oder Untermietvertrag schriftlich vereinbart wurde, dass er durch den Ablauf der bedungenen Zeit erlischt, und
   b) bei Wohnungen die ursprünglich vereinbarte Vertragsdauer oder die Verlängerung der Vertragsdauer (Abs. 4) jeweils mindestens drei Jahre beträgt,

3a. durch Ablauf des dreijährigen Erneuerungszeitraums im Fall des Abs. 3 lit. b erster Satz,
4. wenn der Mieter vom Vertrag vor dem Ablauf der bedungenen Zeit aus den Gründen des § 1117 des allgemeinen bürgerlichen Gesetzbuchs absteht,
5. wenn der Vermieter wegen erheblich nachteiligen Gebrauches des Mietgegenstandes oder wegen Säumnis bei der Bezahlung des Mietzinses nach § 1118 des allgemeinen bürgerlichen Gesetzbuchs die frühere Aufhebung des Vertrages fordert.

Durch Aufkündigung kann der Vermieter nur aus wichtigen Gründen beenden (Kündigungsbeschränkung für Vermieter), und diese muss gerichtlich geltend gemacht werden. Angeführt sind diese Punkte im § 30 – die am häufigsten anzutreffenden Gründe sind:

- Nichtbezahlung der Miete
- Erheblich nachteiliger Gebrauch des Mietgegenstandes
- Unzulässige Weitergabe der Wohnung
- Fehlen eines dringenden Wohnbedürfnisses des Mieters
- Nutzung für einen anderen als den im Vertrag festgehaltenen Nutzungsgrund (z.B. ein Wohnung als Büro)
- Eigener (oder für nahe Verwandte) Bedarf an Wohnraum

Der Grund der Kündigung ist vom Vermieter anzuführen und zu beweisen. Andere Gründe kann er in einem Verfahren nicht mehr vorbringen (er muss eine neuerliche Kündigung vornehmen). Wurde wegen Nichtbezahlung die Miete gekündigt und zahlt der Mieter vor Ende des letzten Verhandlungstermin die offene Miete und die dem Vermieter entstandenen Kosten, ist die Kündigung aufzuheben.

Der Mieter kann ebenso schriftlich kündigen (am sinnvollsten mittels eingeschriebenen Briefes). Bei befristeten Verträgen kann er nach Ablauf eines Jahres unter Einhaltung einer Frist von drei Monaten jeweils zum Monatsletzten kündigen. Das bedeutet, dass er zumindest für ein Jahr und vier Monate die Miete bezahlen muss.

Die Kündigungsfrist kann grundsätzlich frei bestimmt werden; gibt es keine Vereinbarung, gilt § 560 ZPO mit der Regelung, dass die Kündigungsfrist einen Monat beträgt, beginnend mit dem letzten Tag des Monats, in dem die Kündigung zugestellt wird.

Befristete Mietverträge enden stillschweigend nach Ablauf der vereinbarten Zeit. Eine in der Praxis sehr wichtige Bestimmung lautet, dass diese Befristung mindestens drei Jahre betragen muss. Ist sie kürzer, gilt sie als nichtig und die Vertragsdauer ist als unbefristet zu werten! Wird ein befristeter Vertrag stillschweigend verlängert (d.h. Mieter zieht nicht aus und der Vermieter verlangt keine Räumung), gilt der Mietvertrag einmalig als um drei Jahre verlängert. Wird danach wieder stillschweigend verlängert, gilt er fortan als unbefristet. Es steht aber die Möglichkeit offen, befristete Mietverträge beliebig oft schriftlich (um mindestens drei Jahre) zu erneuern. Wichtig ist hier der Unterschied zwischen der schriftlichen Erneuerung und der stillschweigenden Verlängerung.

Die §§ 37 ff. regeln die Entscheidungen im Außerstreitverfahren. Hier sind insbesondere Entscheidungen über die Miethöhe, die Betriebskostenabrechnung und die Zulässigkeiten von Arbeiten im Mietgegenstand zu nennen. Ebenso sind der Verfahrensablauf und die Exekution geregelt. Da diese Punkte für den Tätigkeitsbereich des Maklers nur selten praktische Relevanz haben, wird hier nicht umfassender darauf Bezug genommen.

Mit § 43 beginnt das zweite Hauptstück des MRG. Es behandelt insbesondere Übergangsbestimmungen für Verträge, die vor Inkrafttreten des Gesetzes bereits bestanden haben.

Die „neuen" Vorschriften gelten auch für „alte" Verträge. Die vereinbarte Miethöhe bleibt aber unverändert. Bei gewissen (niedrigen) Mieten darf der Mietzins auf die Kategoriebeträge angehoben werden (§ 45). Ebenso finden sich diesbezügliche Regelungen für Geschäftsräume.

§ 49 enthält Bestimmungen über die Übergangsregelungen bei Befristungen, Kündigungen und Betriebskosten. In den §§ 49c ff. sind die Übergangsregelungen zu den Wohnrechtsnovellen 2000, 2001, 2006 (insbesondere Teilausnahme für Dachgeschoßausbau) und 2009 festgehalten.

In den §§ 53 ff. finden sich Regelungen zu „verwandten" Gesetzen wie Rückzahlungsbegünstigungsgesetz (§ 53), Wohnbauförderungsgesetz 1968 (§ 54), Wohnungsgemeinnützigkeitsgesetz (§ 55) und Wohnungseigentumsgesetz 1975 (§ 56).

5.8.2. WEG

Das Wohnungseigentumsgesetz ist 2002 neu gefasst worden und regelt die rechtlichen Rahmenbedingungen für „Eigentumswohnungen". Vorab eine kurze Definition dieses üblichen und in der Praxis häufig falsch verstandenen Begriffs: So seltsam es klingen mag, eine Eigentumswohnung steht nicht im Eigentum einer Person, sondern bezeichnet nur ein ausschließliches Nutzungsrecht. Eigentümer sind alle Miteigentümer der Liegenschaft mit ihrem jeweiligen Anteil (siehe Grundbuch). Die Person, der die Wohnung zugeordnet ist, hat allerdings ein ausschließliches Nutzungsrecht (und mehrere andere Rechte wie z.B. das Recht zu Veränderungen im Inneren) und so die Möglichkeit, exklusiv darüber zu verfügen. Diese Unterscheidung ist deshalb wichtig, weil insbesondere auch die Kostentragung und die Betreuung der allgemeinen Teile für die gesamte Liegenschaft davon betroffen sind. Diese werden durch Gesetz und den Wohnungseigentumsvertrag, die Vereinbarung aller Wohnungseigentümer der Liegenschaft, geregelt.

Im § 2 finden sich dann auch wichtige Begriffsbestimmungen wie „Wohnungseigentum", „Wohnungseigentumsobjekt", „Wohnung", „selbständige Räumlichkeit", „Abstellplätze" und „Wohnungseigentumszubehör".

§ 2

(1) Wohnungseigentum ist das dem Miteigentümer einer Liegenschaft oder einer Eigentümerpartnerschaft eingeräumte dingliche Recht, ein Wohnungseigentumsobjekt ausschließlich zu nutzen und allein darüber zu verfügen. Vorläufiges Wohnungseigentum ist das nach den Regelungen im 10. Abschnitt beschränkte Wohnungseigentum, das unter den dort umschriebenen Voraussetzungen vom Alleineigentümer einer Liegenschaft begründet werden kann.

(2) Wohnungseigentumsobjekte sind Wohnungen, sonstige selbständige Räumlichkeiten und Abstellplätze für Kraftfahrzeuge (wohnungseigentumstaugliche Objekte), an denen Wohnungseigentum begründet wurde. Eine Wohnung ist ein baulich abgeschlossener, nach der Verkehrsauffassung selbständiger Teil eines Gebäudes, der nach seiner Art und Größe geeignet ist, der Befriedigung eines individuellen Wohnbedürfnisses von Menschen zu dienen. Eine sonstige selbständige Räumlichkeit ist ein baulich abgeschlossener, nach der Verkehrsauffassung selbständiger Teil eines Gebäudes, dem nach seiner Art und Größe eine erhebliche wirtschaftliche Bedeutung zukommt, wie etwa ein selbständiger Geschäftsraum oder eine Garage. Ein Abstellplatz für ein Kraftfahrzeug ist eine – etwa durch Bodenmarkierung – deutlich abgegrenzte Bodenfläche, die ausschließlich zum Abstellen eines Kraftfahrzeugs gewidmet und dazu nach ihrer Größe, Lage und Beschaffenheit geeignet ist; eine Stellfläche etwa aus Metall, die zu einer technischen Vorrichtung zur Platz sparenden Unterbringung von Kraftfahrzeugen gehört, ist einer Bodenfläche gleichzuhalten.

(3) Zubehör-Wohnungseigentum ist das mit dem Wohnungseigentum verbundene Recht, andere, mit dem Wohnungseigentumsobjekt baulich nicht verbundene Teile der Liegenschaft, wie etwa Keller- oder Dachbodenräume, Hausgärten oder Lagerplätze, ausschließlich zu nutzen. Diese rechtliche Verbindung setzt voraus, dass das Zubehörobjekt ohne Inanspruchnahme anderer Wohnungseigentums- oder Zubehörobjekte zugänglich und deutlich abgegrenzt ist.

(4) Allgemeine Teile der Liegenschaft sind solche, die der allgemeinen Benützung dienen oder deren Zweckbestimmung einer ausschließlichen Benützung entgegensteht.

(5) Wohnungseigentümer ist ein Miteigentümer der Liegenschaft, dem Wohnungseigentum an einem darauf befindlichen Wohnungseigentumsobjekt zukommt. Alle Wohnungseigentümer bilden zur Verwaltung der Liegenschaft die Eigentümergemeinschaft; sie ist eine juristische Person mit Rechtsfähigkeit in dem durch § 18 Abs. 1 und 2 umschriebenen Umfang.

(6) Wohnungseigentumsbewerber ist derjenige, dem schriftlich, sei es auch bedingt oder befristet, von einem Wohnungseigentumsorganisator die Einräumung von Wohnungseigentum an einem bestimmt bezeichneten wohnungseigentumstauglichen Objekt zugesagt wurde. Wohnungseigentumsorganisator ist sowohl der Eigentümer oder außerbücherliche Erwerber der Liegenschaft als auch jeder, der mit dessen Wissen die organisatorische Abwicklung des Bauvorhabens oder – bei bereits bezogenen Gebäuden – der Wohnungseigentumsbegründung durchführt oder an dieser Abwicklung in eigener Verantwortlichkeit beteiligt ist. Miteigentumsbewerber ist derjenige, dem im Fall der Begründung von vorläufigem Wohnungseigentum schriftlich, sei es auch bedingt oder befristet, vom (früheren) Alleineigentümer die Einräumung von Miteigentum an der Liegenschaft und der Erwerb von Wohnungseigentum an einem bestimmt bezeichneten Wohnungseigentumsobjekt zugesagt wurde.

(7) Die Nutzfläche ist die gesamte Bodenfläche eines Wohnungseigentumsobjekts abzüglich der Wandstärken sowie der im Verlauf der Wände befindlichen Durchbrechungen und Ausnehmungen. Treppen, offene Balkone und Terrassen sowie Zubehörobjekte im Sinne des Abs. 3 sind bei der Berechnung der Nutzfläche nicht zu berücksichtigen; für Keller- und Dachbodenräume gilt dies jedoch nur, soweit sie ihrer Ausstattung nach nicht für Wohn- oder Geschäftszwecke geeignet sind.

(8) Der Nutzwert ist die Maßzahl, mit der der Wert eines Wohnungseigentumsobjekts im Verhältnis zu den Werten der anderen Wohnungseigentumsobjekte der Liegenschaft bezeichnet wird. Er ergibt sich aus der Nutzfläche des Objekts und aus Zuschlägen oder Abstrichen für werterhöhende oder wertvermindernde Eigenschaften desselben.

(9) Der Mindestanteil ist jener Miteigentumsanteil an der Liegenschaft, der zum Erwerb von Wohnungseigentum an einem Wohnungseigentumsobjekt erforderlich ist. Er entspricht dem Verhältnis des Nutzwerts des Objekts zur Summe der Nutzwerte aller Wohnungseigentumsobjekte der Liegenschaft.

(10) Die Eigentümerpartnerschaft ist die Rechtsgemeinschaft zweier natürlicher Personen, die gemeinsam Wohnungseigentümer eines Wohnungseigentumsobjekts sind.

Wohnungseigentum ist, wie oben bereits erwähnt, das dingliche (= gegen jeden durchsetzbare) Recht, ein Wohnungseigentumsobjekt ausschließlich zu nutzen. Das Wohnungseigentumsobjekt ist eine abgeschlossene Einheit auf der Liegenschaft, und zwar entweder eine Wohnung (Räumlichkeit zum Wohnen), eine sonstige selbständige Räumlichkeit (Geschäftslokale, Lagerräume udgl.) oder ein Kfz-Abstellplatz (Parkplatz in der Gemeinschaftsgarage, Stellplatz im Hof).

Zubehörwohnungseigentum sind andere selbständige Teile der Liegenschaft, deren Nutzung einem Wohnungseigentümer vorbehalten ist (Keller, Garten udgl.). Diese müssen aber von den allgemeinen Teilen deutlich abgegrenzt sein (Mauer, Zaun, Markierung). Allgemeine Teile sind für alle Miteigentümer nutzbar (Eingangsbereich, Stiegenhaus udgl.). Alle Wohnungseigentümer (= Eigentümer eines Wohnungseigentümerobjektes) bilden gemeinsam die Wohnungseigentümergemeinschaft (= quasijuristische Person als Eigentümer der gesamten Liegenschaft), die Entscheidungen trifft, welche die Liegenschaft betreffen (Verwaltung, Sanierungen, Instandhaltung, Reparaturfonds udgl.).

Die Nutzfläche ist im Wesentlichen die Wohnfläche; Loggien zählen zur Wohnfläche, Balkone/Terrassen und Treppen nicht. Wichtig ist die Unterscheidung zum Nutzwert, der die Wohnfläche bewertet und der zusätzlich die restlichen Flächen (Balkon, Terrasse udgl.) sowie Zubehörwohnungseigentum berücksichtigt. Der Mindestanteil ist der Nutzwert des Wohnungseigentumsobjektes im Verhältnis zu allen Wohnungseigentumsobjekten der Liegenschaft (= der prozentuelle Anteil) und gleichbedeutend mit dem Miteigentumsanteil. Eine Eigentümerpartnerschaft sind zwei natürliche Personen (wichtig: genau zwei und nur natürliche Personen), die sich einen Mindestanteil teilen. Abstimmungen gelten nur, wenn beide Personen der Eigentümerpartnerschaft die Erklärung abgeben.

In § 3 ist die Begründung von Wohnungseigentum geregelt, die üblichste Variante ist die schriftliche Vereinbarung der Miteigentümer (das ist der Wohnungseigentumsvertrag). Wird an einer vermieteten Wohnung Wohnungseigentum geschaffen, bleiben alle Rechte für den Mieter bestehen; als neuer Vermieter gilt der Wohnungseigentümer.

Garagenplätze können innerhalb der ersten drei Jahre nur von Wohnungseigentümern erworben werden, außer die Zahl der Plätze übersteigt die Zahl der Wohnungseigentümer oder diese verzichten schriftlich darauf.

Im Grundbuch wird nach Begründung im Gutsbestandsblatt das Wort „Wohnungseigentum" eingetragen. Dem Antrag auf Eintragung sind der Wohnungseigentumsvertrag, ein Gutachten über die Bestandsobjekte und das Nutzwertgutachten beizulegen (§ 6).

Die Nutzfläche kann aufgrund der genehmigten Pläne festgesetzt werden; weicht die tatsächliche Fläche aber um mehr als drei Prozent ab, wird diese verwendet. Die Nutzwerte sind immer auf ganze Zahlen zu runden. Das Nutzwertgutachten muss von einem Zivilingenieur für Hochbau oder einem gerichtlich beeideten Sachverständigen für Hochbau oder Immobilienwesen erstellt werden.

Das Wohnungseigentum ist mit dem Mindestanteil untrennbar verbunden (Ausnahme: Eigentümerpartnerschaft), ebenso alle Rechte und Pflichten (Eintragungen im Grundbuch); dieser kann auch nicht geteilt werden. Im Falle einer Verlassenschaft mit mehreren Erbberechtigten wird das Wohnungseigentum (der Mindestanteil) versteigert und der Erlös aufgeteilt, wenn sich die Erben nicht auf eine einzelne Person als Rechtsnachfolger einigen können. Bei einer Eigentümerpartnerschaft darf der Mindestanteil nicht getrennt belastet werden. § 14 regelt den Fall des Todes eines Hälfte-Mindestanteileigentümers und die Erbfolge für dessen Anteil, § 15 den Fall der Scheidung.

Für einen Makler praktisch wichtig ist § 16, der das Nutzungsrecht des Wohnungseigentümers am Wohnungseigentum (eigentlich eine Kernaussage) und die Änderungsrechte am Objekt regelt. Insbesondere darf der Eigentümer Änderungen im Inneren ohne Zustimmung der anderen vornehmen, wenn weder das Haus noch schutzwürdige Interessen der anderen betroffen sind. Der Wohnungseigentümer ist allerdings auch verpflichtet, die Leitungen udgl. instand zu halten. Die Benützung der allgemeinen Flächen kann von allen Miteigentümern gemeinsam (schriftlich) beschlossen werden (Hausordnung).

Die Eigentümergemeinschaft gilt als eigenes Rechtssubjekt und kann Rechte erwerben und Verpflichtungen eingehen. Zu ihrer Vertretung kann sie einen Verwalter (Hausverwaltung) bestellen. Der Verwalter ist verpflichtet, die gemeinschaftsbezogenen Interessen aller Miteigentümer zu wahren. Im § 20 sind die Pflichten des Verwalters angeführt, insbesondere die Verpflichtung zur Legung einer Vorausschau (Stand der Rücklage, kommende Erhaltungsarbeiten) und die Bewirtschaftungskosten (Betriebskosten), Abrechnung Warmwasser und Heizkosten, Vorhandensein eines Energieausweises (außer es gibt einen gegenteiligen Beschluss der Wohnungseigentümergemeinschaft), Einholung von mindestens drei Angeboten bei Sanierungsarbeiten im Haus und die Mahnung und die Klage bei Zahlungsrückständen von Wohnungseigentümern. Für die Wohnungseigentümergemeinschaft muss ein eigenes (Ander-)Konto geführt werden. Bei Vernachlässigung der Pflichten der Hausverwaltung haben die Miteigentümer ein Schadenersatz- bzw. Mäßigungsrecht.

Die Beendigung eines Verwaltungsvertrages erfolgt grundsätzlich zum Ende der Abrechnungsperiode mit dreimonatiger Kündigungsfrist. Die Miteigentümergemeinschaft muss somit bis spätestens bis 30. September die Kündigung aussprechen. Aus wichtigen Gründen oder bei Verletzung der Pflichten kann der Verwaltungsvertrag durch Beschluss des Gerichtes auf Antrag der Miteigentümer sofort aufgelöst werden. Die Miteigentümer können auch einen Eigentümervertreter bestimmen, der sie vertritt. In der Praxis ist es wichtig, auf die formalen Voraussetzungen (inklusive Fristen) für einen Kündigungsbeschluss zu achten.

In den §§ 24 ff. finden sich die Regelungen über die Beschlussfassungen der Eigentümergemeinschaft. Die Entscheidungen werden bei der Eigentümerversammlung oder schriftlich (sog. Umlaufbeschluss) gefasst. Beim Umlaufbeschluss müssen alle Eigentümer die Möglichkeit zur Stellungnahme gehabt haben. Die Mehrheit der Stimmen wird nach den Miteigentumsanteilen bestimmt. Beschlüsse müssen durch Anschlag im Haus und persönliche Zustellung kundgemacht werden. Zu beachten sind unterschiedliche Quoren (Quoten), die für Beschlüsse notwendig sind. Diese sind häufig entweder 50 % oder sogar 100 % der Nutzwerte. Seit der Novelle 2020 gibt es Erleichterungen zur Entscheidungsfindung. Da häufig durch die „Nichtabstimmung aller Miteigentümer“ keine Beschlüsse erzielt werden konnten, wurde eine neue Regelung gefunden. Es müssen entweder die Mehrheit aller Miteigentümer (d.h. 50 % der Nutzwerte als Zustimmung) oder die Mehrheit von zwei Dritteln der abgegebenen Stimmen (d.h. 50 % von 66,6 % der abgegebenen Stimmen) für den Beschluss stimmen. Zusätzlich sind die Ausführungen zur Bekanntmachung (§ 24 Abs. 5) zu beachten. Die Eigentümer sind sowohl schriftlich als auch durch Aushang im Haus über das Abstimmungsergebnis zu informieren.

Zumindest alle zwei Jahre muss es eine Eigentümerversammlung (§ 25) geben, die Miteigentümer müssen zumindest zwei Wochen vor dem Termin darüber informiert werden (Termin und Tagesordnung). Danach muss ein Protokoll mit den gefassten Beschlüssen übermittelt werden. Die Hausordnung wird ebenfalls durch die Miteigentümer festgelegt.

Die Eigentümergemeinschaft hat gegenüber dem einzelnen Miteigentümer ein gesetzliches Vorzugspfandrecht für Verpflichtungen, die durch ein Fehlverhalten dieses Miteigentümers auf die Gemeinschaft übergehen (keine Zahlung der

Betriebskosten udgl.). Dieses Vorzugspfandrecht muss mittels Klage innerhalb von sechs Monaten eingetragen werden, danach wird es zu einer normalen Forderung. Zu beachten ist, dass alle Miteigentümer solidarisch für die Eigentümergemeinschaft haften.

In den §§ 28 ff. wird die Verwaltung der Liegenschaft geregelt. Es wird zwischen ordentlicher (§ 28) und außerordentlicher (§ 29) Verwaltung sowie Minderheitenrechten (§ 30) unterschieden. Im Rahmen der ordentlichen Verwaltung entscheidet die Mehrheit; zu diesen Angelegenheiten gehören gem. § 28 Abs. 1 insbesondere:

1. die ordnungsgemäße Erhaltung der allgemeinen Teile der Liegenschaft im Sinne des § 3 MRG, einschließlich der baulichen Veränderungen, die über den Erhaltungszweck nicht hinausgehen, und der Behebung ernster Schäden des Hauses in einem Wohnungseigentumsobjekt,
2. die Bildung einer angemessenen Rücklage (§ 31),
3. die Aufnahme eines Darlehens zur Deckung der durch die Rücklage nicht gedeckten Kosten einer in längeren als einjährigen Abständen wiederkehrenden Arbeit zur ordnungsgemäßen Erhaltung,
4. die angemessene Versicherung der Liegenschaft,
5. die Bestellung des Verwalters und die Auflösung des Verwaltungsvertrags,
6. die Bestellung und Abberufung eines Eigentümervertreters,
7. die Erlassung und Änderung der Hausordnung,
8. die Vermietung der verfügbaren allgemeinen, aber einer abgesonderten Benützung zugänglichen Teile der Liegenschaft, an eine Person, die nicht Wohnungseigentümer ist,
9. die Aufkündigung der nach Z 8 geschlossenen Mietverträge und
10. die Erstellung und Vorrätighaltung eines Energieausweises nach § 2 Z 3 EAVG für das gesamte Gebäude.

Über andere Angelegenheiten (= außerordentliche Verwaltung) entscheidet übrigens auch die Mehrheit, allerdings hat jeder der übrigen Wohnungseigentümer die Möglichkeit, bei Gericht die Aufhebung dieses Beschlusses zu verlangen (innerhalb von drei Monaten ab Bekanntmachung). Die Aufhebung wird bewilligt, wenn der Antragsteller übermäßig beeinträchtigt würde oder die Kosten nicht innerhalb absehbarer Zeit aus der Rücklage bezahlt werden können.

Die Minderheitenrechte betreffen die Durchführung von Erhaltungsarbeiten, die Angemessenheit der Rücklage, die Abberufung der Hausverwaltung bei Unregelmäßigkeiten und grob benachteiligenden Regelungen der Hausordnung. Gibt es bei der Liegenschaft einen Mehrheitseigentümer, so haben die restlichen Eigentümer auch Anfechtungsrechte bei Angelegenheiten der ordentlichen Verwaltung.

Eine Verpflichtung der Wohnungseigentümer ist es auch, eine angemessene Rücklage zur Vorsorge für künftige Aufwendungen zu bilden. Es ist hier kein Betrag oder Prozentsatz vorgesehen, sondern es wird nur auf die Deckung möglicher künftiger Aufwendungen hingewiesen. Die Rücklage wird anhand der Miteigentumsanteile aufgeteilt.

Die Betriebskosten werden grundsätzlich auch nach den Miteigentumsanteilen verrechnet, bei Begründung in einem bereits bestehenden Haus wird aber nach der bisherigen Regel weiterhin verrechnet – üblicherweise nach der Nutzfläche. Mit einstimmigem Beschluss kann auch schriftlich ein abweichender Modus fixiert werden.

Erträge aus einem Wohnungseigentumsobjekt gehören dem jeweiligen Wohnungseigentümer (typisch: Miete), Erträge aus allgemeinen Flächen (typisch: vermietete ehemalige Hausmeisterwohnung, Autoabstellplätze) werden nach Miteigentumsanteilen verteilt.

Die Abrechnung der Liegenschaft muss innerhalb von sechs Monaten nach Ende der Periode von der Hausverwaltung erstellt werden, i.d.R. spätestens am 30. Juni des Folgejahres. In die Belegsammlung muss Einsicht gewährt werden. Andernfalls kann die HV vom Gericht gestraft werden. Gutschriften werden mit künftigen Vorauszahlungen gegenverrechnet, Nachzahlungen müssen innerhalb von zwei Monaten ab Rechnungslegung einbezahlt werden. Wichtig für Makler ist es zu wissen, dass gem. § 34 Abs. 4 im Falle eines Wohnungseigentümerwechsels derjenige für die Nachzahlung haftet, der zum Fälligkeitszeitpunkt Eigentümer ist.

In den folgenden Paragrafen finden sich Regelungen über die Auflösung der Wohnungseigentümergemeinschaft und den Ausschluss von einzelnen Wohnungseigentümern sowie Bestimmungen, die insbesondere die Zeitspanne der Begründung betreffen. Zum Schutz von Wohnungseigentumsbewerbern gilt, dass vor Begründung des Wohnungseigentums keine Wohnbeiträge eingefordert werden dürfen. Im Fall, dass es sich um ein Gebäude handelt, welches älter als 20 Jahre ist, muss ein Gutachten eines Ziviltechnikers über absehbare Sanierungsarbeiten vorgelegt werden. Ungültig sind Vereinbarungen, mit denen sich der Wohnungseigentumsorganisator Mietrechte oder Eigentum an Zubehörobjekten sichert (Achtung bei Dachböden, Gärten udgl.). Genauso kann der Wohnungseigentumsorganisator keine rechtsgültigen Vereinbarungen treffen, die künftige Aufträge für Erhaltungsarbeiten umfassen (z.B.: „Sämtliche Instandhaltungsarbeiten müssen von Firma ABC durchgeführt werden.“).

In den §§ 45 ff. finden sich Regelungen über die Wohnungseigentumsbegründung durch einen Alleineigentümer. Hier wird im Kern festgehalten, dass bei der Begründung durch einen Einzelnen keine Regelungen getroffen werden dürfen, die für künftige Eigentümer nachteilig sein können.

§ 52 regelt verfahrens- und gebührenrechtliche Fragen.

5.8.3. BTVG

Das Bauträgervertragsgesetz regelt den Erwerb von „unfertigen“ Immobilien und dient zur Absicherung des Erwerbers. Der Kaufvertrag wird als Bauträgervertrag bezeichnet und muss insbesondere die genaue Bestimmung des Kaufgegenstandes, nutzbare allgemeine Teile, aussagekräftige Pläne, Baubeschreibungen und die Ausstattungsbeschreibung enthalten. Weiters sind die Fälligkeiten der Zahlungen des Erwerbers und der späteste Termin der Übergabe anzuführen. Außerdem sind die Sicherung des Erwerbers und ein allfälliger Treuhänder geregelt (§ 4).

§ 5 regelt Rücktrittsrechte des Erwerbers. Je nach Sicherungsmodell müssen mindestens eine Woche vor Abgabe der Vertragserklärung Informationen schriftlich übermittelt werden. Die Rücktrittsfrist beträgt 14 Tage. Der Bauträger hat fallweise ein Rücktrittsrecht, wenn die Vorverwertung nicht ausreichend ist (§ 6).

In den §§ 7–11 werden die Sicherungsmöglichkeiten des Erwerbers festgehalten. Dies kann entweder durch schuldrechtliche Sicherung (§ 8), durch grundbücherliche Sicherstellung des Rechtserwerbs auf der zu bebauenden Liegenschaft in Verbindung mit der Zahlung nach Ratenplan (§§ 9 und 10) oder durch pfandrechtliche Sicherung (§ 11) erfolgen. Bei schuldrechtlicher Sicherstellung gibt es eine Garantie einer Bank oder eine Versicherung, die die eventuellen Rückforderungsansprüche deckt. Die Ratenplanmethode sieht eine schrittweise Auszahlung des Kaufpreises nach Baufortschritt vor. Die „Meilensteine" sind:

- bei Baubeginn auf Grund einer rechtskräftigen Baubewilligung;
- nach Fertigstellung des Rohbaus und des Dachs;
- nach Fertigstellung der Rohinstallationen;
- nach Fertigstellung der Fassade und der Fenster einschließlich deren Verglasung;
- nach Bezugsfertigstellung oder bei vereinbarter vorzeitiger Übergabe des eigentlichen Vertragsgegenstandes;
- nach Fertigstellung der Gesamtanlage (§ 4 Abs. 1 Z 1) und
- der Rest nach Ablauf von drei Jahren ab der Übergabe des eigentlichen Vertragsgegenstandes, sofern der Bauträger allfällige Gewährungsleistungs- und Schadenersatzansprüche nicht durch eine Garantie oder Versicherung (§ 4 Abs. 4) gesichert hat.

Ein ausreichendes Pfandrecht (z.B. einer anderen Liegenschaft) ist ebenfalls eine Möglichkeit der Sicherstellung.

Außer bei der schuldrechtlichen Sicherstellung muss ein Treuhänder auch für die Abwicklung bestellt werden. Dieser lässt sich bei der Ratenplanmethode durch einen Ziviltechniker oder beeideten Sachverständigen für Bauwesen den Baufortschritt bestätigen.

Achtung

Die Bestätigung bezieht sich immer nur auf den Baufortschritt und nicht auf die Qualität der Bauausführung.

Weiters sind im BTVG Rückforderungsansprüche und Haftungen geregelt.

5.8.4. Bauordnungen

Raumplanung und Bauordnungen sind ein zerklüftetes Thema, ein österreichweiter Überblick führt deshalb zu weit. Die praktische Abwicklung erfolgt durch die zuständige Gemeinde. Sie verfügt über die wesentlichen Informationen zu Widmung, Bebaubarkeit, Abgaben sowie besonderen Regelungen und ist erster Ansprechpartner für einschlägige Fragen.

Die Flächenwidmung gliedert in Bauland, Grünland und Verkehrsflächen. Bauland wird, je nach Bundesland unterschiedlich, in verschiedene Bereiche unterteilt. Im Kern erfolgt die Aufteilung in Wohngebiete, Gewerbegebiete und Industriegebiete. Grünland betrifft meist land- und forstwirtschaftliche Flächen. Verkehrsflächen sind selbsterklärend.

Bebauungspläne enthalten meist Angaben über die Widmung der Grundfläche, die bebaubaren Bereiche und/oder den bebaubaren Anteil der Fläche, Angaben zur maximalen Höhe des Gebäudes, die Bauweise (geschlossen, gekuppelt, freistehend) sowie Bestimmungen zum Ortsbild und andere Beschränkungen.

Viele unbebaute Grundstücke haben eine Verpflichtung zu Aufschließungskosten, das können teilweise beachtliche Beträge sein, und sie sind auch bei der Wertermittlung des Grundstücks zu berücksichtigen. Manche Liegenschaften weisen einen Bauzwang auf – das bedeutet, dass innerhalb einer bestimmten Zeit mit der Bautätigkeit, bei sonstigen nachteiligen Folgen, begonnen werden muss.

In allen Bundesländern müssen Bautätigkeiten bewilligt werden; dies geschieht im Rahmen des Bauverfahrens. Zu-, Um- oder Neubauten fallen unter diese Regelung genauso wie Abbrucharbeiten oder Einfriedungen. Bei Bauverfahren ist immer auch auf die Anrainerrechte Rücksicht zu nehmen.

Planungs- und baurechtliche Begriffe, Auswahl (vgl. Geuder, Einführung in das österreichische Planungs- und Baurecht, 2002, 111 ff.)

Abteilung (Grundabteilung, Parzellierung)

Änderung des Gutsbestandes eines Grundbuchskörpers durch Zu- oder Abschreibung von Grundstücken oder Teilen von solchen.

Aufenthaltsräume

Räume, die zum längeren Aufenthalt von Menschen bestimmt sind. Hierzu gehören vor allem Wohnräume und Arbeitsräume. Keine Aufenthaltsräume sind vor allem Lagerräume, Vorräume, WCs, Bäder usw.

Bauherr

Ist derjenige, über dessen Auftrag und für dessen Rechnung ein Bau ausgeführt wird. Bauträger (Bauorganisatoren, Baubetreuer) besorgen die organisatorische und kommerzielle Abwicklung von Bauvorhaben … auf eigene oder fremde Rechnung …

Bauklasse (Bauhöhe)

Die zulässige Höhe eines Gebäudes nach den jeweiligen landesgesetzlichen Bemessungskriterien, gewöhnlich nach der Höhe der Gebäudefronten bis zur Traufenhöhe oder der Geschosszahl bestimmt.

Bauplan

Maßstabsgerechte zeichnerische Darstellung eines Baus, meist als Beilage zu einem Bauansuchen oder einer Bauanzeige

Bauweise (Bebauungsweise)

Durch sie wird die Lage der Gebäude zu den Grenzen des Bauplatzes fixiert. Sie darf nicht mit den bautechnischen Bauweisen (z.B. Fertigteilbauweise) verwechselt werden. Es gibt folgende **Bauweisen (Bebauungsweisen):**

- Offene Bauweise: Wenn ein Gebäude allseits freistehend in einem bestimmten Mindestabstand zum Nachbargrund … errichtet wird.
- Geschlossene Bauweise: Wenn Gebäude an der Straßengrundgrenze von Nachbargrund zu Nachbargrund aneinander gebaut werden.
- Gekuppelte Bauweise: Wenn jeweils an einer gemeinsamen Nachbargrundgrenze Gebäude aneinander gebaut werden und zu den anderen Grundgrenzen ein Abstand eingehalten wird. Diese Bauweise wird fallweise auch als halboffene Bauweise bezeichnet.

Brandschutztür

Eine zumindest brandbeständig ausgeführte Wand, die einzelne Brandabschnitte voneinander trennt und das Übergreifen von Bränden auf angrenzende Brandabschnitte verhindert oder erschwert.

Erker

Ein in einem oder mehreren Obergeschossen vor die Fassade (das aufgehende Außenmauerwerk oder die Außenwand) vorspringender Ausbau zur geringfügigen Vergrößerung eines Raumes.

Fluchtlinie

Grenze zwischen Bauland und Verkehrsfläche
Grenze bebaubarer Flächen auf einem Baugrund
Grenze verschiedener Widmungsgebiete oder gewidmeten und ungewidmeten Gebietes: Grenzlinie.

Gebäude

Ist in der Regel eine Baulichkeit, bei der durch die Wände ein allseits abgeschlossener Raum entsteht (die Definitionen sind länderweise verschieden; fallweise gelten auch Flugdächer als Gebäude, so in OÖ und Wien). Neben Gebäuden sind als Baulichkeiten anzusehen: Einfriedungen, Bassins, Terrassen, Freitreppen, unterirdische Gänge und Räume udgl.

Hauptfenster

Fenster, die für die Belichtung von Aufenthaltsräumen erforderlich sind.

Maisonette (franz.: Häuschen)

Mehrgeschossige Wohnung in einem Wohnhaus, meist als Verbindung des letzten Hauptgeschosses mit dem ausgebauten Dachgeschoss.

Superädifikat

Ein Bauwerk (Baulichkeit) auf fremdem Grund, das im Eigentum einer anderen Person als dem des Grundeigentümers steht. Superädifikate entstehen dadurch, dass Bauherr und Grundeigentümer sich einigen, dass das zu errichtende Bauwerk dem Grundeigentümer nicht zuwachsen soll. Die Übertragung eines Superädifikats bedarf der Urkundenhinterlegung bei Gericht.

Verkehrsfläche

Für den ruhenden und fließenden Verkehr bestimmte Flächen (Gassen, Straßen, Plätze); die Unterscheidung ist ohne rechtliche Relevanz. Öffentliche Verkehrsflächen sind solche, auf denen Gemeingebrauch besteht, ohne Rücksicht darauf, wer Grundeigentümer ist oder ob für die Benützung ein Entgelt eingehoben wird. Auch die Unterscheidung in Landes-, Bezirks- und Gemeindestraßen bzw. öffentliche Interessentenwege ist nur für die Erhaltungspflicht oder (bei Bundesstraßen einerseits und allen übrigen genannten Straßen andererseits) für die Kompetenz zur gesetzlichen Regelung von Bedeutung. Privatstraßen sind solche Straßen, an welchen kein Gemeingebrauch besteht.

Versorgungsleitungen

Leitungen, die für die Benutzung eines Gebäudes benötigt werden oder von Vorteil sind (Wasserleitungen, Gasleitungen, Starkstromleitungen, Fernmeldeleitungen, Fernwärmeleitungen). Entsorgungsleitungen sind für die Ableitung der Abwässer bestimmt (Schmutzwässer, Niederschlagswässer, Mischwässer).

5.8.5. Steuerrecht

Jeder Immobilienmakler benötigt auch Grundkenntnisse im Steuerrecht, hier vor allem im Einkommen- und Umsatzsteuerrecht, um die Auswirkungen einer Transaktion für diesen Bereich beurteilen zu können. Die häufigsten Fragen betreffen die Themen Immobilienertragsteuer, Liebhaberei bei Vermietung, die Umsatzsteuer und die steuerliche Behandlung von Mieteinkünften. Im Einzelfall ist dem Kunden die Beiziehung eines Steuerberaters jedenfalls empfohlen. Makler müssen über diese Themen allgemein beraten können. Hier wird ein Überblick gegeben.

Wichtig für den Bereich der Einkommens-/Gewinnbesteuerung ist die Trennung zwischen Immobilien im Privat- und solchen im Betriebsvermögen. Wir beschäftigen uns mit der Ermittlung der Einkünfte, wenn Immobilien im Privatvermögen (auf das Steuerrecht für Immobilien im Gewerbevermögen wird nicht näher eingegangen) stehen. Hier gilt, dass das Einkommen in Form einer Überschussrechnung der Einnahmen über die Werbungskosten ermittelt wird. Wichtige Begriffe sind hier:

Anschaffungs- und Herstellungskosten

Unter Anschaffungs- und Herstellungskosten werden sämtliche Kosten verstanden, die bei der Immobilie bis zum fertigen (nutzbaren) Zustand anfallen (vgl. § 203 UGB). Bei den Anschaffungskosten umfasst dies neben dem Kaufpreis auch die Nebenkosten wie die Grunderwerbsteuer (3,5 %), die Eintragungsgebühr (1,1 %), die Maklerprovision, die Vertragserrichtungskosten und die Beglaubigungskosten des Notars. Die Herstellungskosten errechnen sich aus den Anschaffungskosten plus Nebenkosten und gegebenenfalls Kosten für Bau oder Sanierung.

Beispiel

Herr Herbert Huber aus Amstetten kauft am 3. August 2010 eine sanierungsbedürftige Wohnung in Wien für seinen Sohn, der in fünf Jahren Immobilienwirtschaft studieren und dort unter der Woche wohnen soll. Bis dahin will er die Wohnung vermieten.

Der Kaufpreis beträgt 120.000,– Euro, die Provision 3,6 %, die Vertragserrichtung 1,8 % und die Beglaubigungskosten 120,– Euro. Für die Erneuerung der Heizung hat Herr Huber 18.000,– Euro, für die Elektrik 12.000,– Euro bezahlt. Die restlichen Sanierungsarbeiten beliefen sich auf 24.000,– Euro.

Die Anschaffungs-/Herstellungskosten errechnen sich wie folgt:

Kaufpreis	120.000,00
Grunderwerbsteuer (3,5 %)	4.200,00
Eintragungsgebühr (1,1 %)	1.320,00
Provision 3,6 %	4.320,00
Vertragserrichtung und Abwicklung 1,8 %	2.160,00
Beglaubigung	120,00
Anschaffungskosten	**132.120,00**

Elektrik	12.000,00
Heizung	18.000,00
restl. Arbeiten	24.000,00
Herstellungskosten	**186.120,00**

Instandhaltung und Instandsetzung

Kommt es bei Arbeiten am Objekt zu keiner oder lediglich einer unwesentlichen Erhöhung der Nutzungsdauer, werden diese Arbeiten dem Instandhaltungsaufwand zugeordnet. Dazu gehören etwa die laufenden Wartungsarbeiten, das Streichen der Fassade, das Ausmalen des Stiegenhauses oder der Wohnung oder das Ausbessern von Verputzteilen. Instandsetzungsarbeiten erhöhen den Nutzungswert (die Nutzungsdauer) des Gebäudes. Umfasst sind der Tausch von Fenstern oder Türen, die Erneuerung des Daches, eine Änderung des Fußbodenaufbaus (Estrich statt Holzboden), Erneuerung oder Austausch von Heizungsanlagen, Elektro-, Gas-, Wasser-, Heizungsinstallationen oder Sanitäranlagen, Erneuerung der Steigleitungen (z.B. Gas, Wasser, Elektrik), die Erneuerung des Außenverputzes oder die Anbringung einer Wärmedämmung an der Fassade. Diese Unterscheidung ist insbesondere für die Abschreibung (siehe unten) notwendig.

Werbungskosten

Werbungskosten sind Ausgaben, die direkt mit der Anschaffung und Vermietung der Immobilie in Zusammenhang stehen. Darunter fallen unter anderem Zinsen und Finanzierungsnebenkosten (nicht die Darlehenstilgung!), die Betriebskosten, laufende Beratungskosten (z.B. Mietvertragserstellung, jährliche Steuerberatung) und Vermittlungsprovisionen für die Vermietung. Handelt es sich um mehrjährig wirkende Zahlungen (Vorauszahlungen), müssen diese auf den Zeitraum der Vorauszahlung verteilt werden (außer sie betreffen nur das laufende und das folgende Jahr).

Mieteinnahmen

Als Mieteinnahme gilt der Gesamtmietzins. Kautionen sind keine Einnahmen, sondern treuhändig verwaltete Gelder.

Abschreibung

Die Abschreibung stellt die Wertminderung des Objektes dar und ist üblicherweise mit einem Prozentsatz bezogen auf die Anschaffungs- oder Herstellungskosten pauschaliert. Dieser beträgt bei Wohngebäuden ohne Nachweis der Nutzungsdauer 1,5 %. Bei Mietshäusern, die vor 1915 errichtet wurden, sind bis zu 2 % erlaubt. Durch ein Gutachten kann auch ein höherer Afa-Satz nachgewiesen werden. Für Gebäude, die ab dem 1. Juli 2020 angeschafft oder hergestellt werden, kann eine beschleunigte AfA geltend gemacht werden. Es kann im Jahr der erstmaligen Berücksichtigung der Abschreibung höchstens das Dreifache (4,5 %), im folgenden Jahr höchstens das Doppelte (3 %) des gewöhnlichen Abschreibungssatzes geltend gemacht werden. Zu beachten ist, dass der Grundanteil zuvor auszuscheiden ist. Der Grundanteil wird seit 2016 mit 20 %, 30 % oder 40 % angenommen, je nach Größe der Gemeinde, Preis des Baulandes und Anzahl der Einheit gibt es unterschiedliche Regelungen. Details dazu finden sich in der Grundanteilverordnung 2016. Ein Gutachten kann einen anderen Satz nachweisen.

Auch gibt es verschiedene Ausnahmen, die eine beschleunigte Abschreibung bei manchen Sachverhalten erlauben. Da sich in diesem Bereich in den letzten Jahren viel geändert hat und politisch nicht abzusehen ist, ob hier weitere Änderungen kommen werden, sind die Beschäftigung mit diesem Thema und die laufende Erneuerung des Wissen unbedingt zu empfehlen.

Beispiel (Fortsetzung)

Herr Huber hat einen Teil (70.000,– Euro) der Anschaffungskosten fremdfinanziert. Die Finanzierungsbedingungen lauten wie folgt: Fixzinssatz für 15 Jahre mit 4 % ab September 2010, Bearbeitungsgebühr pauschal 1.000,– Euro, Pfandrechtseintragung in der Höhe von 84.000,– Euro, Beglaubigungskosten für die Urkunden 120,– Euro.

Für die Vermietung beauftragt Herr Huber eine Maklerin, die einen Mieter für die Wohnung per 1. November 2010 findet, der monatlich 900,– Nettomiete + 100,– Euro netto Betriebskosten bezahlt. Die Befristung wird mit bis 30. September 2017 festgelegt. Die Provision für die Maklerin beträgt 1.400,– Euro netto.

Für die steuerliche Abwicklung vereinbart Herr Huber mit seinem Steuerberater ein Pauschalhonorar von 600,– Euro netto (pro Jahr) für die Vermietungsdauer. Der Grundanteil der Immobilie beträgt 37.200,–.

Anfang 2012 tauscht Herr Huber die Fenster aus, dies kostet ihn 12.000,–, und nach dem Ende des Mietvertrages lässt er die Wohnung um 2.400,– Euro neu ausmalen.

AfA: Herstellungskosten	186.120,00
Grundanteil (lt. Gutachten)	37.200,00
Basis	148.920,00
AfA 1,5 %	2.233,80

	2010	2011	2012	2013	2014	2015
AfA	2.233,80	2.233,80	2.233,80	2.233,80	2.233,80	2.233,80
Bearbeitungsgebühr Darlehen	1.000,00					
Beglaubigung	120,00					
Pfandrecht Eintragung	1.008,00					
Provision netto	1.400,00					
Steuerberatung	600,00	600,00	600,00	600,00	600,00	600,00
Zinsen 4 % pro Jahr	933,33	2.800,00	2.800,00	2.800,00	2.800,00	2.800,00
AfA Fenstertausch			1.800,00	1.800,00	1.800,00	1.800,00
Ausmalen						2.400,00
Werbungskosten	**7.295,13**	**5.633,80**	**7.433,80**	**7.4833,80**	**7.4833,80**	**9.833,80**

Mieteinnahmen pro Jahr	1.800,00	10.800,00	10.800,00	10.800,00	10.800,00	10.800,00
Überschuss (steuerliches Ergebnis)	**−5.495,13**	**5.166,20**	**3.366,20**	**3.366,20**	**3.366,20**	**966,20**
Überschuss kumuliert		−328,93	3.037,27	6.403,47	9.769,67	10.735,87

Verkauf der Immobilie

Für den Verkauf einer Immobilie haben sich im Jahr 2012 weitreichende Neuerungen ergeben. Mit dem 1. Stabilitätsgesetz 2012 wurde eine neue Art der Einkommensteuer für Liegenschaften eingeführt und die alte Regelung weitgehend außer Kraft gesetzt. Bis dahin wurden Gewinne aus dem Verkauf von Immobilien in die Bemessungsgrundlage für die Einkommensteuer mit einbezogen, d.h. zum „normalen Einkommen" addiert. Es gab eine Steuerbefreiung nach Überschreiten einer Spekulationsfrist von zehn Jahren. Die neue gesetzliche Regelung gilt für alle Verkäufe nach dem 31.3.2012 und findet sich hauptsächlich in § 30 EStG. Da die neuen Regelungen im Detail den Umfang dieses Teils sprengen würden, wird hier nur auf die wesentlichen Regelungen für Immobilien im Privatvermögen eingegangen.

Die Immobilienertragsteuer (ImmoESt) umfasst den Verkauf von Grund und Boden, Gebäude, Gebäude auf fremdem Grund (Superädifikate), Miteigentum an Grund und Gebäuden, Wohnungseigentum, Baurechte und Baurechtswohnungseigentum. Damit sind praktisch alle Immobilien erfasst, nicht betroffen sind allerdings zum Beispiel Dienstbarkeiten, Mobiliar, Warenlager oder Betriebs- und Geschäftsausstattungen. In Kaufverträgen ist es ratsam, diese anteiligen Beträge gesondert auszuweisen. Maßgebend für das Entstehen der Steuerschuld ist ein Veräußerungserlös, Schenkung und Erbe (unentgeltliche Weitergabe) sind damit nicht betroffen. Als Zeitpunkt des Entstehens der Steuerschuld gilt der Zufluss des Erlöses.

Die Steueränderungen 2015 brachten hier nach nur kurzer Dauer weitere Verschlechterungen für die Immobilieneigentümer. Der Steuersatz wurde erhöht und der Inflationsausgleich gestrichen.

Es gilt nun ein linearer Steuersatz (d.h. keine Progression) von 30 Prozent. Der Steuerpflichtige hat aber alternativ die Möglichkeit, die „normale" Besteuerung, d.h. im Rahmen der Einkommensteuerveranlagung, zu wählen.

Die Bemessungsgrundlage errechnet sich nach folgendem Schema:

	Veräußerungserlös
–	Anschaffungs- oder Herstellungskosten (inkl. Anschaffungsnebenkosten)
+	steuerwirksame AfA
–	Instandsetzungsaufwendungen, soweit bisher nicht steuerwirksam abgezogen
+	steuerfreie Subventionen
	Regelbemessungsgrundlage

Das bedeutet vereinfacht gesprochen, dass vom Verkaufspreis der ehemalige Kaufpreis und die Herstellungs-/Instandsetzungskosten abgezogen werden. Wurden Beträge steuerwirksam geltend gemacht (d.h. in Steuererklärungen zur Reduzierung der Steuerbemessungsgrundlage verwendet) oder Subventionen erhalten, müssen diese berücksichtigt werden.

Beispiel

Verkaufspreis 140.000,–, ehemaliger Kaufpreis 100.000,– Kaufnebenkosten 10.000,–

Kauf: 1. Februar 2005

Verkauf: 30. Jänner 2013

	Verkaufspreis	140.000,–
–	Anschaffungskosten	110.000,–
	Überschuss = Bemessungsgrundlage	30.000,–

30.000,– mal 30 % ergibt 9.000,– Steuer

Die dargestellte Berechnungsmethode des Veräußerungsgewinnes gilt für alle Immobilien, die im Privatvermögen gehalten werden und zum 31.3.2012 „steuerverfangen" sind bzw. waren. Steuerverfangen bedeutet, dass zu diesem Zeitpunkt die Spekulationsfrist (in der Regel zehn Jahre bzw. 15 Jahre bei Fünfzehntelabschreibungen) des „alten" Modells noch nicht abgelaufen ist. Das bedeutet in der Praxis, dass für Objekte, die ab dem 1.4.2002 angeschafft wurden, die oben angeführte Berechnung durchzuführen ist. Für Objekte, die vor dem 1.4.2002 angeschafft wurden, werden die Anschaffungskosten fiktiv mit 86 % des Veräußerungserlöses angesetzt. Daraus ergibt sich eine Steuerbelastung von 4,2 % des Verkaufspreises (100 % Veräußerungserlös – 86 % fiktive Anschaffungskosten = 14 % Bemessungsgrundlage – davon 30 % Steuersatz, ergibt 4,2 % Immobilienertragsteuer vom Verkaufspreis). Bei unentgeltlichem Erwerb (z.B. Schenkung, Erbe) gilt der Zeitpunkt des letzten entgeltlichen Erwerbs (z.B. Datum des Kaufs durch Erblasser) als maßgeblich.

Eine weitere Sonderbestimmung gilt für Umwidmungen in Bauland nach dem 31.12.1987. In diesem Fall reduzieren sich die fiktiven Anschaffungskosten auf 40 %, daraus ergibt sich eine Steuerbelastung von 18 % des Verkaufspreises (100 % – 40 % = 60 % – davon 30 % Steuersatz ergibt 18 % vom Verkaufspreis). Die Regelung zielt darauf ab, Umwidmungsgewinne höher zu besteuern.

Beispiel

Wohnung neu (Kaufvertrag nach 31.3.2002)

Kauf 1.6.2002 um 120.000,– inkl. aller Nebenkosten

Verkauf am 1.6.2012 um 150.000,–

Bemessungsgrundlage 30.000,–

30 % Steuer ergibt eine Immo-Steuer von 9.000,–

Beispiel

Wohnung alt (Kaufvertrag vor 1.4.2002)
Kauf 1.6.2001 um 120.000,– inkl. aller Nebenkosten
Verkauf am 1.6.2012 um 150.000,–
4,2 % Steuer ergibt eine Immo-Steuer von 6.300,–

Wie bis zur Novelle gibt es weiterhin eine Hauptwohnsitzbefreiung. Steuerfrei ist eine Veräußerung, wenn die Wohnung **seit** der Anschaffung durchgehend mehr als zwei Jahre als Hauptwohnsitz gedient hat. Das bedeutet, dass sowohl eine sofortige Hauptwohnsitzbegründung (eine gewisse Zeit für Sanierungsarbeiten wird toleriert) erfolgt sein muss als auch zwischen Anschaffung und Veräußerung keine Unterbrechung dieses Hauptwohnsitzes stattgefunden haben darf. Eine andere Möglichkeit der Hauptwohnsitzbefreiung ist, wenn der Verkäufer innerhalb der letzten zehn Jahre zumindest fünf Jahre durchgehend (!) Hauptwohnsitz begründet hatte. In beiden Fällen muss der Hauptwohnsitz in der betroffenen Liegenschaft aufgegeben werden.

Achtung

Bei Eigenheimen auf Grundstücken gilt die Befreiung nur bis zu einer Grundstücksgröße bis 1.000 m^2. Darüber hinausgehende Flächen sind steuerpflichtig!

„Selbst hergestellte Gebäude" sind von der Besteuerung befreit, sofern sie nicht innerhalb der letzten zehn Jahre zur Einkunftserzielung gedient haben. „Selbst hergestellt" heißt, dass der Steuerpflichtige das finanzielle Risiko der Errichtung trägt. Er kann es also selbst (bzw. mit Nachbarschaftshilfe) oder über ein (Bau-) Unternehmen hergestellt haben. Der Grundanteil ist jedoch nicht befreit.

Beispiel (Hauptwohnsitz zwei Jahre)

Frau Annelore Reiser kauft am 15. Jänner 2012 eine Eigentumswohnung in Salzburg.

- Sie zieht sofort ein und verkauft am 1. Februar 2015 – steuerbefreit (mehr als zwei Jahre).
- Sie hat bis April 2012 noch in Innsbruck den Hauptwohnsitz und zieht im Mai 2012 nach Salzburg und verlegt den Hauptwohnsitz nach Salzburg. Sie verkauft die Wohnung am 1. Februar 2015 – nicht steuerbefreit (mehr als zwei Jahre, aber keine sofortige Begründung Hauptwohnsitz nach Erwerb).
- Sie vermietet die Wohnung bis 31. Jänner 2014 und zieht danach selbst ein und begründet den Hauptwohnsitz. Sie verkauft die Wohnung am 1. Februar 2017 – nicht steuerbefreit (mehr als zwei Jahre, aber keine sofortige Begründung nach Erwerb und auch keine fünf Jahre durchgehend).
- Sie vermietet die Wohnung bis 31. Jänner 2014 und zieht danach selbst ein und begründet Hauptwohnsitz. Sie verkauft die Wohnung am 1. Februar 2020 – steuerbefreit (mehr als fünf Jahre in den letzten zehn Jahren).
- Sie zieht sofort ein und wechselt berufsbedingt am 1. Februar 2015 für ein Jahr nach Wien. Am 15. März 2016 kommt sie zurück nach Salzburg und hat den Haupt-

wohnsitz auch wieder in Salzburg. Am 15. Juni 2019 verkauft sie die Wohnung – nicht steuerbefreit (nicht sofort, mehr als fünf Jahre, aber nicht durchgängig).

- Sie vermietet die Wohnung bis 1. März 2016, zieht dann (Hauptwohnsitz) ein und verkauft am 1. März 2020 – nicht steuerbefreit (nicht sofort, keine fünf Jahre in den letzten zehn Jahren).
- Sie zieht sofort ein. Am 1. Februar 2019 zieht sie nach Innsbruck und vermietet die Wohnung. Am 1. März 2024 verkauft sie die Wohnung – nicht steuerbefreit (mehr als fünf Jahre durchgängig, aber nicht in den letzten zehn Jahren).

Anmerkung

Bei Sanierungen oder Umbauarbeiten nach dem Kauf gibt es eine Toleranzgrenze bis zu einem Jahr. Wichtig ist auch, dass Hauptwohnsitz begründet wird, die Meldung ist nicht unbedingt maßgeblich.

Beispiel: Haus mit Grundstück, 1.070 m^2

Kauf: 1.6.1986 um umgerechnet 100.000,– (Anteil Grundstück 30 %, d.h. 30.000,–)

Verkauf: 1.6.2012 um 150.000,– (Anteil Grundstück 45.000,–); das Haus diente durchgehend als Hauptwohnsitz; Bemessungsgrundlage 50.000,– (Anteil Grundstück 15.000,–).

Aufgrund der Hauptwohnsitzbefreiung ist der Überschuss steuerfrei, allerdings nur für 1.000 m^2. Die restlichen 70 m^2 müssen der Besteuerung unterworfen werden. Aufgrund des Anschaffungszeitpunkts kommt die Regelung mit den fiktiven Anschaffungskosten zum Tragen und es werden 4,2 % des Veräußerungserlöses fällig. Von den 45.000,– entfallen 42.056,– auf die 1.000 m^2 und 2.944,– auf die 70 m^2. Diese 2.944,– werden mit 4,2 % besteuert, damit ergibt sich ein Steuerbetrag von gerundet 123,65.

Eine Spezialregelung kommt auch zur Anwendung, wenn allgemeine Teile einer Wohnungseigentumsanlage an einzelne Miteigentümer verkauft werden. Typische Beispiele sind die ehemalige Hausbesorgerwohnung und Park-/Garagenplätze. Die fiktiven Anschaffungskosten betragen 40 % vom Verkaufserlös, womit sich eine effektive Steuerbelastung von 18 % (100 % – 40 % = 60 %, davon 30 % ergibt 18 %) ergibt. Diese Regelung gilt aber nur, wenn die Veräußerung durch mehr als fünf Wohnungseigentümer erfolgt und der Veräußerungserlös den Betrag von 150.000,– nicht übersteigt.

Das neue Gesetz verpflichtet Notare und Anwälte, die mit der Abwicklung des Verkaufes beauftragt sind, zur Berechnung, Einbehaltung und Abfuhr der Immobilienertragsteuer. In der Praxis bedeutet dies, dass die Abwicklung durch den Notar/Anwalt erfolgt, ähnlich wie bei der Grunderwerbsteuer. Wie hoch die Kosten für die Tätigkeit sind, wird sich zeigen.

Liebhaberei

Ein wesentliches Thema bei der Nutzung von Immobilien zu Anlagezwecken ist die Liebhaberei. Wenn durch eine Vermietung innerhalb von 20 oder 25 Jahren kein Gesamtüberschuss erreicht wird, wird keine Einkunftsquelle (und damit keine Abschreibungen und steuerliche Vorteile) vorliegen. Die Frist beträgt 20 Jahre bei Eigentumswohnungen, Ein- und Zweifamilienhäusern udgl. (bezeichnet als „kleine

Vermietung) und 25 Jahre bei Zinshäusern (kein Wohnungseigentum!) (bezeichnet als „große Vermietung"). Eine dreijährige Verlängerung ist bei Sanierungsbedarf vor der erstmaligen Vermietung möglich.

Schenkung und Erbe

Diese Thematik beschäftigt den Makler weniger oft; hier ist es besonders sinnvoll, einen Steuerberater zu zuziehen. Gleiches gilt für das Erbe, wobei hier grundsätzlich der Erbberechtigte in die Position des Erblassers gestellt wird. Hier kam es durch die Steueränderungen 2015 zu einer gänzlichen Neuregelung, die Aufgrund des Umfangs in diesem Rahmen nicht dargestellt werden soll.

Eine Schenkung kann übrigens auch vorliegen, wenn eine Liegenschaft sehr unterpreisig verkauft wird, und eine Schenkung kann als Verkauf gelten, wenn hohe Verbindlichkeiten übertragen werden.

Umsatzsteuer

Die Thematik Umsatzsteuer betrifft mehrere Bereiche des Immobilienwesens. Wird eine Immobilie verkauft, ist dieser Grundstücksumsatz unecht steuerbefreit. Dies bedeutet, dass beim Verkauf keine Steuer in Rechnung gestellt wird, aber auch keine Vorsteuer abgezogen werden darf. Auf diese Regelung darf aber verzichtet werden, die Besteuerung folgt dann den normalen Grundsätzen.

Für die Vermietung zu Wohnzwecken (Mieten, auch Betriebskosten) gilt ein begünstigter Steuersatz von 10 %, für sonstige Zwecke (z.B. für Lager, Geschäftsflächen, Garagenplätze und dergleichen) gilt der Regelsteuersatz von 20 Prozent.

Als Kleinunternehmer geltende Personen (Nettoumsatz bis höchstens 35.000,– Euro) können auf eine Umsatzsteuer-Vorschreibung verzichten. Allerdings darf auch keine Vorsteuer geltend gemacht werden.

Ist Verrechnung von Umsatzsteuer notwendig oder gewünscht, gilt der Zeitpunkt des Mieteingangs als Vereinnahmung. Die Umsatzsteuer ist, abzüglich allfälliger Vorsteuern, monatlich oder quartalsweise an das Finanzamt abzuführen.

5.8.6. Weitere relevante Gesetze

Folgende Gesetze können ebenfalls für die Tätigkeit als Makler von Bedeutung sein:

- Baurechtsgesetz (BauRG)
- Bodenbeschaffungsgesetz (BodenbG)
- Bundes-Sonderwohnbaugesetz 1983 (B-SWBG)
- Bundes-Wohn- und Siedlungsfonds-Gesetz (BWSF-G)
- Energieausweis-Vorlage-Gesetz (EAVG)
- Hausbesorgergesetz (HbG)
- Heizkostenabrechnungsgesetz (HeizKG)

- Kleingartengesetz (KlGG)
- Landpachtgesetz (LPG)
- Richtwertgesetz (RichtWG)
- Wohnbauförderungsgesetz 1984 (WFG)
- Wohnhaussanierungsgesetz (WSG)
- Wohnhaus-Wiederaufbaugesetz (WWG)
- Wohnungsgemeinnützigkeitsgesetz (WGG) + VO

6. Schlusswort

Immobilienvermittlung ist eine spannende und abwechslungsreiche Tätigkeit. Die Interaktion mit Menschen und die große Bedeutung des Grundbedürfnisses Wohnen verlangen nach einem hohen Maß an Qualität und Seriosität.

Aus- und Weiterbildung ist ein Faktor, der zur Verbesserung der Qualifikation und des Ansehens des Standes beitragen kann und soll. Studien, Lehrgänge und Seminare sowie Literatur bieten dazu Möglichkeiten. Ich hoffe, mit diesem Buch einen kleinen Beitrag dazu geleistet zu haben.

Aber neben dem Wissen sind das persönliche Auftreten und die Wahrnehmung der Bevölkerung maßgebliche Einflussfaktoren. Es liegt an jedem einzelnen Vertreter der Branche, durch sein Verhalten ein positives Bild zu vermitteln und die Dienstleistung am Kunden überzeugend zu leisten. Oder wie es eine kanadische Kollegin bei einer Convention sinngemäß formuliert hat: *„Wir wollen unsere Kunden nicht überreden, ihnen keine Immobilie ‚verkaufen'. Wir müssen ihnen zeigen, welchen Mehrwert es für sie hat, wenn sie gemeinsam mit unserer Unterstützung ihre Entscheidungen treffen."*

Stichwortverzeichnis